이론에서 실무까지

Wanna
be

왕다비

가이드에 의한, 가이드를 위한 진짜 가이드북!

관광통역안내사

:

  실로 매우 어려운 시기입니다. 코로나(COVID-19)로 인해 전 세계 여행업은 완전히 운영을 멈추었고, 대다수 관광통역안내사는 눈물을 머금고 여행업을 떠나게 되었습니다. 여행사들은 폐업이나 임시 휴업을 하고 있고, 그동안 많은 외국 관광객을 맞이했던 호텔, 식당, 쇼핑센터, 차량회사 등 인바운드 투어와 관련된 사업체들 또한 운영하는 데 많은 어려움을 겪고 있습니다. 우리나라를 방문한 외국 관광객 수가 2012년 처음으로 천만 명을 돌파한 이후 매년 꾸준히 증가해 나가고 있는 이 시기에, 전 세계적인 팬데믹으로 인해 여행업은 퇴보하게 되었고 언제 회복될지 모르는 어두운 시기를 겪고 있습니다. 그러나 관광통역안내사 자격시험은 코로나 시대와 별개로 매년 시행되고 있으며, 아직도 많은 분이 이 직업에 관심을 두고 시험에 응시하고 있습니다.

  "동트기 전 새벽이 가장 어둡다"라고 합니다. 비록 지금은 어둡지만 분명 코로나는 언젠가 종식될 것이고, 그러면 인간의 가장 원초적 욕망인 휴식을 누리기 위해 많은 외국 관광객이 우리나라를 다시 방문하게 될 것입니다. 코로나가 발생하기 이전에는 중국어, 영어, 일본어 모두 관광통역안내사는 많았지만 일자리는 적어, 신입 가이드가 가이드 업계로 들어오기가 매우 어려웠습니다. 그러나 지금 대부분의 관광통역안내사들이 여행업을 떠나 새로운 직업을 가지게 됨에 따라, 설사 코로나가 종식되고 많은 외국 관광객이 우리나라를 방문한다고 하더라도 많은 관광통역안내사들이 다시 가이드 업계로 돌아오지 않으리라 생각합니다. 그러므로 신입 가이드는 예전보다 더 많은 기회를 얻게 될 것입니다. 그렇지만 아무런 준비 없이 기다려서는 안 되며, 관광통역안내사로서의 본인의 역량을 키워놔야 할 것입니다.

제가 2015년 <워너비 관광통역안내사>라는 책을 저술할 당시에는 '관광통역안내사'라는 직업에 대해 알아보려고 해도 본인이 직접 가이드 업계에 뛰어들기 전까지는 제대로 된 정보를 얻기가 어려웠습니다. 인터넷을 검색해보더라도 잘못된 정보와 이미 효력이 지난 정보들이 많이 있어서 어떤 것이 정확한 정보인지 혼동을 주고 있었습니다. 때마침 메르스 시기에 맞춰 쉬게 된 석 달을 이용하여 네이버카페 "관광통역안내사 교류센터"를 운영하는 경험과 중국과 대만 단체관광을 진행한 가이드로서의 경력을 토대로 '관광통역안내사'라는 직업과 가이드 업계에 대한 현실을 글로써 알렸습니다. 지금은 당시와 비교하여 많은 부분이 변하였기에 이 책의 내용 역시 현실에 맞는 내용과 최근까지의 통계자료를 사용해서 설명하고자 하였습니다. 관광통역안내사라는 직업에 대한 궁금함을 가지고 있거나, 가이드 업계에 대한 기초 지식이 없으신 신입 관광통역안내사 또는 자격증 시험을 준비하시는 분들에게는 이 책이 큰 도움이 되리라 생각합니다.

이 책은 '관광통역안내사'라는 직업에 관심 있어 하는 학생에서부터, 관광학과 대학생, 외국 관광객들을 접객하는 호텔·식당·면세점·백화점·쇼핑센터 등에서 근무하는 직원, 인바운드 여행사 직원, 프리랜서 가이드 그리고 이제 갓 자격증을 취득한 초보 관광통역안내사까지 모두 관심 있게 볼 수 있는 내용으로 구성되어 있습니다. 2장과 3장에서는 관광통역안내사에 대한 아주 기초적인 내용과 궁금했던 점, 관광통역안내사의 기본자세, 관광통역안내사가 되었을 때 관광객들에 대한 서비스 요령 등 실무에 관해서 설명하였습니다. 4장에서는 중국어, 영어, 일본어 및 동남아권 관광객들과 관광통역안내사 현황에 대하여 언어권별로 설명하였고, 현직 관광통역안내사 열 분의 생생한 이야기를 담았습니다. 5장은 2015년 출판한 <워너비 관광통역안내사> 초판에 없었던 내용으로 최근의 경향과 가이드들이 좀더 알아야 할 내용을 추가로 작성하였으므로, 앞으로 투어를 진행하실 때 많은 도움이 되리라 생각합니다. 부록 Ⅰ에서는 제가 운영하는 네이버카페 "관광통역안내사 교류센터"에 대해 설명하였고, 부록 Ⅱ에서는 관광객들에게 들려줄 만한 한국문화에 대한 주제를 기재하였으니, 이에 스토리텔링을 넣어 재미있는 자신만의 멘트를 만드시길 바랍니다.

이 책을 구매한 후 한두 번만 읽어보고 바로 책장에 넣어두지 마시고, 익숙할 때까지는 항상 가지고 다니면서 투어를 진행할 때마다 꺼내 보시기 바랍니다.

이 책이 나오기까지 정말 많은 분이 도움을 주셨는데, 코로나로 인해 관광통역안내사 일이 아닌 다른 일을 하면서도 현장 인터뷰에 응해주신 열 분의 관광통역안내사를 포함하여 많은 분들께 진심으로 감사하다는 말을 전합니다. 그리고 항상 저를 지지해주는 우리 "관광통역안내사 교류센터" 카페회원 여러분들께도 감사드립니다. 틈틈이 시간을 내어 저의 부족한 원고를 검토해준 카페 운영진인 박성 가이드님(나눔드림), 복태순 가이드님(타이춘)에게도 대단히 고맙다는 인사를 다시 한 번 전합니다. 아무쪼록 이 책이 '관광통역안내사'라는 직업에 대해 조금이나마 이해할 수 있는 계기가 되었으면 하고, 초보 관광통역안내사들에게는 코로나가 끝난 후 투어를 진행할 때 큰 도움이 되었으면 합니다. 끝으로 우리 관광통역안내사들은 어려운 여건 속에서도 관광업계의 최전선에서 나라를 대표하는 '민간외교관'이라는 사명을 가지고 우리나라의 이미지 제고와 관광수지 개선을 위해 열심히 뛰고 있습니다. 많은 분들께서 이 사실을 알아주셨으면 하며, 오늘도 코로나가 종식되기를 기다리며 다른 현장에서 땀 흘리고 계시는 현직 관광통역안내사분들께 존경과 감사의 마음을 전합니다. 감사합니다.

2021년 5월의 어느 날
박승원

목차

제4장　관광통역안내사 업무 속속 파헤쳐 보기

제1부

취업 Before

제1부 취업 Before

제1장

관광통역안내사
자격 제도

1

관광통역안내사란?

1) 개요

관광통역안내사는 다양성과 창의성, 전문성을 모두 갖춘 사람으로 우리나라에 입국한 외국인 관광객들에게 입국에서부터 출국까지 외국어로 우리 역사를 알리고 우리 문화를 나누며 세계와 소통하는 대한민국 홍보대사를 말합니다.

관광도 하나의 산업으로서 국가 경제에 미치는 영향이 크다고 판단되어 문화체육관광부에서 실시하는 통역 분야의 유일한 국가공인자격증으로서 외국인 관광객의 국내 여행안내와 한국의 문화를 소개합니다.

2) 활동 분야

관광통역안내사는 여행업, 관광숙박업, 국제회의업, 카지노업 등 활동 분야가 넓습니다. 관광통역안내사로 근무하면 외래 관광객의 다양한 문화와 특성을 경험할 기회가 많고, 크루즈 관광, 특급호텔, 국제회의 등 고급문화를 체험할 기회가 주어집니다.

또한 통역안내사로 끝나지 않고, 통역사, 국제의료관광코디네이터, PCO 등으로 전문가로서 역량을 확대할 기회가 주어집니다.

3) 변천 과정

❶ 관광통역안내원에서 관광통역안내사로 명칭 변경(2004년)

❷ 외국어시험이 공인어학 성적증명서로 대체(2007년)

❸ 한국관광공사에서 한국산업인력공단으로 자격시험 시행기관 변경(2009년)

4) 소관 부처명

문화체육관광부(관광사업과)

5) 통계자료(최근 5년)

	구 분	2016년 특별	2016년 정기	2017년	2018년	2019년	2020년
1차	대상자	5,334	6,837	5,231	4,027	3,993	2,849
	응시자	4,691	5,884	4,276	3,356	3,206	2,358
	응시율(%)	87.9%	86.1%	81.7%	83.3%	80.3%	82.8%
	합격자	639	2,407	2,144	1,503	1,890	1,676
	합격률(%)	13.6%	40.9%	50.1%	44.8%	59.0%	71.1%
2차	대상자	1,321	3,183	3,361	2,467	2,536	2,365
	응시자	1,195	2,802	2,861	2,041	2,178	1,992
	응시율(%)	90.5%	88.0%	85.1%	82.7%	85.9%	84.2%
	합격자	617	1,528	1,610	1,251	1,428	1,327
	합격률(%)	51.6%	54.5%	56.3%	61.3%	65.6%	66.6%

2 관광종사원의 의미와 종류

1) 관광종사원이란?

관광객과 직접 접촉하여 서비스를 제공하는 인적 관광자원으로서, 우리나라의 역사와 관광자원 및 관광 관련 지식, 외국어 등을 두루 갖추어야 합니다. 이들이 제공하는 서비스의 질에 따라 관광산업의 진흥과 육성이 막대한 영향을 받게 되기 때문에, 관광종사원은 관광산업에 있어 중추적 역할을 수행하는 주요한 유망직종입니다. 관광객은 이러한 관광종사원을 통해 우리나라의 이미지를 결정하게 되므로, 관광종사원은 곧 나라를 대표하는 민간외교관의 역할을 수행하며 관광산업을 이끄는 리더라고 할 수 있습니다. 국가시험에 합격한 후 등록할 수 있는 관광종사원은 관광통역안내사, 국내여행안내사, 호텔경영사, 호텔관리사, 호텔서비스사 등 총 다섯 가지로 분류되며, 국가지정기관에서 일정기간 교육수료 후 등록할 수 있는 관광종사원은 국외여행인솔자, 문화관광해설사의 두 가지로 분류됩니다.

2) 관광종사원의 자격 제도

관광종사원의 자격 제도는 1962년 관광통역안내업 제도의 도입을 통해 관광통역안내사 자격을 시작으로 운영되었습니다. 국내 관광산업의 질을 향상시키고 관광에 대한 전문적인 지식과 기술 등을 갖춘 사람을 등용함으로써 양질의 서비스를 제공하기 위한 목적으로 점차 발전하여, 현재 관광종사원 자격을 취득하기 위해서는 필기시험(일부 외국어시험 포함) 합격 후 면접시험에 통과하여야 합니다.

「관광진흥법」제38조에 의거하여 관광종사원의 자격을 취득하려는 자는 문화체육관광부령으로 정하는 바에 따라 문화체육관광부 장관이 실시하는 시험에 합격한 후 문화체육관광부 장관에게 등록하여야 합니다. 또한 관할 등록기관 등의 장은 대통령령으로 정하는 관광 업무에는 관광종사원의 자격을 가진 자가 종사하도록 해당 관광사업자에게 권고할 수 있으며, 외국인 관광객을 대상으로 하는 여행업자는 관광통역안내의 자격을 가진 사람을 관광안내에 종사하게 하도록 규정되어 있습니다.

3) 관광종사원의 종류와 수행업무

❶ 관광통역안내사

관광이 하나의 산업으로 국가 경제에 미치는 영향이 막대하다고 판단되어 문화체육관광부에서 실시하는 통역 분야의 유일한 국가전문자격증으로서, 외국인 관광객의 국내여행 안내와 한국의 문화를 소개하는 직업입니다. 국내를 여행하는 외국인에게 외국어를 사용하여 관광지 및 관광대상물을 설명하거나, 여행을 안내하는 등의 여행 편의를 제공하는 역할을 수행합니다.

❷ 국내여행안내사

국내여행안내사는 내국인의 국내여행 안내업무를 담당하는 점에서 관광통역안내사와 비교적 유사한 직업입니다. 국내를 여행하는 관광객을 대상으로 여행장소 결정 및 검토, 여행일정 계획, 여행비용 산출, 숙박시설 예약, 명승

지나 고적지 안내 등 여행에 필요한 전반적인 서비스를 제공하는 역할을 하게 됩니다. 2004년 '국내여행안내원'에서 '국내여행안내사'로 명칭이 변경되었으며, 2009년 한국산업인력공단으로 시험시행기관이 변경된 바 있습니다.

❸ 호텔경영사

관광호텔업의 총괄관리 및 경영업무 담당자를 양성하는 역할을 합니다. 관광사업소의 호텔에서 객실예약업무, 객실판매 및 정비업무, 접객업무, 회계업무, 식당업무 등 제반 호텔관리 업무에 대한 계획을 수립·조정하며 종사원의 근무상태를 지휘하고 감독하는 직무를 맡습니다.

❹ 호텔관리사

관광호텔의 객실관리 및 가족호텔업의 경영업무를 담당하는 직업으로, 4성급 이상의 관광호텔업의 객실관리 업무 또는 3성급 이하의 관광호텔업과 한국전통호텔업, 수상관광호텔업, 휴양콘도미니엄업 및 가족호텔업, 호스텔업, 소형호텔업의 경영업무를 수행하게 됩니다.

❺ 호텔서비스사

호텔에서 각종 서비스를 제공하는 호텔종사원으로서의 외국어실력이 필요하고, 서비스에 대하여 이해하며 고객에게 보다 충실한 서비스를 제공하기 위해 도입된 자격제도입니다. 호텔에서 고객에게 각종 서비스를 제공하기 위하여 영접, 객실안내, 짐 운반, 객실예약, 우편물의 접수와 배달, 객실열쇠관리, 객실정리, 세탁보급, 음식제공 등 각종 서비스를 제공하는 업무를 맡습니다.

3 관광통역안내사 자격증 시험정보

1) 시험방법, 과목 및 시간

❶ **시험방법** : 외국어시험, 필기(1차) 및 면접(2차)시험으로 구분 시행

외국어시험	필기시험	면접시험	등록 및 자격증발급

❷ **시험과목**

구 분	시험과목	시험방법	배 점
외국어 시험	영어, 일본어, 중국어, 프랑스어, 독일어, 스페인어, 러시아어, 이탈리아어, 태국어, 베트남어, 말레이 · 인도네시아어, 아랍어 중 1과목	다른 외국어시험 성적으로 대체	
제1차 (필기) 시험	❶ 국 사	객관식 (4지 택일형)	40%
	❷ 관광자원해설		20%
	❸ 관광법규(「관광기본법」·「관광진흥법」·「관광진흥개발기금법」·「국제회의산업 육성에 관한 법률」 등의 관광 관련 법규)		20%
	❹ 관광학개론		20%
제2차 (면접) 시험	❶ 국가관 · 사명감 등 정신자세 ❷ 전문지식과 응용능력 ❸ 예의 · 품행 및 성실성 ❹ 의사발표의 정확성과 논리성	면접시험	–

❸ 시험시간

구 분	교 시	시험과목	입실시간	시험시간	문항 수
제1차 (필기) 시험	1교시	❶ 국 사 ❷ 관광자원해설	09:00	09:30~10:20 (50분)	과목별 25문항
	2교시	❸ 관광법규 ❹ 관광학개론	10:40	10:50~11:40 (50분)	
제2차 (면접) 시험		❶ 국가관 · 사명감 등 정신자세 ❷ 전문지식과 응용능력 ❸ 예의 · 품행 및 성실성 ❹ 의사발표의 정확성과 논리성	홈페이지 공지	1인당 10분 내외	–

※ 시험과 관련하여 법률 등을 적용하여 정답을 구하여야 하는 문제는 시험시행일 현재 시행되는 법률 등을 적용하여 그 정답을 구하여야 합니다.

2) 응시자격 및 결격사유

❶ 응시자격

없습니다. 단, 관광통역안내사 자격시험에서 부정한 방법으로 시험에 응시하거나 시험에서 부정한 행위를 한 사람에 대하여는 그 시험을 정지 또는 무효로 하거나 합격 결정을 취소하고, 그 시험을 정지하거나 무효로 한 날 또는 합격 결정을 취소한 날부터 3년간 시험 응시자격을 정지합니다(「관광진흥법」 제38조 제9항).

❷ 결격사유(「관광진흥법 시행규칙」 제53조 제2항)

아래의 「관광진흥법」 제7조 제1항에 따른 결격사유가 없는 자에 한하여 관광종사원으로 등록하고 관광종사원 자격증 발급이 가능합니다.

• 피성년후견인 · 피한정후견인
• 파산선고를 받고 복권되지 아니한 자

- 「관광진흥법」에 따라 등록증 또는 사업계획의 승인이 취소되거나 「관광 진흥법」 제36조 제1항에 따라 영업소가 폐쇄된 후 2년이 지나지 아니한 자
- 「관광진흥법」을 위반하여 징역 이상의 실형을 선고받고 그 집행이 끝나 거나 집행을 받지 아니하기로 확정된 후 2년이 지나지 아니한 자 또는 형의 집행유예 기간 중에 있는 자

❸ 시험의 일부 면제 유형

- 「고등교육법」에 따른 전문대학 이상의 학교 또는 다른 법령에서 이와 동등 이상의 학력이 인정되는 교육기관에서 해당 외국어를 3년 이상 강 의한 자에 대하여 해당 외국어시험을 면제
- 4년 이상 해당 언어권의 외국에서 근무하거나 유학(해당 언어권의 언어 를 사용하는 학교에서 공부한 것을 말함)을 한 경력이 있는 자 및 「초 · 중등교육법」에 따른 중 · 고등학교 또는 고등기술학교에서 해당 외국어 를 5년 이상 강의한 자에 대하여 해당 외국어시험을 면제
- 「고등교육법」에 따른 전문대학 이상의 학교에서 관광분야를 전공(전공 과목이 관광법규 및 관광학개론 또는 이에 준하는 과목으로 구성되는 전공과목을 30학점 이상 이수한 경우를 말함)하고 졸업한 자(졸업예정 자 및 관광분야 과목을 이수하여 다른 법령에서 이와 동등한 학력을 취 득한 자를 포함)에 대하여 필기시험 중 관광법규 및 관광학개론 과목을 면제
- 관광통역안내사 자격증을 소지한 자가 다른 외국어를 사용하여 관광 안 내를 하기 위하여 시험에 응시하는 경우 필기시험을 면제
- 문화체육관광부 장관이 정하여 고시하는 교육기관에서 실시하는 60시 간 이상의 실무교육과정을 이수한 사람에 대하여 필기시험 중 관광법규 및 관광학개론 과목을 면제

- 필기시험 및 외국어시험에 합격하고 면접시험에 불합격한 자에 대하여 는 다음 회의 시험에만 필기시험 및 외국어시험을 면제

❹ 시험의 일부 면제 기준 관련 주요 변경사항(2020년도 시험부터 적용)

- 「관광진흥법 시행규칙」 개정에 따라 관광통역안내사 자격시험의 일부 면제 기준 변경
- (외국어시험 면제) 전문대학 이상의 교육기관에서 해당 외국어를 강의 한 경력을 합산하여 인정 가능

변경 전(前)	변경 후(後)
외국어시험 면제 : 전문대학 이상의 교육기관에서 해당 외국어를 3년 이상 계속하여 강의	**외국어시험 면제** : 전문대학 이상의 교육기관에서 해당 외국어를 3년 이상 계속하여(삭제) 강의 → 강의경력 합산 인정 가능
관광법규 · 관광학개론 면제 : 전문대학 이상의 학교에서 관광분야를 전공하고 졸업한 자	**관광법규 · 관광학개론 과목 면제** : 전문대학 이상의 학교에서 관광분야를 전공(관광법규 및 관광학개론 또는 이에 준하는 전공과목을 30학점 이상 이수)하고 졸업한 자(졸업예정자 포함) → 전공과목 30학점 이상 이수 조건 추가

- (관광법규 · 관광학개론 과목 면제) 관광분야 학과(학과명에 '관광' 문구가 포함된 학과)에서 '관광법규' 및 '관광학개론'을 포함한 해당 학과의 전공과목을 30학점 이상 이수하고 졸업(예정)한 경우 인정

구 분	세부내용(해당 조건 모두 만족)
학과명	해당 학과명에 '관광' 문구가 포함된 학과를 졸업
전공과목 이수	'관광법규' 및 '관광학개론'을 포함한 해당 학과의 전공과목을 30학점 이상 이수

※ 관광분야 학과 졸업(예정) + 해당 학과에서 '관광법규' 및 '관광학개론'을 전공으로 이수 + 해당 학과의 전공과목을 30학점 이상 이수한 경우(해당 조건을 모두 만족한 경우)에만 면제 가능

3) 시험의 일부 면제 서류제출 및 심사

❶ 서류제출 및 심사 기간 : 약 10일

- 토요일 · 일요일 · 공휴일 등 제외
- 시험의 일부 면제자는 제출된 서류가 승인된(마이페이지에서 확인가능)
  후 원서접수 진행(승인 전 원서접수 시 일반응시자로 접수됨)

❷ 면제대상자 및 유형별 제출서류

구 분	면제유형	제출서류
필기 및 외국어시험 면제	전년도 필기 및 외국어시험에 합격하고 면접시험에 불합격한 자(다음 회의 시험에 한정)	제출서류 없음 ※ 단, Q-Net 기존아이디로 로그인 후 접수해야 면제자로 접수 가능
필기시험 면제	관광통역안내사 자격증을 소지한 자가 다른 외국어 분야의 관광통역안내사 시험에 응시하는 자	다른 외국어 분야의 공인어학성적 소지자 → 제출서류 없음(원서접수 시 해당 공인어학성적 정보 입력) 강의 · 근무 · 유학으로 인한 외국어시험 면제자 → 아래의 외국어시험 면제 제출서류 참조
필기시험 일부과목 면제 (관광법규, 관광학개론 면제)	「고등교육법」에 따른 전문대학 이상의 학교에서 관광분야를 전공(전공과목이 관광법규 및 관광학개론 또는 이에 준하는 과목으로 구성되는 전공과목을 30학점 이상 이수한 경우를 말함)하고 졸업한 자	❶ 서류심사신청서 및 개인정보 제공동의서(공단양식) ❷ 졸업(예정)증명서 또는 학위증명서 ❸ 성적증명서 ※ 단, 전공 · 교양 등 이수 구분 및 이수 학점이 명확히 표기되어 있어야 함
	문화체육관광부 장관이 정하여 고시하는 교육기관(한국관광통역안내사협회)에서 실시하는 60시간 이상의 실무교육과정을 이수한 자	제출서류 없음 (한국관광통역안내사협회 교육과정 이수내역 자동 등록) ※ 단, Q-Net 기존아이디로 로그인 후 접수해야 면제자로 접수 가능

외국어시험 면제	「고등교육법」에 따른 전문대학 이상의 학교 또는 다른 법령에서 이와 동등 이상의 학력이 인정되는 교육기관에서 해당 외국어를 3년 이상 강의한 자	❶ 서류심사신청서 및 개인정보 제공동의서(공단양식) ❷ 경력(재직)증명서 원본 ※ 단, 강의기간이 명확히 기재되어 있지 않은 경우 공단양식 경력증명서로 작성하여 제출 ❸ 강의실적증명서(강의과목 및 주당 수업시간 명시) 원본 ❹ 공적증빙서류 또는 소득금액증명원 중 택1
	「초·중등교육법」에 따른 중·고등학교 또는 고등기술학교에서 해당 외국어를 5년 이상 강의한 자	
	4년 이상 해당 언어권의 외국에서 근무한 경력이 있는 자	국내기업의 해외근무인 경우 ❶ 서류심사신청서 및 개인정보 제공동의서(공단양식) ❷ 경력(재직)증명서 원본 ※ 단, 해외근무기간이 명확히 기재되어 있지 않은 경우 공단양식 경력증명서로 작성하여 제출 ❸ 출입국에 관한 사실증명서 또는 여권사본(원본제시) 중 택1 ❹ 공적증빙서류 또는 소득금액증명원 중 택1
		해외기업의 해외근무인 경우 ❶ 서류심사신청서 및 개인정보 제공동의서(공단양식) ❷ 경력(재직)증명서 원본 ※ 단, 해외근무기간이 명확히 기재되어 있지 않은 경우 공단양식 경력증명서로 작성하여 제출 ❸ 출입국에 관한 사실증명서 또는 여권사본(원본제시) 또는 재외국민등록부등본 중 택1 ❹ 법인설립여부가 확인되는 서류(법인등기부등본 등) 또는 소득금액증명원(해당 국가의 소득세 납부 내역 등) 중 택1
	4년 이상 해당 언어권의 외국에서 유학(해당 언어권의 언어를 사용하는 학교에서 공부한 것을 말함)한 경력이 있는 자	❶ 서류심사신청서 및 개인정보 제공동의서(공단양식) ❷ 졸업(예정)증명서 또는 학위증명서 ※ 단, 재학기간이 반드시 확인되어야 함 ❸ 출입국에 관한 사실증명서 또는 여권사본(원본제시) 또는 재외국민등록부등본 중 택1

❸ 서류제출 시 유의사항

• 외국(경력, 학력 등) 발급서류는 해당 국가의 대한민국 대사관 확인(공증) 후 국내에 있는 공증사무소 등에서 한국어로 변역·공증하여야 하고, 출입국에 관한 사실증명서·재외국민등록부등본·여권사본(원본제시) 등에는 유학(근무)기간 전 출국 및 유학(근무)기간 후 입국한 사실이 기재되어 있어야 함

  ※ 단, 유학(근무)기간 중 국내에서 3개월 이상 장기체류한 경우 해당 기간은 경력 기간에서 제외
  ※ 아포스티유(Apostille) 협약 가입 국가는 대사관 확인을 아포스티유(Apostille) 증명서로 대체 가능(국내에서 한국어로 변역·공증 필요)

• 중국 대학교 이상 학력의 경우 서울공자아카데미(한중문화협력연구원)에서 발급하는 학력확인서(한국어 번역)만 인정 가능(대사관 확인 서류 인정 불가)하며, 영국 학력의 경우 주한영국문화원에서 발급하는 학력확인서와 대사관 확인 중 택1 하여 제출 가능

  – 그 외 중국의 초·중·고등학교 학력의 경우 대사관 확인 서류 인정

• 공적증빙서류(행정정보공동이용시스템 조회로 대체 가능)

  ◆ 고용보험 피보험자격 이력 내역서(전체이력) : www.ei.go.kr (☎ 1350)
  ◆ 건강보험 자격득실확인서(전체이력) : www.nhic.or.kr (☎ 1577-1000)
  ◆ 국민연금 가입자 가입증명(전체이력) : ww.npc.or.kr (☎ 1350)

  – 회사에서 자체적으로 발급하는 경력증명서에 해외근무기간이 명확히 기재되어 있지 않을 경우에는, 공단양식 경력증명서에 정보 기재 후 회사 직인 날인

• 서류제출기간 내에 졸업(예정)증명서를 제출할 수 없는 경우 제1차(필기) 시험 시행일에 졸업(예정)증명서 원본을 시험장 시험본부로 제출(미제출 시 필기시험 무효처리)

• 학력·경력 산정 기준일 : 원서접수 마감일 기준

• 서류제출 방법 : 아래의 서류심사 기관으로 방문 또는 등기우편 제출

기관명	주 소	우편번호	담당부서	연락처
서울지역본부	서울 동대문구 장안벚꽃로 279	02512	전문자격시험부	02-2137-0553
부산지역본부	부산 북구 금곡대로 441번길 26	46519	전문자격시험부	051-330-1916
대구지역본부	대구 달서구 성서공단로 213	42704	전문자격시험부	053-580-2383
인천지역본부	인천 남동구 남동서로 209	21634	전문자격시험부	032-820-8678
대전지역본부	대전 중구 서문로 25번길 1	35000	전문자격시험부	042-580-9151
제주지사	제주 제주시 복지로 19	63220	자격시험부	064-729-0712

※ 등기우편 제출 시 마감일 17:00까지 위의 서류심사 기관 도착분에 한하여 인정하며, 봉투에 반드시 "관광통역안내사 시험 면제 관련 서류 재중" 표기

※ 위의 서류심사 기관 외의 기관(예 한국산업인력공단 울산지역본부 등)으로 제출하는 서류는 심사하지 않으며, 별도의 안내 없이 폐기처리 될 수 있음

❹ 기타 참고사항

• 제출하는 모든 서류(어학성적표, 경력·학력서류 원본 등 일체)는 서류 제출 및 심사 기간 내 해당 기관에 지참하여 방문할 경우, 담당자의 검토 및 원본대조필 후 원본 반환 가능

※ 단, 등기우편 제출 시 원본 서류 반환(원본대조필) 불가

• 서류심사 및 전산 승인 완료 후 시험의 일부 면제자로 원서접수 가능

4) 합격자 결정기준

구 분	합격 결정기준
1차 시험	매 과목 4할 이상이고 전 과목 점수가 배점 비율로 환산하여 6할 이상
2차 시험	총점의 6할 이상을 득점한 자

※ 배점비율 : 국사 40%, 관광자원해설 20%, 관광법규 20%, 관광학개론 20%

5) 공인어학시험 성적 제출안내

❶ 공인어학시험 성적 제출 대상자 : 관광통역안내사 필기시험 및 외국어시험(공인어학시험으로 대체) 응시자

❷ 공인어학시험의 종류 및 기준점수

영 어	TOEIC	TEPS	TOEFL		G−TELP (Level 2)	FLEX
			PBT	IBT		
	760점 이상	372점 이상	584점 이상	81점 이상	74점 이상	776점 이상

일본어	JPT	일검(NIKKEN)	FLEX	JLPT
	740점 이상	750점 이상	776점 이상	N1 이상

중국어	HSK	FLEX	BCT		CPT	TOP(TOCFL)
	5급 이상	776점 이상	BCT(B) L&R 601점 이상 (1,000점 만점)	BCT(B) 181점 이상 (300점 만점)	750점 이상	5급(유리) 이상

기 타	불 어		독일어		스페인어		러시아어		이탈리아어	
	FLEX	DELF	FLEX	독일어 능력 검정시험	FLEX	DELE	FLEX	TORFL	CILS	CELI
	776점 이상	DELF B2 이상	776점 이상	Goethe− Zertifikat B1(ZD) 이상	776점 이상	B2 이상	776점 이상	1단계 이상	Livello Due B2 이상	CELI 3 이상

※ 태국어, 베트남어, 말레이−인도네시아어, 아랍어(4개)의 FLEX 기준점수는 600점 이상임

❸ 공인어학시험의 인정 기준

- 공인어학성적의 인정 범위는 원서접수 마감일로부터 역산하여 2년 이내에 시험이 시행되고 성적발표 및 성적표가 교부(인터넷 합격자 발표 완료)된 공인어학성적만 인정함

- 해당 어학시험 시행기관의 정기시험 성적만 인정하고, 정부 기관 · 민간 회사 · 학교 등에서 승진 · 연수 · 입사 · 입학 · 졸업 등의 특정 목적으로 시행하는 수시 또는 특별시험은 인정하지 않음

- 국외에서 취득한 어학성적 인정방법

  – 국외에서 취득한 토익(TOEIC), 일본어능력시험(JPT)의 경우 일본 에서 시행하는 시험성적만 인정하며, 원서접수 시 관련 정보(점수 등)를 입력하고 원서접수 마감일까지 자료실의 성적확인 동의서 및 성적표 사본을 반드시 전자우편(exam@hrdkorea.or.kr)으로 제출

    ※ 그 외 국가에서 취득한 토익(TOEIC), 일본어능력시험(JPT) 성적의 경우 인정하지 않음

  – 국외에서 취득한 일본어능력시험(JLPT)의 경우 원서접수 시 관련 정보(점수 등)를 입력하고, 성적표 사본을 원서접수 마감일까지 전자 우편(exam@hrdkorea.or.kr)으로 제출

❹ 제출방법

원서접수 시 큐넷 관광통역안내사 홈페이지 입력창에 해당 공인어학시험 종류를 선택하고 응시일자, 취득점수, 등록번호 등 어학성적 정보를 정확 히 입력

※ 공인어학성적을 허위로 입력하는 경우 부정행위자로 간주할 수 있음

※ HSK는 HSK 시험일로부터 2년간만 성적조회가 가능하므로, HSK로 응시하고자 하는 수험자는 원서접수 시 어학시험 응시장소 및 시험일, 점수, 등록번호 등을 정확히 입력하여야 함

※ 공인어학성적 정보의 오입력 등으로 조회가능기간(시험일로부터 2년) 내에 조회되지 않을 경 우, 성적 진위여부 확인이 되지 않아 발생하는 불이익(외국어시험 불인정, 필기시험 무효처리 등)은 전적으로 수험자의 귀책사유임

❺ 공인어학시험성적 조회 및 미확인자 처리

- 해당 시험기관(국내소재)의 조회 결과 미확인자는 성적표 원본 등을 정해진 기일 내에 제출하여야 함
- 미확인자가 정해진 기일 내에 성적표 원본 등의 자료를 제출하지 않는 경우, 필기 · 면접시험은 응시 불가함
- 성적표 원본 등을 위 · 변조하는 경우 부정행위 처리 및 고발 조치함

6) 응시원서 접수 안내

❶ 원서접수 기간

제1 · 2차 시험(동시접수) : 매년 공지(약 5일간)

※ 원서접수 기간 중에는 24시간 접수 가능(단, 원서접수 마감일은 18:00까지 접수 가능)하며, 접수 기간 종료 후에는 응시원서 접수 불가

※ 제1 · 2차 시험 동시접수에 따라 제2차 시험에만 응시하는 경우에도 해당 기간에 접수하여야 함

※ 가상계좌는 접수완료 시점이 13시 이전은 당일 14시까지 입금완료, 13시 이후는 익일 14시까지 입금완료 하여야 함(지정시간까지 미입금 시 원서접수가 취소됨)

※ 원서접수 마감일 13시 이후에는 가상계좌 결제가 불가하고 신용카드, 계좌이체만 가능

❷ 접수방법

- Q-Net 관광통역안내사 홈페이지(http://www.Q-Net.or.kr/site/interpreter)를 통한 온라인 원서접수
- 변경사항 발생 시 연락불능의 경우에 발생하는 불이익은 수험자 책임이므로 Q-Net의 회원정보에 반드시 연락 가능한 전화번호로 수정

    ※ 알림서비스 수신동의 시에 시험실 사전 안내 및 합격축하 메시지 발송

응시자 공통사항

◆ 인터넷 원서접수 시 최근 6개월 이내에 촬영한 탈모 상반신 사진을 파일(JPG/JPEG 파일, 사이즈 : 150 × 200 이상, 300DPI 권장, 200KB 이하)로 첨부하여 인터넷 회원가입 후 접수

※ 인터넷 활용이 어려운 수험자를 위해 접수도우미 운영

❸ 수수료 납부

- 응시수수료(제1 · 2차 시험 동시접수) : 20,000원
- 결제방법 : 전자결제(신용카드, 계좌이체, 가상계좌 중 택1)

❹ 수수료 환불(신용카드, 계좌이체, 가상계좌 중 택1)

- 수수료를 과오납한 경우 : 과오납한 금액의 전부
- 시험관리기관의 귀책사유로 시험에 응하지 못한 경우 : 납입한 수수료의 전부
- 시험 시행일 20일 전까지 접수를 취소한 경우 : 납입한 수수료의 전부
- 시험 시행일 10일 전까지 접수를 취소한 경우 : 납입한 수수료의 100분의 50

  ※ 환불신청(원서접수 취소)은 인터넷으로만 가능

❺ 수험표 교부

- 수험표는 인터넷 원서접수가 정상적으로 처리되면 수험자가 출력
- 수험표는 시험 당일까지 수험자가 인터넷으로 재출력 가능

  ※ 「SMART Q-Finder」 도입으로 시험전일 18:00부터 시험실을 확인할 수 있도록 서비스 제공

❻ 원서접수 완료 후(결제완료 후) 접수내용 변경방법

원서접수 기간 내에는 취소 후 재접수가 가능하나, 원서접수 기간 종료 후에는 재접수 및 내용 변경 불가

❼ 장애인 등 응시편의 제공

- 장애인 등의 경우 원서접수 시 해당 장애 표기 및 응시편의 요구사항을 선택
  - 원서접수 마감 후 4일 이내에 장애 또는 응시편의 제공 대상임을 입증할 수 있는 서류를 시험 시행기관에 등기우편 또는 방문 제출하여야 함
  - 척추장애는 기본적으로 하지장애로 구분하며, 「의료법」 제3조 제2항 제3호 마목의 종합병원에서 발급한 상지장애 진단서(장애정도 표기 필요, 진단서 없는 소견서 불인정) 제출 시 상지장애로 구분
  - 일시적 신체장애 수험자 중 시험시간 연장이 필요한 경우는 반드시 종합병원(「의료법」 제3조의3) 의사진단서 제출(진단서 유효기간 명시 필요, 진단서 없는 소견서 불인정)
- 대장장애 등 배변에 장애가 있는 수험자는 「의료법」 제3조 제2항 제3호에서 정한 의료기관에서 발행한 진단서(소견서 포함, 진단서 없는 소견서 불인정)를 제출한 경우 시험 중 화장실 출입을 허용(임산부는 의원급·병원급 의료기관 소견서 제출 시 인정 가능, 이외 수험자는 시험 중 화장실 출입 불가)

  ※ 증빙서류 미제출 시, 일반수험자와 동일한 방법으로 응시해야 함

- 기타 장애 유형 및 정도에 따른 응시편의 제공사항은 '장애유형 시험시간 적용 기준' 참고

의사진단서 발급 시 반드시 포함되어야 할 내용

- ◆ 유형 및 정도에 대한 구체적 진술
- ◆ 해당 응시편의를 제공받아야 하는 이유(불편사항) 등
- ◆ 제공받고자 하는 편의지원 항목에 대한 필요성 인정 여부
- ◆ 진단서 유효기간

※ 단, 원서접수 시 신청한 내용과 의사진단서 기재 내용이 서로 다를 경우 의사진단서에 따름

7) 합격자 발표 및 자격증 발표 안내

❶ 가답안 공개 및 의견제시 접수 기간

큐넷 관광통역안내사 홈페이지에서 공개 및 의견접수

※ 가답안 의견제시에 대해 개별회신은 하지 않으며, 합격자 발표 시 공고하는 최종정답 발표로 갈음함

❷ 합격자 발표일 및 방법

큐넷 홈페이지(60일, 무료) 또는 ARS 1666-0100(4일, 유료)에서 확인

❸ 자격증 발급기관 및 신청방법

- 발급기관 : 한국관광공사
- 발급신청 : 온라인 신청(제2차 시험 합격자 발표 시 공지)
- 시험에 최종합격한 경우 반드시 합격자 발표일로부터 60일 이내에 발급

  기관에 자격증을 신청하여야 함(기간 내 미신청 시 자격증 발급 불가)

  ※ 단, 관광통역안내사 자격시험에 응시하여 합격하더라도, 결격사유에 해당하는 자는 자격증 발급이 제한될 수 있음

4

관광통역안내사 제도의 변천 과정

◆ **1961년 8월 : 관광통역안내원 자격 제도 도입**

관광통역안내업에 종사하고자 하는 자는 시험에 합격하여 면허를 받도록
규정

◆ **1963년 3월 : 관광통역안내원 의무종사제 도입 및 국가고시 시행**

5개 언어권(영어, 독일어, 불어, 일본어, 중국어)을 중심으로 국가고시 시행

◆ **1971년 1월 : 국제관광공사 관광훈련원 설립, 관광통역안내원 양성반 운영**

◆ **1975년 12월 : 관광사업진흥법 폐지에 따라 관광종사원 관련 내용이 관
광사업법에 반영**

관광종사원 자격, 결격사유, 신고의무, 교육의무, 관광종사원의 금지행
위, 관광안내원의 구분, 안내행위, 등록된 안내원의 안내약관 신고, 자격
증의 휴대와 표시 부착, 자격취소 등에 관한 내용 포함

◆ **1986년 12월 : 관광통역안내원 자격 제도 갱신제 도입**

자격증 유효기간은 5년으로 하되, 그 유효기간이 만료된 후 계속하여 관
광종사원 자격을 갖고자 하는 자는 교통부령이 정하는 바에 의한 갱신을
받아야 함(「관광진흥법」 제28조 제2항)

◆ **1987년 1월 : 관광통역안내원 자격 제도 관련 업무 위탁**

관광종사원의 자격시험 및 등록에 관한 교통부장관의 권한 중 관광통역안내원의 자격시험 및 등록에 관한 권한을 법 제55조의 규정에 의하여 한국관광공사에 위탁함(「관광진흥법 시행령」 제41조)

◆ **1993년 12월 : 관광통역안내원 자격 제도 갱신제 폐지**

종사원 부담경감 등 불합리한 행정규제 완화

◆ **2003년 11월 : 관광통역안내사 명칭 변경**

종전의 규정에 의하여 관광통역안내원 자격을 취득한 자는 관광통역안내사 자격을 취득한 것으로 봄(「관광진흥법 시행령」 부칙 제5조)

◆ **2007년 12월 : 공인어학 성적증명서로 외국어시험 대체**

외국어시험은 다른 외국어 시험기관에서 실시하는 시험으로 대체함(「관광진흥법 시행규칙」 제47조)

◆ **2009년 1월 : 한국산업인력공단에 자격 제도 관련 업무 위탁**

자격시험의 출제, 시행, 채점 등 자격시험의 관리에 관한 업무는 「한국산업인력공단법」에 따른 한국산업인력공단에 위탁함(「관광진흥법 시행령」 제65조)

◆ **2009년 3월 : 관광통역안내사 의무종사제 전환**

외국인 관광객을 대상으로 하는 여행업자는 관광통역 안내의 자격을 가진 사람을 관광안내에 종사하게 하여야함(「관광진흥법」 제38조)

◆ **2010년 3월 : 특수 언어권 관광통역안내사 자격 제도 시행**

이탈리아어, 태국어, 베트남어, 말레이-인도네시아어, 아랍어 등 5개 언어권 신설(「관광진흥법 시행규칙」 제47조)

제1부 취업 Before

제2장

관광통역안내사에 대해
궁금해요

1

관광통역안내사 자격증 취득 후 진로는?

　관광통역안내사 자격시험은 연간 1회 실시합니다. 이 시험에 합격하여 관광통역안내사 자격증을 취득하게 되면 외국 관광객을 대상으로 관광 안내에 종사할 수 있습니다. 현재 관광진흥법이 개정된 이후로는 관광통역안내사 자격을 가진 사람만 관광 안내에 종사할 수 있도록 엄격히 규제하고 있습니다 (「관광진흥법」 제38조).

　관광통역안내사 자격증을 취득하면 대부분 인바운드 여행사, 시티투어 여행사, MICE 회사, 크루즈 전문여행사 등에 취업하여 여행사 소속으로써 외국 관광객을 모시고 투어를 진행하거나, 또는 프리랜서로서 여행사, 기업체, 관공서 등으로부터 투어를 의뢰받아 일을 진행합니다.

　관광통역안내사 자격시험에 합격하면 관광통역안내사의 자격뿐만 아니라 국외여행인솔자(T/C ; Tour Conductor)의 자격도 주어지므로, 관광통역안내사뿐만 아니라 아웃바운드 여행사의 국외여행인솔자로서 활동할 수도 있습니다. 국외여행인솔자란 내국인이 단체로 해외여행을 갈 때 출발해서부터 도착할 때까지의 모든 여행 일정을 관리하면서, 여행자들이 안전하고 불편함 없이 즐거운 여행을 할 수 있도록 할 뿐 아니라, 관광객이 소기의 목적을 달성할 수 있도록 도와주는 역할을 하는 사람을 말합니다.

[관광통역안내사 자격증]

[국외여행인솔자 자격증]

국외여행인솔자 자격증을 받기 위해서는 관광통역안내사 자격증을 받고나서 '국외여행인솔자 인력관리시스템 홈페이지(www.tchrm.or.kr)'를 방문합니다. 자격증 신청 절차는 아래와 같습니다.

1) 신청자 정보제출

관광통역안내사 자격증 사본(앞면), 핸드폰 번호 및 e-mail, 성별, 국적기재 후 e-mail(tc@kata.or.kr)로 전송합니다.

2) 신청정보 회신

협회는 제출한 신청자의 정보를 확인하여 등록 후 발송된 본인의 e-mail로 회신합니다(통상적으로 업무일 기준으로 1일 소요되며 매일 오전 중에 확인하여 회신합니다).

3) 홈페이지에서 회원가입 완료 후 신청

회원가입, 약관동의, 본인인증(휴대전화 또는 아이핀), 회원정보 입력, 필수 입력내용 및 자격증 번호를 기입합니다.

4) 승인대기

협회에서 등록한 신청자 정보와 회원가입 정보의 일치 여부를 확인하는 절차입니다. 회원가입 시, 자격증 번호 및 개인정보를 잘못 기입한 경우 승인처리 되지 않으므로 주의하시기 바랍니다(승인처리는 업무일 기준 1일, 유선문의 ☎ 02-6200-3916).

5) 발급신청

승인처리 후 재로그인, 자격증 발급 클릭, 최근 6개월 이내 사진을 업로드하여 등록합니다.

6) 발급수수료 입금

내방수령(5,000원), 등기우편(7,800원)

※ 반드시 정확한 금액을 신청자 본인 이름으로 입금하여야 발급이 가능하며, 자격증 발급 이후 수령방법(내방/우편) 변경은 불가능합니다.

※ 수수료 입금 계좌 : 농협 301-0091-1021-61 (한국여행업협회)

7) 자격증 수령

내방수령(본 협회로 먼저 연락), 등기우편(매주 수요일 발송)

[국외여행인솔자 인력관리시스템(www.tchrm.or.kr)]

그밖에 문화관광해설사, 관광안내소 안내원의 일을 하고자 할 때 자격증 소지자만 응시할 수 있거나 취업 시 유리한 측면이 있습니다. 또한 여행사 사무실 OP, 호텔, 항공사 등 관광업계는 물론 무역회사, 면세점, 외국어 학원, 통역사 등 외국어를 이용하는 다양한 방면으로의 취업이 가능합니다(자격증이 필수는 아니지만 우대하는 곳이 있음).

대분류	중분류	작업예시
여행 및 관광통역 안내원(4321)	43211 국내여행안내원	국내여행안내원 관광 안내원 등산 안내원 낚시 안내원
	43212 국외여행안내원	해외여행 가이드(국외여행인솔자) 투어 컨덕터 관광통역안내원
	43213 관광통역안내원	관광통역안내원

[관광통역안내분야 한국표준직업분류 직업]

2

관광통역안내사 필기 및 면접시험
준비는 어떻게 하나요?

　관광통역안내사를 준비하는 준비생들에게서 가장 많이 받는 질문은 무엇일까요? 그것은 바로 "필기와 면접은 어떻게 준비해야 하나요?", "독학해도 되나요? 아니면 학원에 다녀야 하나요?"라고 말할 수 있습니다. 이것에 대한 정확한 대답은 "사람마다 상황이 다르다."라고 말씀드릴 수 있고, 필기는 독학해도 가능하나 학원에 다니면 합격률은 높아진다고 말씀드릴 수 있습니다.

　필기시험은 준비생에 따라 짧게는 1개월 이내에서 길게는 1년여를 공부합니다. 저 역시 1개월도 안 되는 짧은 시간에 필기시험을 준비하고 바로 합격하였는데, 본인 스스로 국사에 기본 개념이 있고 스스로 계획을 세워서 혼자서도 추진해 나갈 수 있는 성격이라고 생각한다면 독학으로 필기를 준비해도 충분하다고 생각합니다. 그러나 스스로 생각하기를 국사에 대한 기본 개념이 부족하고 혼자서 계획을 세워서 추진해나가는 성격이 아니라면 학원에 다니는 것을 추천합니다. 학원의 장점은 기출문제를 통해 시험의 유형을 잘 알고 있으며, 계획에 따라 학생들을 지도할 수 있다는 점이지요. 그래서 당연히 독학하는 준비생에 비해 필기 합격률이 훨씬 높습니다. 저는 독학을 하는 분들에게 당부 드리자면 아무리 시험이 쉽다고 생각하더라도 준비는 미리미리 하라는 것입니다. 짧은 시간에 공부해서 설사 합격하더라도 이는 다음 면접시험에 큰 부담을 가져오게 됩니다. 공부한 기간이 짧아서 외웠던 내용을 필기시험 이후에 쉽게 잊어버릴 수 있기 때문입니다. 저의 경우 1달 동안 급하게 외워서 필기시험을 치렀지만, 필기시험이 끝나자마자 온 머리가 백지장처럼 하얗게 되는 현상을 겪었습니다. 그래서 면접을 준비하면서 포기할까 하는 생각도 자주 들었습니다. 필기시험은 최소 3~4개월 이상 준비해야 하며, 면접도 준비기간을 어느 정도 감안하면서 공부를 할 필요가 있습니다.

면접시험 역시 독학으로 합격할 수 있습니다. 그러나 반드시 해야 할 것은 스터디 그룹을 만들어서 가상 면접시험을 통해 충분한 연습을 하는 일입니다. 학원도 안 다니고 스터디 그룹도 없이 합격하기는 정말 어렵다고 생각합니다. 그래서 면접을 준비하기 위한 가장 좋은 방법은 학원에 다니면서 스터디 그룹을 만드는 것입니다. 최근 합격자들을 알아보면 학원에서 면접을 준비한 분들이 점점 많아지는 것 같습니다. 학원의 장점은 위에서 말한 바와 같이 기출문제를 통해 시험의 유형을 잘 알고 있으며, 계획에 따라 학생들을 지도할 수 있다는 점이지요. 게다가 추가로 면접 인터뷰의 분위기에 맞게 가상 면접시험을 수차례 반복하는 데 있습니다. 또한 면접반 학생들과 인맥을 형성해 놓으면 훗날 관광통역안내사로 일할 때 많은 도움을 받을 수 있습니다. 면접시험 준비를 필기시험 합격자를 발표하자마자 시작하는 경우가 많은데, 본인이 언어 실력이 부족하다고 생각되면 필기시험을 준비하면서 면접시험 준비도 같이하시길 추천합니다. 일반적으로 면접은 최소 3~6개월 이상 준비하여야 합니다. 언어에 자신 있다고 하시는 분들이나, 경력이 오래된 현직 (무자격)관광통역안내사들도 면접에서 떨어지는 경우가 종종 있습니다. 절대 가볍게 보지 마시고 많은 시간을 투자하시길 바랍니다.

제가 운영하고 있는 네이버카페 "관광통역안내사 교류센터"에는 2011년 상반기부터 지금까지 필기 및 면접시험에 대한 후기가 많이 올라와 있습니다. 특히 최근 3년의 시험 후기는 반드시 꼼꼼히 읽어보시고 본인의 상황과 비슷한 분들의 시험 후기를 참조하시기 바랍니다.

3

관광통역안내사 자격증 취득 후
취업은 어떻게 하나요?

자격증 취득 후 어떤 방법으로 취직을 할 수 있을까요? 관광통역안내사 자
격증을 취득해놓고도 취직방법에 대해 몰라서 어려움을 겪고 있는 신입 관광
통역안내사들을 위하여 여러 가지 취업방법들 중에서도 대표적인 몇 가지 취
업방법에 관해 설명해 드리고자 합니다.

1) 인맥을 최대한 활용하라.

주위에 현직 관광통역안내사 일을 하고 계시거나, 인바운드 여행사에서 근
무하고 계시는 지인이 있으면 그들을 통해서 정보를 얻고 취업의 기회를 가
질 수 있습니다. 인맥을 통한 취업이 어찌 보면 가장 확실한 방법일 것입니
다. 여행사에서는 관광통역안내사가 추가로 필요한 경우, 구직사이트를 이
용하지 않고 성실한 회사소속 관광통역안내사에게 추천의뢰를 할 때가 매우
많습니다. 지인을 통해 여행사를 들어가는 사례가 가장 좋고, 가장 확실한
방법입니다. 가장 큰 장점은 여행사에 대한 정보를 미리 알 수 있다는 것입
니다. 회사의 규모, 재정 안정성, 전도금과 정산의 처리, 쇼핑에 따른 벌금,
여행사의 형태, 회사 대표자의 마인드 등을 미리 알면 여행사 선택에 큰 도
움이 될 수 있습니다. 그러나 단점도 존재합니다. 인맥을 통해 들어갔기 때
문에 본인이 책임감을 느끼고 성실히 일해야 한다는 것입니다. 잠깐 근무했

다가 바로 나오거나 불성실하게 근무하면 여행사에 소개해준 지인의 처지가 난처해질 수 있습니다. 가장 주의해야 할 사항입니다.

2) 관광통역안내사 학원의 실무교육 프로그램을 이용하라.

최근 관광통역안내사 학원 간의 경쟁우위를 점하기 위해, 학원의 실무교육 과정을 수강한 학생들에게 여행사 면접의 기회를 주고 있습니다. 실제 학원은 취업을 연계해 줄 의무는 없습니다만, 더 많은 시험 준비생들을 유치하기 위해 취업 연계에도 많은 신경을 쓰고 있으며 이를 홍보의 수단으로 사용하기도 합니다.

최근 경향을 보면 여행사에서 저가 투어를 많이 유치하다 보니 경력 있는 관광통역안내사를 원하지 신입은 거의 선호하지 않습니다. 그래서 신입은 여행사에 면접을 볼 기회조차 없는 상황입니다. 신입을 채용한다는 말은 여행사 입장에서는 '수익감소의 위험성을 안고서라도 키우겠다.'라는 말인데, 수익이 마이너스로 시작하는 패키지 단체가 대부분인 현 상황에서는 당연히 경력자를 우대하겠지요. 그렇지만 인원이 적은 단체, FIT 손님, 시티투어 등 신입 가이드가 할 만한 업무도 존재하고 있습니다. 따라서 여행사 입장에서는 처음부터 가르쳐야 하는 신입보다는 어느 정도 가이드 업계에 대해 이해하고 실무에 대해 준비가 되어있는 신입 가이드를 원하고 있고, 이러한 이해관계가 일치하여 일부 학원에서는 여행사 몇 군데와 연계하고 있습니다. 100% 취업은 아니지만 100% 면접의 기회를 주는 학원도 있습니다. 그동안 학원의 실무교육 프로그램을 통해 이제 막 자격증을 취득한 신입 가이드들이 여행사에 취직한 사례가 많이 있습니다. 학원의 실무교육 프로그램은 보통 매년 하반기 합격자 발표 후 개설하고 있습니다.

여행사에 취직한 학원 합격생 출신 신입 관광통역안내사들은 본인의 여행사에서 관광통역안내사가 부족하다는 말을 들으면 이왕 뽑는 거 같은 학원생들을 뽑고 싶어 하기 때문에 학원에 연락하여 취업을 연계시켜주기도 합니다. 또는 여행사 내근직으로 근무하는 관광통역안내사 자격증 소지 직원이 같은 학원 출신자들을 여행사에 소개하여 취업이 되기도 합니다. 그밖에 학원뿐만 아니라 자격증 시험대비 공부를 함께 하였던 학원 동기들을 통해서 취업 정보를 얻을 수도 있습니다. 학원 동기들은 취업 후 필드에서 관광통역안내사 업무를 수행하면서 자주 만나게 되는데, 서로의 정보교류를 위해서라도 좋은 관계를 유지하여야 합니다.

3) 한국관광공사 관광전문인력포털(관광인)을 이용하라.

한국관광공사는 관광전문인력 양성 지원을 위한 포털을 새롭게 오픈하였습니다. 관광전문인력포털 관광인(academy.visitkorea.or.kr)에서는 관광통역안내사를 포함한 관광 분야 종사원을 위한 일자리 정보 제공, 취업컨설

팅 및 여러 기관과 협회에서 운영 중인 교육 정보를 통합 제공합니다.

['관광통역안내사'로 검색한 내용]

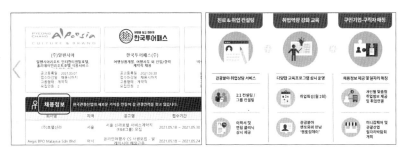

['맞춤 채용 정보' 항목 하단의 채용정보란]   [관광인에서 제공하는 일자리 관련 정보]

홈페이지 중간의 '맞춤 채용 정보'에서 검색을 할 수 있으며, 왼쪽 아래에는 채용정보란이 있는데 이곳에서는 더욱 상세한 조건을 선택하고 키워드를 입력함으로써 원하는 회사를 찾을 수 있습니다. 회원가입 후 이력서를 작성해놓으면 구인회사에서 검토 후 채용을 의뢰할 수도 있습니다.

4) 중국 전담여행사는 한국여행업협회(KATA) 사이트에서 정보를 얻어라.

한국여행업협회(http://www.kata.or.kr)는 내·외국인 여행자에 대한 여행업무의 개선 및 서비스의 향상을 도모하고 회원 상호 간의 연대협조를 공고히 하며, 여행업 발전을 위한 조사·연구·홍보 활동을 통하여 여행업의 건전한 발전에 기여함으로써 관광 진흥발전에 공헌하고 회원의 권익을 증진하고 보호함을 목적으로 합니다.

[중국 단체관광객 유치 전담여행사 명단]

홈페이지의 상단 메뉴를 보시면 '자료실'이 있는데, 그 하부 메뉴 '종합자료실'에 들어가시면 맨 위의 '공지'에 '중국 단체관광객 유치 전담여행사 명단'이 등록되어 있습니다. 클릭해서 들어가 보면 엑셀 파일이 첨부되어 있고, 이를 내려 받아서 보시면 지정일 순서대로 중국 전담여행사 리스트를 보실 수 있습니다. 업체명, 대표자, 전화번호, 주소 및 지정일 등이 기재되어 있으니 전화로 연락하시어 채용 여부를 문의하시면 됩니다. 2021년 4월 기준 총 181개 여행사 목록을 보실 수 있으며, 매년 새롭게 지정된 전담여행사는 추가하고 퇴출당한 전담여행사는 목록에서 제외하여 올려줍니다.

5) 한국 관광통역안내사협회 사이트에도 채용정보가 올라온다.

한국 관광통역안내사협회(http://www.kotga.or.kr/)는 관광산업 발전, 관광통역안내사 권익 보호, 교육, 홍보, 국제교류 및 관련 사업을 수행하는 협회입니다. 코로나 시대에는 베트남어, 태국어, 아랍어 관광통역안내사를 양성하기 위한 외국어 기초 및 심화 교육과정을 진행하는 등 관광통역안내사를 위한 교육지원, 채용정보 지원, 관광통역안내사의 권익 대변 등의 업무를 수행하고 있습니다.

[한국 관광통역안내사협회의 취업/통역 정보]

홈페이지의 상단 메뉴를 보시면 '커뮤니티'가 있는데, 그 하부 메뉴 '취업/통역 의뢰'에 들어가면 관광통역안내사뿐만 아니라 관광통역안내소, 번역사, 해설사 등의 구인정보를 볼 수 있습니다.

6) 스마트폰 어플을 활용해 보자.

스마트폰에서 인디드(indeed)라는 어플을 이용하여 검색어에 "중국어 가이드", "영어 관광통역안내사" 등 직업과 관련된 검색어를 넣으면 많은 채용정보를 알 수 있습니다.

['중국어 가이드'로 검색한 내용]

7) 취업정보 사이트에서 열심히 찾아라.

가장 많은 분들이 이용하는 방법이라고 생각합니다. 잡코리아(http://www.jobkorea.co.kr/), 인크루트(http://www.incruit.com/), 사람인(http://www.saramin.co.kr/) 등 대표적인 취업정보 사이트를 검색해보면 관광통역과 관련된 채용공고를 보실 수 있습니다. 여행사외에도 협회, 호텔, 기업체, 학원 등 많은 곳에서 채용공고를 올린 것을 보실 수 있습니다.

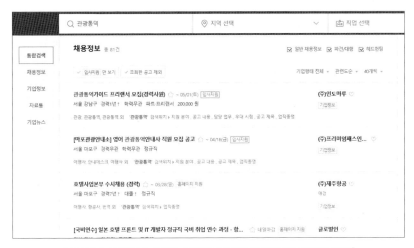

[대표적인 취업정보 사이트 사람인에서 '관광통역'으로 검색한 내용]

8) 여러 박람회에 관심을 가져보자.

코로나 시기에는 주춤하지만, 매년 관광과 관련된 몇 건의 박람회가 개최되고 있습니다. 일반여행사, 호텔, 리조트, MICE 기업, 카지노, 의료기관 등 관광과 관련된 많은 회사가 참여하여 회사도 홍보하고 필요한 인력을 채용하기도 합니다. 관광통역안내사 분야뿐만 아니라 호텔, 의료, 컨벤션, 기획, 영업 등 다양한 분야로의 취업에 관심이 있다면 직접 박람회에 참석하여 구식상담을 받으시길 바랍니다.

[2020년 열린 관광 관련 박람회 포스터]

9) 기 타

여행사 소속으로 일하기 부담스럽고 본인이 특별한 투어를 개발해낼 수 있다면 블로그 및 페이스북, 인스타그램 등의 SNS를 통해 홍보하거나 인터넷 상의 관광통역안내사 투어 중개플랫폼을 통해 본인을 홍보할 수 있습니다. 실제 많이 계시지는 않지만, 개인적으로 고객을 모집해서 투어 행사를 진행하는 관광통역안내사분도 계십니다.

게스트하우스, 호텔, 면세점 가이드 휴게실 등에 관광통역과 관련된 채용공고가 가끔 올라오거나 채용 관련한 내용이 있는 안내서를 볼 수도 있습니다.

4

어학실력은 어느 정도 되어야 관광통역 업무를 수행할 수 있나요?

어학실력이 좋으면 좋을수록 취업도 잘되고, 여러 분야의 일을 할 수 있는 선택권이 넓어지는 것은 사실입니다. 어학실력은 관광통역안내사로서 일할 때 가장 중요한 요소 중 하나라고 볼 수 있습니다. 현재 관광통역안내사들의 어학실력을 살펴보면 실력이 뛰어난 사람과 그렇지 못한 사람 간의 편차가 큰 것으로 추정됩니다. 중국어 관광통역안내사 중에서 화교나 중국 교포의 경우 언어에 있어서 전혀 문제가 되지 않는 데 비해, 한국인 관광통역안내사 중에서는 중문과 출신으로 수년 동안 중국어를 사용하신 분이나 중국어와 상관없는 다른 일을 하시다가 겨우 1~2년 정도 공부하신 분도 계셔서 어학실력의 편차가 좀 있는 편입니다.

중국어의 경우 가장 많이 보는 HSK 5급 이상이면 자격증 시험 응시가 가능합니다. 그러나 HSK 5급을 가까스로 획득한 경우라면 자격증을 취득했다 하더라도 관광통역안내사로서 업무를 수행하기에는 힘들 것입니다. 중국 현지에 있는 어학원에서 '6개월 수강에 HSK 5급 보장'이라는 광고 글을 본 적이 있습니다. 중국어를 잘 모르는 초보라도 6개월만 열심히 공부하면 HSK 5급은 합격할 수 있다는 말인데, 실제 6개월만 공부하고도 HSK 5급에 합격한 사람들이 많이 있습니다. 그러나 이 정도 수준 가지고는 절대 관광통역안내사 일을 할 수 없다고 생각합니다. 최소 HSK 6급 200점은 되어야 이 일을 잘한다고 말할 수 있는 수준이지 않나 생각합니다. 물론 점수 면에서 이보다 못한 실력임에도 관광통역안내사 일을 잘하시는 분들이 계시지만, 이분들은 엄청난 노력으로 극복해 내신 분들입니다. 영어도 마찬가지입니다. 자격증 시험 응시 가능 점수가 TOEIC 760점인데, 이 정도 실력으로는 관광통역안내사 업무를 하기엔 매우 힘들다고 판단됩니다. 최소 TOEIC 900점은 되어야 가능하지 않나 싶습니다.

물론 회화 실력은 훨씬 좋은데 어학시험 점수가 좋지 못할 수도 있고, 어학시험 점수는 잘 나오는 데 비해 회화 실력이 떨어질 수도 있지만, 제가 위에서 말한 HSK 6급 200점과 토익 900점은 어학시험 점수와 회화 수준이 완전히 정비례한다고 가정할 때, 이 정도의 수준은 되어야 관광통역안내사 업무를 잘할 수 있다고 생각하는 기준선입니다. 그래서 언어가 약하다고 생각하여 많은 손님을 이끄는 패키지 투어에 부담감을 느끼는 분 중에는 시티투어(City Tour), FIT(Free Independent Tour/Travel), 크루즈(Cruise) 투어부터 시작하시는 분들이 많이 계십니다(주 : 용어에 대한 설명은 제3장 5절 '관광통역안내사의 다양한 분야'를 참조). 시티투어는 며칠씩 하는 패키지 투어와는 달리 하루에 몇 시간만 하고 매일 다른 손님들을 모시고 거의 같은 장소를 가는 패턴의 반복이다 보니 꾸준히 하다 보면 어느 정도 자신감이 생기고, FIT의 경우는 적은 인원을 모시고 진행하는 경우라 상대적으로 부담이 적을 수밖에 없습니다.

언어는 해도 해도 끝이 없습니다. 즉, 왕도가 없습니다. 부족하다고 느끼면 계속해서 공부하는 수밖에 없습니다. 본인의 언어 실력이 겨우 자격증 응시기준에 턱걸이하는 수준이라면 먼저 언어에 매진해야 합니다. 그 이상의 실력이라고 판단되면 이 업계에 들어와서 일단 부딪쳐보고 이 일을 계속해야 할지 언어 실력을 더 올려야 할지 결정하는 것이 좋은 선택이라고 생각합니다.

5

관광통역안내사의 하루 일과는
어떻게 되나요?

여행사마다 자체의 규정이 있고 취급하는 여행상품도 다양하므로 이를 종합해서 관광통역안내사들의 하루 일과에 대해 설명하기는 무척 어렵습니다. 그래도 가장 일반적인 패키지단체와 시티투어에서 우리 관광통역안내사들이 어떻게 하루를 보내는지 알아보도록 하겠습니다.

관광통역안내사들이 가장 많이 진행하는 분야인 패키지단체의 경우, 전체 일정은 보통 짧게는 3박 4일에서 길게는 7박 8일까지이며, 4박 5일 일정이 가장 많습니다. 관광통역안내사는 아침부터 시작하여 저녁에 호텔로 돌아갈 때까지 관광객들과 함께해야 합니다. 손님들이 숙박하는 호텔이 서울 시내일 경우 관광통역안내사는 집으로 돌아가 취침을 한 후 다음날 호텔로 갈 수 있지만, 호텔이 지방에 있을 때는 관광통역안내사 역시 관광객들과 함께 호텔에 머무르게 됩니다. 이러다 보니 외국 관광객들이 많이 몰려오는 성수기에는 거의 쉬지 못하고 연속해서 단체를 해야 하기에 집에 들어가는 날이 손에 꼽을 정도로 매우 적기도 합니다.

대부분의 관광지가 오전 9시에 문을 열기 때문에 일정은 보통 그 시간에 맞추기 위해 일찍 시작합니다. 호텔이나 식당에서 아침 식사를 하고 관광지로 가려면 보통 8시경에 호텔에서 출발하고, 거리가 먼 지역을 가려면 좀 더 일찍 시작하는 경우가 대부분입니다. 오전과 오후 내내 여러 군데의 관광지, 쇼핑센터, 공연장이나 놀이공원 등을 참관하고 밖에서 저녁 식사까지 마치고 호텔로 돌아옵니다. 이러다 보면 하루에 12시간 이상 일을 하게 되는 셈입니다. 관광지에 관광객들이 많이 있거나 고속도로에 차가 많이 막힐 때, 시간이 더 많이 소요되어 하루 15시간 이상 일을 할 때도 가끔 있습니다. 패키지단체가 끝나면 다음 단체를 시작하기 전까지 관광통역안내사는 충분한 휴식을 취하거나 다음 단체를 위한 준비작업을 합니다. 보통 며칠을 쉴 수 있는데, 여행 성수기에는 거의 쉬는 날 없이 바로 새로운 단체를 할 수도 있습니다. 심지어는 한 단체를 마치고 공항에서 손님들을 보내고 잠시 대기하고 있다가 다시 새로운 단체를 받는 일도 있습니다. 패키지단체는 월요일부터 금요일까지 투어를 진행하는 것이 아니라 요일에 상관없이 입국하는 날을 기준으로 진행하는 것입니다. 그래서 관광통역안내사들에겐 주말이라는 개념이 없습니다. 휴식일이 곧 주말이자 휴가이지요.

매일매일 진행하는 시티투어의 경우는 좀 다릅니다. 9 to 6의 원칙(9시부터 일을 시작하여 6시 전에 퇴근)이 비교적 잘 지켜집니다. 아침에 일찍 시작하면 좀 일찍 끝나고 늦게 시작하면 좀 늦게 끝나는 등 시티투어 상품마다 다르긴 하지만, 대부분의 경우 늦어도 오후 6시 전에는 마무리가 됩니다. 일반 직장을 다니는 것과 비슷한 생활방식입니다. 하지만 시티투어 역시 주말이라는 개념이 없습니다. 관광통역안내사 본인이 취급하는 시티투어 상품에 신청하는 관광객이 없으면 쉬는 것입니다. 오후 늦게 시작하여 밤늦게까지 진행하는 나이트 투어도 있습니다. 이 경우 귀가는 상당히 늦을 수밖에 없습니다.

이렇게 우리 관광통역안내사는 힘들게 일을 하고 있지만, 나라를 대표한다는 보람과 자부심을 느끼며 현장에서 최선을 다해 외국 관광객들에게 대한민국을 안내하고 있습니다.

6

관광통역안내사는 수입이
얼마나 되나요?

이제 여러분들의 관심이 가장 높은 관광통역안내사의 수입에 대해 알아보도록 하겠습니다. 일단 관광통역안내사의 고용형태는 정규직과 비정규직으로 나눌 수 있습니다. 정규직은 여행사 소속으로 여행사와 정식으로 근로계약을 맺은 후 매월 급여를 받으며, 4대 보험 혜택을 받고 퇴직금이 있는 형태입니다. 월급 이외에 추가적인 수당이 없는 예도 있고, 월급은 좀 적더라도 일당 또는 수당이 있는 예도 있습니다. 그러나 실제 이러한 정규직 형태의 관광통역안내사는 아주 극소수입니다.

비정규직은 개인사업자 형태로서 여행사 소속의 관광통역안내사와 프리랜서로 나뉩니다. 여행사 소속 관광통역안내사는 여행사와 별도의 근로계약을 맺지는 않았지만, 해당 여행사에서 계속해서 일을 주며 여행사를 통해 방한하는 관광객들을 안내하게 됩니다. 프리랜서는 소속되어 있는 여행사 없이 본인 스스로 영업을 뛰어 여행사, 기업체, 관공서, 협회 등의 오퍼를 받아 일하는 경우를 말합니다. 대부분 경력이 많은 관광통역안내사가 많이 하는 형태인데, 파트타임 또는 투잡(Two job) 형태로 근무하는 예도 있습니다. 그러나 이러한 비정규직 관광통역안내사는 고정된 월 급여가 없어 4대 보험이 안되고 퇴직금도 없으며, 관광통역안내사 대부분이 이에 해당합니다.

관광통역안내사 시험을 준비하거나, 이제 막 관광통역안내사 자격증을 취득한 분들이 "관광통역안내사 수입은 얼마나 됩니까?"라고 문의하는 분들이 종종 있는데, 실제로 이에 대하여 답변해 주는 것은 매우 조심스럽습니다. 왜냐하면 이는 여행사의 조건, 단체의 상황 또는 개인의 능력에 따라 다르기 때문입니다. 또한 계절의 영향을 많이 타고 국제정세·환율·질병·자연재해 등에 민감하므로, 매월 벌어들이는 수입도 큰 차이가 나기도 합니다.

일반적으로 관광통역안내사의 수입은 일비, 팁, 쇼핑 수수료, 옵션 수수료 등으로 이루어집니다. 여행사·단체마다 다른 조건이기에 어떤 단체는 일비만 있고, 어떤 단체는 일비 없이 오직 쇼핑 및 옵션 수수료만 있기도 합니다. 또한 관광객들의 여행비가 높은 경우와 낮은 경우의 수입구조도 다르고, 여름엔 한 달 동안 여러 번 단체를 진행했는데 겨울엔 관광객이 적어 한두 단체만 할 수도 있습니다. 그리고 여행사에서 단체를 받을 때 인원이 몇 명인지, 한 달에 단체를 몇 개 받는지도 수익에 절대적인 영향을 미치게 됩니다. 그래서 평균적으로 한 달 수입이 얼마라고 말하는 것은 애매합니다. 다시말해 수익구조가 매우 불안정하다고 말할 수 있습니다.

필자는 이러한 질문을 받을 땐 오히려 다른 직업에 비유해서 말해 드립니다. 예를 들면, "연예인 하면 얼마나 벌까요?"와 같은 식입니다. 가수를 하면 얼마를 벌고, 영화배우를 하면 얼마를 벌까요? 가수가 되고 난 후, 영화배우가 되고 난 후 1, 2년차에는 얼마를 벌고 5, 6년차에는 얼마나 벌까요? 여러분들은 이에 대해 정확히 대답해줄 수 있습니까? 같은 경력의 연예인이라도 수입이 천차만별일 것입니다. 운이 잘 풀려 잘나가는 연예인과 운이 잘 안풀려 보조나 조연으로만 활동하거나 밤무대에서 활동하는 연예인과는 그 수입 면에서 엄청난 차이가 나겠지요. 연예인은 본인이 소속되어 있는 기획사의 수준, 대중의 인지도, 본인의 능력, 경력 그리고 운에 따라 수입이 달라진 다고 말할 수 있을 것입니다.

관광통역안내사도 이와 비슷하다고 말할 수 있습니다. 여행사에서 어느 규 모의 단체를 나에게 얼마나 자주 주느냐가 나의 수입에 미치는 영향력이 가 장 크고, 패키지인지, 시티투어인지, 크루즈인지 등 어떤 분야인지와 쇼핑 및 옵션이 얼마나 있는지, 일비와 팁이 있는지, 관광통역안내사의 능력이 어 떠한지 등 여러 가지 요소에 따라 수입이 많이 달라집니다. 여기서 관광통역 안내사의 능력이란 어학 구사 능력이 가장 우선시 되어야 하며, 정치 · 경 제 · 문화 · 역사 · 사회 등 다양한 분야에 대한 폭넓은 지식과 손님들을 휘어 잡을 수 있는 언변, 적극적인 성격과 카리스마가 절대적으로 필요합니다.

우리는 인터넷에서 관광통역안내사의 수입이나 전망 등에 관한 여러 글을 쉽게 찾아볼 수 있는데, 대부분 관광통역학원이나 관련된 업체에서 자신들의 사업체를 홍보하고자 다소 과장하여 올린 글들이 꽤 많다는 것을 알 수 있습 니다. 올라와 있는 글들을 보면 관광통역안내사 수입에 관하여 앞으로 한국 을 방문하는 예상 관광객 수에 대해 그래프를 그려놓고는 "매우 유망한 직업 이다."라고 소개하거나 "연봉 얼마 이상 쉽게 벌 수 있다."라고 언급된 내용 도 상당히 많이 있습니다. 그런데 실상은 제 주위의 초보 신입 가이드를 보 면 월 100~200만원 수준이 가장 많은 것 같습니다. 물론 그 이상도 있고 그 이하도 있으며, 어떤 언어냐에 따라 초보라도 월 500만원 이상도 있습니다. 신입을 벗어나면 그때부터는 완전히 본인 하기 나름입니다. 월 1,000만원도 있으며 여전히 신입 가이드 수준도 있습니다. 이렇게밖에 말할 수 없는 이유 는 예를 들어 패키지 투어의 경우, 한 달에 10명 단체 2건을 한 가이드와 한 달에 20명 단체 4건을 한 가이드의 수입은 4배 이상 차이가 나기 때문입니다. 시티투어 회사의 경우 능력이 있는 가이드는 월 24일을 일하고 그렇지 못한 가이드는 월 10일을 일한다고 가정하면 2배 이상의 차이가 납니다.

실제 수입이 많았던 관광통역안내사가 있는 건 사실이지만, 그 밑바탕에는 수입이 많지 않은 관광통역안내사도 많이 있다는 것입니다. 필자는 초기 신입 때부터 고생만 하고 돈도 못 벌어 더는 버티지 못하고 이 업계를 떠나는 사람들을 상당히 많이 봐왔습니다.

모든 직업이 그렇듯이 관광통역안내사도 수입구조가 피라미드 형태로 되어있습니다. 고소득자는 맨 위 단계에 있고, 저소득자는 맨 아래 단계에 있는 구조입니다. 관광통역안내사 업계에 들어오면 대부분의 신입은 피라미드 구조의 맨 밑바닥 단계에서부터 시작하겠지만, 얼마나 이 직업에 대해 간절한 마음을 가지고 꾸준히 노력하느냐에 따라 그 위 단계로 올라갈 수 있는지 아니면 그 단계에서 계속 머물지가 결정된다고 보면 됩니다.

앞으로 관광통역안내사의 수입은 어떻게 될까요?

패키지단체를 위주로 하는 여행사 관광통역안내사의 경우 여행사 간의 경쟁력 심화로 인해 저가 단체가 더욱 많아질 것이므로, 쇼핑실적이 줄어들면서 가이드에게 지급되는 수수료 역시 줄어들 것입니다. 그래서 과거처럼 큰 수입을 얻는 경우는 많지 않을 것으로 보입니다. 물론 언어마다 조금은 다를 것입니다. 현재 뜨고 있는 언어권은 당분간 괜찮은 수입을 올릴 것으로 예측됩니다. 시티투어의 경우는 꾸준히 현재와 같은 수입을 유지할 것으로 전망됩니다. 그러므로 앞으로는 남들보다 뛰어난 본인만의 장점을 꾸준히 어필하고, 여행사뿐만 아니라 자신의 SNS를 통해 본인을 홍보하여 충성심 높은 본인의 고객을 만들어야 할 필요성이 있습니다.

7

투잡(Two job)으로서 관광통역 업무를 수행할 수 있나요?

'투잡(Two job)'이란 사전적 의미로서 경제적인 이유나 취미 활동을 위해 본래의 직업과 부업을 함께 하는 두 개의 직업을 가지는 것을 말합니다. 관광통역안내사 측면에서 볼 때 본업이 관광통역안내사인데 틈나는 대로 다른 일을 하거나, 반대로 본업이 따로 있으면서 틈나는 대로 관광통역안내사로서 일하는 것을 포함할 수 있겠지요.

먼저 본업은 관광통역안내사인데 다른 일을 하는 투잡을 알아볼까요?

여행사 소속으로 패키지단체가 많은 중국이나 대만, 동남아 단체의 경우는 투잡이 거의 힘들다고 보시면 됩니다. 최소 2박 3일에서 7박 8일까지 일정이 다양한데, 그 기간에 관광통역안내사는 손님들과 함께해야 하기 때문입니다. 투어 중간에 다른 일이 있다고 관광통역 업무를 중단해서는 절대 안 됩니다. 시티투어도 마찬가지입니다. 여행사에서 주말에 투어를 배정했는데 다른 일이 있다고 계속해서 거절하다 보면 퇴출당할 가능성이 큽니다. 그래서 여행사 소속보다는 프리랜서로서 여러 여행사 일을 하면서 시간이 될 때 주로 하루짜리 일일 투어를 진행한다면 가능할 것입니다. 시대의 흐름에 따라 시간이 되는 날 유튜브 촬영을 한다거나, 투어 중개플랫폼에서 본인의 투어상품을 판매하는 등의 다른 아르바이트 투잡은 가능할 것이며, 앞으로 이런 투잡을 하는 관광통역안내사들이 많이 생겨날 것이라고 예상합니다. 여행사 소속 관광통역안내사라도 단체가 끝나고 다음 단체가 언제 시작되는지를 확실히 알 수만 있다면 그 기간에 다른 일을 할 수도 있을 것입니다.

여기서 아셔야 할 것은 여행사는 회사에 소속되어 있는 관광통역안내사에게 우선하여 일을 주는 게 일반적이라는 것입니다. 단체 수량이 많아 소속 관광통역안내사만으로 부족할 경우에만 회사소속이 아닌 다른 관광통역안내사를 찾긴 합니다. 그래서 여행사 인맥이 없다면 프리랜서 가이드에게 오는 기회가 적을 수밖에 없습니다. 현재 프리랜서 관광통역안내사로서 일하면서 관공서, 기업체, 여행사 등에서 일거리를 받아 투어를 진행하는 분들이 많이 계십니다. 이 분야도 '빈익빈 부익부'입니다. 관광통역 업무를 잘하는 사람에게는 일이 몰리고 실력이 없는 사람에게는 일거리가 적을 수밖에 없지요.

그럼 본업은 따로 있고 틈나는 대로 관광통역안내사로 일하는 투잡은 어떨까요?

월요일에서 금요일까지 회사에 다니고, 주말에 위에서 말한 유튜브 촬영, 투어 중개플랫폼을 통한 본인의 투어상품 판매는 가능할 겁니다. 일주일에 정해진 며칠 동안 회사에 다니고 관광통역 업무가 있을 때는 평일이라도 회사 업무를 중단하고 투어를 진행하는 분들도 계십니다. 아주 극소수이긴 한데 회사 일은(주로 통·번역) 평상시에 하되 본인에게 다른 여행사에서 투어 의뢰가 들어오면 투어를 진행하는데, 회사와는 사전에 협의가 되어있으나 상대적으로 회사에서 받는 수입은 그리 높지 않습니다.

투잡의 큰 장점은 프리랜서의 경우 자기 시간이 있다는 것이겠지요. 하지만 단점은 수입 면에서 불안하다는 것입니다. 수입 면에서만 봤을 때 오히려 여행사 소속으로 관광통역안내의 업무에 집중하는 것이 더 높을 수 있습니다. 그렇지만 다양한 경험과 새로운 기회를 만들기 위한 투잡은 어쩌면 우리 관광통역안내사가 추구해야 할 것이 아닌가 생각합니다. 앞으로 투잡을 하는 관광통역안내사는 계속 증가할 것으로 예상됩니다.

8

한국인도 중국어 관광통역안내사 업무를 잘 해낼 수 있을까요?

중국어 관광통역안내사 중에 화교, 중국 교포분들이 많아서 한국인 중에 언어능력 때문에 이 업계에 발을 들여놓기를 주저하시는 분들이 많이 계신 것 같습니다. 그런데 정확히 말하면 언어능력의 문제가 아니라 언어능력이 부족해서 생기는 자신감 부족이 가장 큰 걸림돌입니다. 자신감이야말로 관광통역 업계에서 가장 중요한 항목이라고 말할 수 있습니다. 자신감만 있으면 부족한 언어 부분은 어느 정도 해결할 수 있을 것입니다. 그렇다고 해서 언어적인 측면을 간과하라는 말은 아닙니다. 언어 부분도 노력해서 실력을 향상시켜야 합니다.

또 하나의 걸림돌은 바로 '스스로를 내려놓지 못한다.'라는 것입니다. 본인이 과거에 어느 회사에서 일했던, 어떤 업무를 했던, 사회적 위치가 어땠던 간에 가이드 업계에 들어오면 새내기 신입 가이드가 됩니다. 그런데 가이드 업무를 잘 모르다 보니 본인보다 나이 어린 선배의 조언이나 본인보다 학벌이 낮은 선배의 충고도 들어야 하고, 무례한 손님을 만나서 맥이 완전히 빠지기도 하고, 말이 안 통하는 인솔자와 의견이 다르기도 하고, 차량 기사님과도 언쟁이 있기도 합니다. 이러다 보면 자존심이 무너지는 경우가 자주 있습니다. 그래서 때론 가이드라는 직업에 대해 회의가 들기도 합니다. "내가 꼭 이 짓까지 해야 해?", "신랑이 돈 버는데 내가 이 일을 왜 해야 해?", "그

까짓 돈 몇 푼 번다고 이렇게 비굴해져야 하나?" 자신의 자존심은 절대 내려놓지 않고 힘든 원인을 밖에서만 찾기 때문에 더 힘든 것이라고 생각합니다. 관광통역안내사는 여행업의 가장 최전선이자 가장 밑단에서 일하는 선봉장입니다. 또한 관광통역안내사는 고객과 직접 마주하는 서비스 업계에서 일하고 있습니다. 자신이 신입 관광통역안내사라면 밑바닥부터 시작한다는 생각을 가지고 일해야 합니다. 본인 스스로는 내려놓되, 한국을 대표하는 민간외교관으로서의 자존심은 지켜야 합니다.

한국인 관광통역안내사 중에 학벌이 높은 분도 많이 계시고 한국에서 계속 자라왔기 때문에 한국의 정치, 경제, 문화, 역사 등에도 능통하신 분들이 많이 계십니다. 특히 중국 관광객들은 한국인 관광통역안내사를 선호하는 경향이 있으므로 충분히 경쟁력이 있다고 생각합니다. 그러나 여행사 입장에서 볼 때 한국인은 중국어가 부족하고 쇼핑 실력이 부족하므로 채용하기를 꺼려하기도 합니다. 그렇지만 고객서비스 부분에선 좋게 평가하는 여행사들도 많이 있어서 한국인 관광통역안내사의 비율은 예전보단 많이 올라간 상황입니다.

본인이 이 업계에 적성이 맞고, 언어능력 면에서 일정 수준 이상이라면 충분히 경쟁력이 있다고 생각합니다. 따라서 가장 중요한 것은 본인의 성격과 능력에 맞는 여행사를 찾는 것입니다. 여행사마다 제각기 규정이 다르고 관광객 모객형태도 다르기 때문에 자신의 성격, 언어 실력, 여행사 규모 등 모든 것을 종합해서 자신에 맞는 여행사를 선택하고 그 여행사에서 살아남기 위해 노력한다면, 한국인도 중국어 관광통역안내사로서 충분히 잘 해낼 수 있다고 생각합니다.

9

나이가 많은데 취업할 수 있을까요?

관광통역안내사 자격증 제도는 국적, 나이, 경력, 학력에 제한 없이 응시할 수 있는 국가공인시험 제도입니다. 시험대비 수험서나 인터넷 글을 보면 관광통역안내사는 나이가 들어서도 할 수 있고 노후대비에 좋은 직업이라고 소개하는 문구를 많이 볼 수 있습니다. 그래서 '일단은 자격증을 따놓고 60세에 정년퇴직을 하면 그때 관광통역안내사로서 활동해야겠다.'라고 생각하는 분들이 많이 계십니다. 그러나 아무리 나이 제한이 없다고는 하지만 실제로 여행사에서는 젊고 단정한 용모를 가진 관광통역안내사를 선호하는 것이 사실입니다.

실제 나이가 많을수록 취직하기는 더욱 어렵긴 합니다. 경력이 20년 된 60세 관광통역안내사와 60세 신입 관광통역안내사와는 그 위치가 완전히 다릅니다. 경력이 20년 된 60세 관광통역안내사는 여행업에 대한 인맥도 있고 취업 정보도 많이 있기 때문에 새로운 곳에 취업할 수 있겠지만, 이제 막 자격증을 취득한 60세 신입 관광통역안내사는 여행사에 취업하기 쉽지 않을 것입니다. 그래서 일부 60세가 넘은 신입 관광통역안내사분들은 재능기부의 일환으로 해당 언어를 사용할 수 있는 문화해설사 또는 문화재 안내원으로 일을 하거나 박물관, 공항안내소, 관광지 안내소 등에서 일하고 계십니다. 그러나 이는 자원봉사의 성격이어서 보수가 거의 없거나 아주 적습니다. 최근 자격증 취득자들을 보면 그동안 관광업계가 아닌 다른 분야에서 일하다가 40대 중후반이 넘어서 회사를 퇴직하시고 새롭게 관광통역업계로 도전하신 분들이 많다는 것을 알 수 있습니다. 현실적으로 봤을 때 40대 신입 관광통역안내사는 그래도 본인이 찾는 노력만 한다면 여행사를 찾을 수는 있을 것입니다. 솔직히 40대든, 50대든, 60대이든 나이가 많아질수록 취직하기가 더 어렵다는 것은 사실이지만 완전히 불가능한 것은 아니라고 생각합니다. 제 주위만 봐도 나이 60세가 넘어서 자격증 시험에 당당히 합격한 후 여행사에 정식으로 취업하여 신입 관광통역안내사로 활동하고 있는 분들이 계십니다. 그럼 그분들은 어떻게 취업을 하셨을까요?

➜ 첫째, 언어능력이 중간 이상은 된다고 생각합니다. 발음도 정확하지 않고 언어 구사 능력도 떨어지는 것은 관광통역안내사로서 가장 기본이 안 된 상태라는 것은 말할 필요가 없겠지요?

➜ 둘째, 자신만의 특징을 여행사에 많이 어필하였습니다. 오랜 기간 운전을 해와서 드라이빙 가이드에 자신이 있다거나, 2개 국어 자격증을 가지고 있다거나, 많은 사람 앞에서 강의를 오랜 기간 해왔다거나, 문화해설이나 관광지 안내 일을 해봤다거나 하는 자신만의 장점을 최대한 강조하면 취업의 기회는 좀 더 넓어질 것입니다.

➜ 셋째, 많은 정보와 주변 가이드 인맥을 총동원한 경우입니다. 여행사 취직은 대부분 인맥으로 이뤄진다고 앞 장에서 말씀드렸습니다. 좋은 인맥을 통해 여행사 문을 노크할 수 있습니다.

그럼 지금 당장은 아니지만 일단 취득해놓고 나중에 관광통역안내사를 해야겠다는 분들은 어떻게 준비하여야 할까요?

이런 분들은 현재 직장생활을 하시면서 미래를 준비하시려는 분들일 것입니다. 자격증을 취득하였다면 아직 시간이 있으므로,

➡ 첫째, 가장 먼저 언어 구사 능력을 키워야 합니다. 본인이 말하고자 하는 내용을 어려움 없이 거의 그대로 외국어로 구사할 정도의 수준까지는 만드셔야 합니다.

➡ 둘째, 좋은 인맥을 만드시길 바랍니다. 언어별 관광통역안내사들 사이에 많은 커뮤니티(단톡방)도 있고, 제가 운영하는 네이버카페와 같은 인터넷카페도 있습니다. 모임이나 교육을 통해 많은 분을 만나시고 친해지시길 추천합니다. 가이드 학원의 실무반(주말반) 교육참가도 좋은 방법입니다.

➡ 셋째, 인터넷을 통해 관광지에 대한 정보를 습득하고, 주말이나 공휴일에 관광지 답사를 통해 현장감을 익히시길 바랍니다.

➡ 넷째, 한국의 정치 · 경제 · 문화 · 사회 · 역사 · 남북관계 등 다양한 분야에 대해 잘 정리하시길 바랍니다. 그런 후 정리된 내용을 한국어로 술술 나올 수 있게 만든 다음 해당 언어로 숙지하도록 합니다.

➡ 다섯째, 어느 한 분야에 대한 자신만의 장점을 만드시길 바랍니다. 예를 들면 화장품 · 미용 전문가, 서울 시내 5대 궁 전문가, 종교문화 전문가, 안보교육 전문가 등이 있습니다. 앞으로는 이러한 전문 스킬을 가진 관광통역안내사가 더욱 기회를 많이 가질 것이라 예상합니다.

끝으로 제가 말씀드리고 싶은 이야기는 나이가 많다고 도전도 안 해보고 미리 포기하지 않았으면 한다는 것입니다. 본인이 관광통역안내사에 뜻이 있고 열심히 활동하고 싶은 간절함만 있다면 힘들긴 해도 취업은 가능하다고 생각합니다. 적극적으로 알아보시고 여행사 면접에서 본인의 장점을 내세워서 이야기한다면 좋은 결과를 얻을 수 있을 것이라고 생각합니다. 물론 여행사에 들어가서 젊은 관광통역안내사와 경쟁하려면 더욱 노력하여야겠지요.

10

드라이빙 가이드는 어떤 일을 하나요?

드라이빙 가이드란 차량을 운전하면서 외국 관광객이 원하는 곳으로 모시고 가고, 때에 따라서는 외국어로 관광지와 한국에 대하여 안내하는 직업입니다.

수입은 보통 하루 일비 Base로 받으며 일비에는 차량 감가상각비 · 주유비 · 가이드 일비가 포함되어 있고, 손님 입장료와 손님 식대는 별도입니다. 가이드 식대 및 통행료는 상황에 따라 정합니다. 일반적으로 드라이빙 가이드는 한 곳의 여행사가 아닌 여러 여행사와 연계하여 일을 합니다. 그래서 마치 연예인들이 일정표를 보고 비어있는 일자에 일을 수주하는 것처럼 드라이빙 가이드 역시 영업을 통해 인맥을 통해 여러 여행사와 연계하여 일을 받습니다. 물론 영업력이 부족하거나 인맥이 부족하면 달력에 일한다는 메모가 많이 적혀있지 않겠지요?

일부 드라이빙 가이드의 경우 처음에는 100% 여행사로부터 일을 받다가, 점차 본인을 찾는 손님이 많아져 여행사로부터 일을 받는 비율을 줄이는 분들도 계십니다. 이는 본인 SNS를 통해 광고홍보를 하거나, 한번 찾았던 손님이 계속 찾거나 또는 그 손님이 다른 손님을 소개해주면서 일거리가 많아짐에 따라 여행사 일을 많이 받지 않게 되는 것입니다. 아무래도 여행사를 통하지 않고 손님과 직접 거래를 하는 것이 수익적인 면에서는 훨씬 좋겠지요. 단점이라면 손님과 직접 일정 논의 및 가격 협상을 하여야 하므로 여러 번 협상하여도 실제 영업으로까지 이뤄지지 않는 경우가 매우 높다는 것입니다. 한 여행사의 일만 하시는 분들도 계십니다. 주로 공항과 면세점, 호텔만 이동하면서 손님이 면세점에서 물품을 구매하거나 구매대행하는 것을 도와주는 분들도 계시는데, 가이드로서의 정체성 문제 등 좋지 않은 점이 있기에 추천하지 않습니다. 드라이빙 가이드의 장ㆍ단점은 아래와 같습니다.

장 점

① 주로 FIT 고객 대상이므로 본인의 능력에 따라 일은 꾸준히 있는 편입니다.

② 일비를 받고 일을 하기 때문에 쇼핑에 대한 스트레스가 적습니다.

③ 손님과 정해진 시간 동안 같이 행동하므로 더 친밀해질 수 있습니다.

④ 본인의 능력에 따라 일반 패키지 가이드와 드라이빙 가이드를 섞어가면서 할 수 있습니다.

⑤ 나이가 많아도 드라이빙 가이드로서 활동할 수 있습니다.

⑥ 자신을 찾았던 손님이 계속 본인을 찾거나 다른 손님들을 소개해주기도 합니다.

단 점

① 안내와 운전을 다 해야 할 때는 체력소모가 많습니다. 특히 졸음운전의 위험이 큽니다.

② 쇼핑이 없는 팀이 대부분이고 여행사에서 낮은 보수를 책정할 때도 있습니다.

③ 손님들이 원하는 관광지가 그리 많지 않아서 관광지에 대한 멘트 함양이 늘지 않습니다.

④ 보험료, 차량 감가상각 등 기본 유지비가 매월 들어갑니다.

> ※ 현재 드라이빙 가이드는 완전한 합법이 아님에도 불구하고 많은 분이 일하고 계십니다. 국내에서 노란색 영업용 번호판을 달지 않고 차량을 운행하여 대가를 받는 것은 불법입니다. 그래서 몇몇 드라이빙 가이드들은 차량회사를 설립하여 본인의 차량을 지입차로 등록하기도 합니다. 앞으로 드라이빙 가이드에 대해서는 법적인 상황을 계속 주시하여야 합니다.

제2부

실무 After

제2부 실무 After

제3장

관광통역안내사
기초 실무

1

관광통역안내사의 기본자세

1) 확실한 국가관·역사관을 가지고 있어야 합니다.

관광통역안내사는 대한민국을 외국 관광객들에게 소개하는 직업입니다. 우리들의 말 한마디가 대한민국을 대표합니다. 확실한 국가관·역사관 없이 외래 관광객들을 맞이하다간 오히려 역사를 왜곡해버리는 오류를 범하게 됩니다. 국가를 대표한다는 사명감을 가지고 외래 관광객들을 맞이하여야 합니다.

2) 능숙한 외국어 구사 능력을 갖추고 있어야 합니다.

관광통역 업무를 원활히 수행하기 위해서는 언어 구사 능력이 가장 중요한 기본조건입니다. 언어가 잘 소통되어야 관광객들과 마음도 잘 소통될 것입니다. 가장 기본조차 되지 않는다면 관광객들은 여행에 대한 만족도가 떨어질 것입니다. 본인 스스로가 언어 실력이 부족하다고 느끼면 실력 향상을 위해 계속 노력하여야 합니다.

3) 프로의식을 가지고 최선의 서비스를 해야 합니다.

여행서비스 산업의 최전선에서 일하는 관광통역안내사는 프로의식을 가지고 관광객과의 신뢰를 쌓도록 노력하여야 합니다. 신뢰는 쉽게 얻어질 수 없습니다. 관광통역안내사 스스로가 전문 직업인임을 잊지 말고 그에 따른 행동을 보여줘야 할 것입니다.

4) 단정한 용모를 유지하고 올바른 언어를 사용해야 합니다.

단정한 용모 유지와 올바른 언어 사용은 관광통역안내사의 수준을 나타내며, 그 수준은 대한민국의 수준을 나타냅니다. 관광통역안내사는 국제적인 매너와 에티켓을 갖추고 항상 웃음을 잃지 말아야 합니다. 올바른 언어와 정확한 말로 전문인다운 모습을 보여줌으로써 스스로 품위를 유지하여야 합니다.

5) 다양한 분야에 대한 해박한 지식과 끊임없는 공부가 필요합니다.

우리나라의 문화와 역사는 물론 정치, 경제, 군사, 사회, 교육 등 다양한 분야에 대한 해박한 지식이 필요합니다. 관광객들의 질문 역시 다양합니다. 관광의 목적이 단순히 관광지를 방문해서 사진을 찍거나 쇼핑에만 끝나지 않고 한국에 대해 더 많은 것을 알고 싶어 하는 데 있기 때문이죠. 그 많은 궁금증을 만족시키기 위해서 관광통역안내사는 다양한 분야에 대해서 끊임없이 공부하여야 합니다.

6) 적극적이고 긍정적인 성격이 중요합니다.

항상 적극적이고 긍정적인 마인드로 고객에게 서비스하여야 합니다. 관광통역안내사는 관광객들에게 여행의 즐거움을 주는 직업입니다. 유쾌하고 긍정적인 마인드로 투어를 진행한다면 여행은 항상 즐거울 수밖에 없습니다.

7) 돌발상황에 대처할 수 있는 능력이 필요합니다.

투어를 진행하다 보면 예상치 못한 일이 종종 발생하는데, 이때 관광통역
안내사가 당황해버리면 아무런 대응도 못 하게 되고 오히려 문제가 심각해집
니다. 따라서 이를 대처하기 위한 내공을 쌓아야 합니다. 선배 가이드들의
경험담도 듣고, 돌발상황이 발생할 것을 대비한 처리방법을 미리 숙지해 놓
는 것도 필요합니다.

2
관광객에게 만족을 주는 서비스 요령

1) 관광객의 얼굴과 이름, 관광객들 간의 관계에 대해 빨리 알아내라.

단체를 받기 전에 행사지시서의 손님명단에서 관광객들의 이름을 파악하도록 합니다. 관광객들과 만난 후에는 이름과 관광객들의 얼굴을 서로 매칭시켜 기억하도록 하고, 인솔자를 통해 관광객들 간의 관계에 대해 알아보도록 합니다. 그래야 단체 인원 중에 목소리가 큰 사람이나 영향력이 큰 사람을 알아낼 수 있고, 그들을 휘어잡으면(?) 투어 진행이 매우 편안해집니다.

2) 첫인상은 단정하게 해라.

관광통역안내사는 우리나라를 대표하는 민간외교관입니다. 관광객은 한국에 도착해서 첫 만남을 통해 관광통역안내사의 수준과 한국의 이미지를 판단해버립니다. 그러므로 단정한 복장과 깔끔한 어투를 사용해서 말을 하도록 합니다. 첫날 손님과 미팅을 할 때와 모든 투어를 마치고 마지막 날 귀국하는 날에는 반드시 정장을 입고 나가도록 합니다.

3) 관광객들과 빨리 친해지도록 해라.

관광통역안내사의 업무는 여행서비스 업무입니다. 서비스 업무에서 가장 힘들고 중요한 것이 바로 사람 대 사람 간의 관계라고 생각합니다. 그래서 관광통역안내사는 빨리 관광객들과 친해져야 합니다. 개인적인 이야기도 많이 하면서 서로 간에 소통이 되도록 노력하여야 합니다. 관광객들과 친해지면 관광객들은 관광통역안내사를 믿고 신뢰하게 되어 투어 진행이 편해지고 수입도 높아지게 될 것입니다.

4) 눈이 즐겁게, 귀가 즐겁게, 입이 즐겁게 해라.

여행은 즐기러 온 것입니다. 관광통역안내사는 관광객들을 즐겁고 유쾌하게 만들기 위해 노력하여야 합니다. 말로만 하지 말고 여러 가지 자료와 영상을 보여주거나 경험하게 함으로써 눈을 즐겁게 만듭니다. 재미있는 설화, 야사, 유머로 손님들을 즐겁게 하기도 하고, 때로는 호텔로 돌아가는 버스 안에서 멋진 한국 노래를 몇 곡 불러줌으로써 관광객들의 귀를 즐겁게 해주기도 해야 합니다. 한국을 대표하는 간식거리인 인삼사탕, 바나나우유, 메론바 등을 본인 사비를 털어 서비스해 주는 센스도 필요합니다. 관광객들의 오감을 자극함으로써 관광객들은 가이드의 진실함을 알게 될 것입니다.

5) 아이와 노인을 공략해라.

단체 인원 중에 아이와 노인이 계시면 그들을 위해 최선을 다해 서비스해야 합니다. 그들은 아무래도 체력적으로 약하기 때문에 신경을 쓰지 않으면 안전사고가 발생할 우려가 있습니다. 단체 내에 아이의 부모, 노인의 가족뿐만 아니라 다른 관광객들도 관광통역안내사가 아이와 노인에게 어떻게 서비스하는지를 계속 지켜볼 것입니다. 차량 상·하차 시 안전을 위해 노인들의 손을 잡아주거나, 아침저녁으로 노인들의 몸 상태가 어떤지 점검하거나, 시간이 될 때마다 아이와 같이 즐겁게 놀아주면 많은 손님들이 자신들의 관광통역안내사가 정말 좋은 사람이라고 생각하고 감동할 것입니다. 꼭 남이 봐서가 아닌 스스로 우러나온 서비스일수록 더욱 큰 감동이 될 것이라고 생각합니다.

6) 관광객의 힘든 수고를 덜어줘라.

내 가족과 함께 여행을 왔다고 생각하고 식사할 때 한국의 음식문화에 대해 잘 모르니 음료나 반찬 등을 가져다주는 서비스를 한다거나, 쇼핑백이 무거울 때 대신 들어다 주는 수고는 마다할 필요가 없습니다. 이때 가장 중요한 핵심은 힘들다는 인상을 짓지 말고 즐거운 표정으로 기꺼이 도와주는 것입니다.

7) 관광객이 기억하고 싶어 하는 진한 추억을 만들어줘라.

관광객들이 이번 여행이 그들에게 정말 멋진 여행이었다고 느끼게끔 이벤트를 하나 해주는 것도 좋은 방법입니다. 기본 투어 일정상 겪게 되는 활동 이외에도 그들에게 색다른 경험을 해줌으로써 한국에 대한 인식도 좋아지고 관광통역안내사의 평가도 높아지게 됩니다. 다음에 그들이 한국을 재방문하고자 할 때는 다시 본인들이 경험해봤던 그 관광통역안내사에게 연락할 가능성이 큽니다.

8) 관광객들이 미안한 마음이 들게 해라.

관광통역안내사가 최선을 다해 관광객에게 서비스한다면, 그들은 귀국할 때 자신들이 받은 만큼 관광통역안내사에게 못 해줬다는 미안한 마음이 들 것입니다. 귀국 후 이용했던 여행사 홈페이지의 여행 후기에 관광통역안내사 및 한국여행에 대한 평가가 좋을 수밖에 없겠지요.

3

관광통역안내사의 서비스 진행 과정

관광통역안내사의 서비스 진행 과정은 단체 배정 후 사전준비에서부터 시작됩니다. 행사지시서에 따라 공항이나 항만에서 관광객들을 받고나서 일정상의 모든 관광을 마친 후 마지막으로 단체출국하기까지의 업무를 포함한 모든 서비스의 진행 과정입니다. 기본적으로 일정은 행사지시서상의 기본일정을 따라야 하며, 부득이한 상황으로 일정을 변경하고자 할 때는 회사의 승인을 받아야 하고 단체를 이끌고 온 인솔자와도 사전 협의를 하여야 합니다. 회사의 승인을 받지 않고 관광통역안내사 임의대로 일정을 변경해서는 안 됩니다. 하지만 여행사마다 규정이 다르므로 일정 변경에 관해서는 회사의 규정을 따릅니다. 어느 여행사에서는 몇 가지 규정에 저촉되지 않는다면 관광통역안내사의 재량에 따라 일정의 순서를 변경할 수 있습니다. 예를 들면 모든 일정은 관광통역안내사의 재량에 맡겨 일정 순서를 변경할 수 있되, 단 A, B, C 지역(특히 쇼핑센터)은 정해진 순서를 따라야 하는 경우도 많습니다. 그러므로 여행사의 규정을 확실히 이해하고 있어야 합니다.

투어를 진행하면서 돌발상황은 언제 어느 때나 발생할 수 있습니다. 이에 관광통역안내사는 항상 준비하고 대비한다는 생각을 하고 있어야 합니다. 예기치 못한 상황이 발생하였을 때 회사의 어느 직원과 통화를 해야 할지 미리 파악하고 있어야 하며, 때로는 관광통역안내사 본인 스스로 요령 있게 대처해 나가는 임기응변이 필요하기도 합니다.

관광통역안내사의 서비스 진행 과정을 보면 '사전준비 → 공항미팅 → 호텔투숙 → 관광지안내 → 식당 및 쇼핑 → 호텔퇴실 → 공항환송 → 정산 및 보고'로 나누어 볼 수 있습니다. 이 중 어느 하나라도 소홀히 한다면 관광객들이 불만을 느껴 투어 전체가 실패할 수 있다는 것을 잊어서는 안 됩니다.

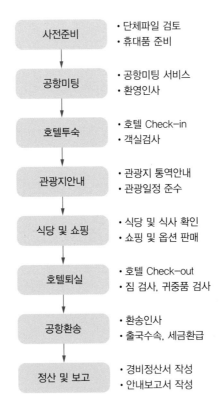

사전준비	• 단체파일 검토 • 휴대품 준비
공항미팅	• 공항미팅 서비스 • 환영인사
호텔투숙	• 호텔 Check-in • 객실검사
관광지안내	• 관광지 통역안내 • 관광일정 준수
식당 및 쇼핑	• 식당 및 식사 확인 • 쇼핑 및 옵션 판매
호텔퇴실	• 호텔 Check-out • 짐 검사, 귀중품 검사
공항환송	• 환송인사 • 출국수속, 세금환급
정산 및 보고	• 경비정산서 작성 • 안내보고서 작성

[관광통역안내사의 서비스 진행 과정]

1) 사전준비

관광통역안내사의 서비스 업무는 회사로부터 단체를 배정받는 순간부터 시작됩니다. 배정을 받았다는 연락을 받으면 사무실에 가서 투어를 진행할 때 필요한 사항을 자세히 검토하여 완전히 파악하도록 합니다. 가능한 회사에서 모든 사항을 파악하도록 하고, 내용에 의심가는 부분이 있다면 회사에 문의해 답변을 얻도록 합니다. 관광통역안내사가 투어 시작 전에 준비해야 할 사전준비 사항은 다음과 같습니다.

❶ 단체의 성격과 손님들의 특징을 파악하여야 합니다.

단체확정통보서 또는 행사지시서 등 관련 서류를 받으면 우선 고객명단을 보고 투어의 목적, 단체 인원들의 구성, 성별, 연령대, 주의사항 등을 꼼꼼히 파악하는 것이 매우 중요합니다. 또한 손님들의 추가 요구사항이나 주문내용이 있는지 파악하여야 합니다. 단체의 성격과 손님들의 특징을 파악하였다면 이번 단체는 어떤 식으로 진행하여야 할지 느낌이 올 것입니다. 매번 똑같은 일정이더라도 단체의 성격과 손님들의 특징에 따라 여행 분위기가 완전히 달라지기 때문에 그에 맞는 서비스와 멘트가 필요합니다. 그리고 단체를 이끌고 온 인솔자의 이름은 항상 기억하고 있는 것이 좋습니다.

❷ 투숙할 숙박업체의 예약상황 등을 확인합니다.

투숙할 호텔의 이름과 위치, 객실 타입과 객실 수, 조식 포함 여부 및 지불방법에 대해서 미리 확인하도록 합니다. 호텔 이름이 비슷한 경우가 종종 있으므로 정확히 파악해 놓는 것이 좋습니다. 차량 기사님이 가끔 이름이 유사한 다른 호텔로 가는 경우도 발생할 수 있기 때문입니다. 요금의 지불방법은 현금, 후불, 회사법인카드, 상품권 등 호텔마다 지불방법이 다를 수 있으므로 반드시 확인하여야 합니다.

❸ 이용할 식당과 식사메뉴를 확인합니다.

행사지시서에 식당과 메뉴가 지정되어 있는지 확인하여야 합니다. 지정되어 있다면 식당명과 위치, 식사메뉴, 지불방법, 전화번호를 확인하고 연락을 취해 미리 예약하여야 합니다. 지정되어있지 않다면 회사가 정한 식비 범위에서 관광통역안내사 스스로 식당과 메뉴를 정하여 미리 예약하여야 합니다. 손님 중에 무슬림이나 채식주의자가 있는지 확인하고 이들의 메뉴가 잘 준비되도록 확인하여야 합니다. 식사 예약은 일반적으로 2~3일 전에 하며, 성수기 때는 최소 4~5일 전에 예약하여야 관광통역안내사가 원하는 시간에 식당을 예약할 수 있습니다. 가능하면 행사지시서를 받은 날 사무실에서 모든 식사 예약을 해놓는 것이 좋습니다.

❹ 공연장 및 놀이공원을 확인합니다.

행사지시서에 공연이나 놀이공원이 있는지 확인하여야 합니다. 공연의 이름과 공연장의 위치 및 예약번호가 기재되어 있는지, 놀이공원의 입장과 퇴장시간에 이상이 없는지 등을 확인합니다. 공연장 및 놀이공원의 요금 지불방법에 대해서는 행사지시서를 따르며, 놀이공원에서의 요구사항(예 야간 불꽃 쇼를 보고 싶다 등)이 있는지 확인하여야 합니다.

❺ 이용할 교통편의 이용시각과 예약상태를 사전에 확인합니다.

단체의 입국 및 출국 시 항공편 또는 선박의 시각을 정확히 파악하고 있어야 합니다. 차량 기사님과 통화하여 차량번호와 공항 미팅시간을 확인하도록 합니다. 가능하면 기사님께 공항 미팅시간을 물어 대답을 듣도록 합니다. 차량 기사님의 연락처는 행사지시서에 기재되어 있거나 회사의 차량수배 담당자로부터 연락처를 받습니다. 일정 중에 국내 항공편으로 다른 지역으로 이동할 때에는 하루 전에 그 지역 차량 기사님과 연락을 취해 서로 일정을 확인하도록 합니다. 이 역시 회사의 차량수배 담당자로부터 기사님의 연락처를 받습니다. 일정 중 항공, 선박, 열차 등의 교통기관을 통하여 이동하는 경우에는 해당 교통편의 예약상태를 미리 확인하여야 합니다. 이상이 있을 시 즉각 회사에 연락하여 조처하도록 합니다.

❻ 준비물 및 전도금을 준비합니다.

행사지시서에 특별히 준비하여야 하는 물품이 있는지 확인합니다. 단체마다 특별히 준비하여야 할 물품이 있을 수 있습니다. 예를 들면 어느 단체는 생수를 준비하도록 하는 경우가 있습니다. 이럴 경우 차량 기사님께 연락을 취해 준비해 놓도록 할 수도 있습니다. 일정 중에 자유 일정이 포함되어 있을 경우 고객 개인마다 T-머니 카드를 나누어 주는 일도 있습니다. 인원에 맞게 회사에서 받아가도록 합니다. 행사지시서, 피켓은 잘 준비하고 필요한 전도금은 경리부에서 받아가도록 합니다. 전도금은 회사의 규정에 따라 당일 직접 받을 수도 있고 가이드의 통장으로 입금될 수도 있습니다. 지불수단 중에 회사법인카드가 있을 경우 잘 챙겨가도록 합니다.

❼ 행사지시서의 기본 일정을 참조하여 관광일정을 설계합니다.

행사지시서의 일정 순서는 고객들의 출발 항공편, 출발 요일, 호텔의 위치 등을 고려해서 만들어 놓은 것이 아니고 이미 고정되어 있는 것이므로, 그 일정에 맞춰 진행하다 보면 때로는 관광지의 휴관일과 겹치거나 관광지 간의 거리가 멀어서 시간 낭비가 될 수 있습니다. 설사 이전 단체와 똑같은 일정이라 하더라도 고객들의 출발 항공편, 출발 요일, 호텔의 위치가 달라지면 일정의 순서 역시 변경될 수 있습니다. 관광일정을 설계하기 위해서는 먼저 일정에 서울이 포함되어 있으면 서울시 지도를 펴놓고, 일정 중에 서울 이외의 지역이 있으면 대한민국 전도 및 그 지역 지도를 펴놓고 일정을 설계하는 것이 가장 좋습니다. 일정 중에 가야 할 식당,

쇼핑점, 관광지, 공연장 등을 지도상에 표기해놓고 가장 합리적인 일정을 설계합니다. 관광지가 무슨 요일에 문을 닫는지 다시 한 번 확인합니다. 초보 가이드인 경우에는 아직 익숙하지 않기에 주위 선배들이나 회사담당자에게 문의하여 도움을 받도록 합니다.

2) 공항미팅

외국 관광객이 한국에 와서 처음 만나는 사람은 관광통역안내사입니다. 관광객들은 관광통역안내사의 용모와 언행을 통해 한국을 판단하기 때문에 첫 미팅에서 외국 관광객들에게 보이는 이미지가 대단히 중요합니다. 관광통역안내사는 대한민국을 대표하는 민간외교관이자 여행사를 대표하여 관광객들을 안내하는 사람입니다. 항상 단정한 용모를 하도록 하며 관광통역안내사 자격증은 항상 목에 패용하고 있어야 합니다. 공항에서 처음 미팅하는 날과 마지막 날 환송하는 날에는 반드시 정장을 입도록 합니다. 관광객들을 처음 만날 때 그들에게 어떤 이미지를 주느냐가 일정 전체에 주는 영향이 매우 크기 때문입니다.

❶ 비행기 도착 30분~1시간 전에는 반드시 공항에 미리 도착하도록 합니다.
관광통역안내사는 비행기가 예정보다 일찍 도착할 수 있음을 생각해서 최소 30분 전에는 공항에 도착하여 여유를 갖고 관광객들을 맞을 준비를 하도록 합니다. 인천국제공항의 경우 1층은 입국장(도착층)이며 3층은 출국장이므로 1층에서 기다리도록 합니다. 1층 입국장(도착층)에 도착하여 대형 도착 전광판을 보면 비행기 편명, 도착 예정시각, 출발지, 출구 게이트, 도착 상태 등을 확인할 수 있습니다. 출구 게이트는 변경될 수 있으니 주의하여야 합니다. 스마트폰용 '인천공항 어플'을 설치하면 공항 도착 전에 스마트폰으로 관광객들의 비행기 도착시각을 알 수 있습니다. 공항에

도착하였다면 차량 기사님과 통화를 하여 차량 도착 여부와 차량의 청소 상태, 마이크 상태 등을 확인하고 비행기 도착 예정 시각을 알려드립니다.

❷ 비행기 도착 후 미팅할 준비를 합니다.

비행기가 도착하면 관광객들이 나오는 출구 게이트에서 피켓(안내 푯말)을 들고 기다립니다. 보통 단체의 경우는 출구 게이트 좌우 옆에서 기다리고 소수의 단체나 개인의 경우에는 출구 게이트 정면에서 기다립니다. 피켓 분실 시에는 공항 내 인포메이션 데스크에 매직과 종이가 갖춰져 있으므로 이를 사용하면 됩니다. 인천국제공항 제1터미널의 경우 1층 도착층에는 A~F까지 총 6개의 출구 게이트가 있습니다. 국내 항공사 중 대한항공은 제2터미널로 가야하고, 아시아나 항공은 제1터미널에서 업무를 봅니다. 비행기가 공항에 도착하고 관광객들이 입국수속을 마친 후 여행용 가방을 찾은 다음 출구 게이트 밖으로 나오기까지 약 1시간 가량 소요됩니다. 이는 입국하는 관광객들의 상황에 따라서 달라질 수 있으며, 입국자가 적으면 이보다 빨리 나올 수도 있고 입국자가 많으면 시간이 오래 걸릴 수도 있습니다.

❸ 인원 및 분실물을 파악합니다.

관광객들이 출구 게이트를 통해 나오면 관광통역안내사가 먼저 다가가 반가움을 표시합니다. 먼저 나온 단체의 일행들을 출구 게이트 주위에 잠시 기다리게 한 후, 뒤이어 나온 일행들을 안내하여 합류시킵니다. 함께 온 인솔자(TC ; Tour Conductor)가 있으면 인사를 나누고 친숙하게 대하면서 자신 있게 응대합니다. 최종적으로 인원수를 확인하고 분실물이 있는지 파악합니다. 인원이 많다 보면 한두 명의 손님을 공항에 두고 출발해 버리는 어처구니없는 일도 발생하니 반드시 인원을 확인하여야 합니다. 여행용 가방은 모양과 색상이 비슷한 것이 많아서 다른 단체의 손님들 것과 바뀌는 일이 자주 발생합니다. 바뀐 여행용 가방은 없는지 손님들께 확인시킵니다. 상황에 따라 환전을 하거나 편의점 또는 화장실을 갈 시간을 줄 수도 있습니다. 만약 행사지시서보다 부족한 인원이 왔을 경우 회사에 연락을 취합니다. 이는 예약된 호텔의 객실 수 및 교통편과 관련이 있기 때문입니다. 또한 예약한 식당에도 변경된 인원수로 다시 알려줘야 합니다.

❹ 기사님께 전화해서 차를 부릅니다.

인천국제공항 제1터미널의 경우 관광버스를 타는 곳은 1번과 12번 승차장 두 곳입니다. 관광객들이 A · B 출구 게이트를 통해 나왔다면 1번 승차장, E · F 출구 게이트를 통해 나왔다면 12번 승차장, C · D 출구 게이트를 통해 나왔다면 1번 또는 12번 중 가까운 승차장에서 차량에 승차하도록 합니다. 탑승 장소로 이동하기 전에 차량 기사님께 전화해서 정확한 승차장에 오도록 합니다. 차량이 승차장에 도착하면 손님들에게 여행용 가방을 차량 수화물칸 앞에 놓고 승차하도록 안내하고 관광통역안내사와 인솔자가 앉는 맨 앞의 좌석 다음 뒷좌석부터 차례로 앉게끔 합니다. 관광통역안내사는 손님들의 여행용 가방과 짐을 차량 수화물칸에 이상 없이 싣도록 하는데, 보통 기사님이 도와주십니다. 관광통역안내사는 모든 손님들이 차량에 승차하였는지 필히 인원 파악을 해야 하며, 빠진 물건이 없는지 확인 후 이상이 없으면 출발하도록 합니다.

❺ 자신감 있는 환영 인사가 고객에게 여행의 흥미를 유발합니다.

관광객들이 모두 버스를 타면 가장 먼저 안전벨트를 반드시 매도록 안내합니다. 손님들의 안전벨트가 고장이 났다면 좌석을 바꾸도록 합니다. 관광버스를 타고난 후는 집중력이 떨어지는 시간이기 때문에 멘트를 바로 시작하지 않습니다. 버스가 공항입구를 빠져나가면 관광객들에게 인사를 하고 정식으로 멘트를 시작합니다. 환영 인사를 할 땐 활기차고 자신감 있는 모습을 보여야 손님들에게 좋은 이미지와 신뢰감을 얻을 수 있습니다. 손님들은 버스에 타고 약 30분간의 멘트를 통해 관광통역안내사의 수준을 파악할 수 있습니다. 가장 중요한 환영 인사와 멘트 내용은 관광통역안내사 스스로 연구해서 본인의 것을 만들어야 합니다. 환영 인사가 끝나고 전체 일정을 소개할 때에는 자세히 이야기할 필요 없이 일정 순서대로 간략하게 소개하는 것이 좋습니다. 만약 비행기나 선박이 지연되어 늦게 도착했을 때는 인솔자와 다음 일정을 협의하고, 도움이 필요할 때는 회사에 통보합니다.

❻ 투어할 때 발생할 수 있는 주의사항에 관해서 설명합니다.

환영 인사 이외에도 투어 시 발생할 수 있는 여러 가지 돌발상황을 예방하기 위해 주의하여야 할 사항을 자세히 설명합니다.

- 한국과의 시차에 관해 설명하고 시계를 한국 시각으로 변경하도록 합니다. 이 시간 이후 관광통역안내사가 말하는 모든 시각은 한국 시각임을 인지시킵니다.
- 집합시각, 출발시각 등을 엄수하도록 주의시킵니다. 관광 온 손님 입장에서는 기분이 들떠 시간을 잊는 경우가 종종 있습니다. 집합시각이나 출발시각이 늦어지면 다음 일정을 진행하는 것이 매우 다급해질 수 있습니다. 따라서 관광통역안내사는 여유 있게 시간을 배분해서 일정을 설계하여야 합니다.
- 여권이나 귀중품의 관리는 본인이 하며, 분실 시 본인 스스로가 책임져야 함을 안내합니다. 따라서 일정 중에는 여권과 귀중품은 항상 몸에 지니고 다니도록 합니다.
- 관광지에서 길을 잃어버리면 잃어버린 장소에서 움직이지 말고 본인의

휴대전화로 관광통역안내사에게 연락을 취하도록 합니다. 만약 전화통화가 되지 않으면 주위 한국인에게 도움을 요청해도 된다고 말합니다. 도움을 받을 수 없으면 잃어버린 장소에서 움직이지 말고 계속 관광통역안내사를 기다리라고 주의시킵니다. 관광통역안내사는 미리 본인의 휴대전화 번호를 손님들에게 알려주도록 합니다.

- 공공장소에서 담배를 피우거나 함부로 담배꽁초를 버리지 못하도록 주의시킵니다. 공공장소에서 흡연 시 적발되면 최대 10만원의 범칙금이 부과된다는 것을 알려주도록 합니다.

- 손님 중에 무슬림, 힌두교인 또는 채식주의자가 있는지 확인합니다. 보통 행사지시서에 특이사항으로 기재되어있지만 가끔은 기재되어있지 않은 경우도 더러 있습니다. 이는 식당과 식사에 직접적인 영향을 주기 때문에 미리 파악해 놓아야 합니다.

- 손님 중에 지병이 있거나 약을 먹고 있는 손님이 있는지 확인하여야 합니다. 본인 또는 같이 여행 온 보호자와 상의해서 필요한 사항이 없는지, 식사할 때 다른 요구사항은 없는지 파악하도록 합니다.

3) 호텔투숙

호텔에 도착하기 전에 관광통역안내사는 손님들에게 호텔의 이름과 위치를 알려줍니다. 도착하기 전에 호텔로부터 객실 타입과 객실 번호를 알아내어 인솔자와 상의해서 호텔 객실을 배정합니다. 주로 낮에 알아내서 인솔자에게 전합니다. 인솔자는 방 번호를 가족 단위로 잘 배분하며 만약 층을 바꿔 달라는 요구가 있으면 호텔에 전화해서 층을 바꿀 수 있는지 문의합니다. 호텔 도착 후 본인의 귀중품 및 여행용 가방을 잃어버리지 않게 손님이 직접 가지고 호텔 로비로 이동시킵니다.

❶ 호텔 이용방법에 대해 설명합니다.

호텔에 도착하면 손님들을 로비에서 잠시 쉬게 하고 관광통역안내사는 호텔 프런트에 가서 체크인을 합니다. 이미 배정된 객실 번호에 따라 객실키(Key), 조식쿠폰(필요 없는 호텔도 있음) 등을 받아 손님들에게 나누어 주고 호텔 내의 이용법과 호텔 내에서의 주의사항에 대해 설명한 뒤 입실시킵니다. 일반적인 호텔 내의 이용법은 아래와 같습니다.

- 객실키 사용방법에 관해 설명합니다.
  - 객실키를 카드 터치 부분에 대면 '삑~'하는 소리와 함께 문손잡이를 돌리면 문을 열 수 있거나, 객실 문손잡이의 네모난 틈에 화살표 방향으로 넣었다 빼면 녹색불이 깜박이는데 이때 문손잡이를 돌리면 문이 열리는 객실키도 있습니다.
  - 입실을 하면 객실키는 객실 안의 키 꽂는 곳(Key box)에 꽂아야 객실 전체의 전원이 들어오는 경우가 많으며, 객실키를 꽂은 상태로 문 밖으로 나오면 자동으로 문이 잠기는 경우가 대부분이라 밖으로 나올 때는 반드시 객실키를 뽑도록 합니다.

- 객실 내의 비품에 대하여 설명합니다.
  - 커피포트, 헤어드라이기 등이 갖춰져 있는지, 손님들 국가의 전압과 다를 수 있으므로 전압콘센트는 호텔 데스크에서 빌릴 수 있는지 등을 확인합니다. 대부분의 호텔은 보증금을 내면 빌릴 수 있으며 반납하면 보증금을 환급받습니다.
  - 전등이나 냉·난방기 작동방법에 대하여 사전에 호텔로부터 방법을 숙지하여 손님들에게 안내합니다.
  - 객실 비품 중 소모품(1회용 화장품, 티백차 등)은 호텔 퇴실 시 가져 갈 수 있으나 커피포트, 커피잔, 헤어드라이기, 옷걸이, 수건 등이 파손되거나 분실되면 체크아웃 시 변상해야 한다는 것도 알려줘야 합니다.

- 호텔 욕실안의 비품에 대해서는 대부분 무료로 제공되지만, 일회용품 사용제한 방침에 따라 호텔마다 준비된 비품이 다르므로 필요하면 호텔 또는 근처 편의점에서 구매하도록 합니다.
- 호텔에서 가까운 편의점이나 마트 위치에 관해 설명합니다.
- 모닝콜 시각, 식사시각, 집합시각 및 집합장소에 관해 설명하고 늦지 않도록 주의시킵니다.
- 조식 식당 위치 및 식사메뉴에 관해서 설명합니다.
- 호텔 내 부대시설(편의점, 헬스장 등)에 관해 설명합니다.
- 만일의 사태를 대비하여 비상구 위치, 에스컬레이터와 엘리베이터의 위치를 안내합니다.

❷ 호텔에서의 주의사항에 관해서 설명합니다.

- 객실 안의 미니바 또는 냉장고 안에 들어 있는 각종 술, 생수, 음료수 및 안주류 등은 모두 유료인 경우가 대부분이니 사용한다면 손님 본인이 별도로 계산하여야 합니다.
- 금연 객실에서는 절대 흡연을 해서는 안 되고, 반드시 별도로 지정된 흡연실에서만 흡연하도록 합니다. 적발 시 벌금을 내는 호텔이 많아졌습니다.
- 객실 안의 TV를 시청하려면 무료채널과 유료채널이 있는데 유료채널을 시청하면 체크아웃 시 요금을 내야 하므로 주의하도록 안내합니다. 미리 호텔 프런트에 요청하여 유료채널이 방영되지 않도록 사전에 처리할 수도 있습니다.
- 객실과 객실 간 전화는 호텔마다 시스템이 다르니 호텔 프런트에서 확인을 받아 손님에게 설명합니다(예 직접 상대방 객실 번호를 누를 수도 있고, 먼저 8번을 누른 후 상대방 객실 번호를 누를 수도 있음).

- 호텔은 세계 각국 사람들이 사용하는 공공장소이기 때문에 속옷 차림이나 객실용 슬리퍼를 신고 호텔을 돌아다니거나 호텔 밖으로 나가지 않도록 주의시킵니다.

❸ 관광통역안내사는 객실을 점검합니다.

손님들이 모두 입실을 마치면 관광통역안내사는 인솔자와 함께 객실마다 돌아다니며 객실 상태를 확인합니다. 손님들에게는 입실 후 바로 화장실 및 비품 상태, TV와 전등의 상태, 냉 · 난방기 등을 점검하고 이상이 발견되면 관광통역안내사가 객실을 점검할 때 말해달라고 합니다.

❹ 호텔에서 마무리로 점검할 사항을 확인합니다.

객실 점검을 마무리하면 관광통역안내사는 호텔 프런트에 다음날 모닝콜을 부탁하고 조식시각과 출발시각을 알려줍니다. 손님 중에 무슬림, 힌두교인 또는 채식주의자가 있을 경우, 그들이 식사할 때 이상이 없도록 조식 메뉴가 제대로 준비될 것인지 호텔에 확인하도록 합니다. 다음 날 아침 관광통역안내사는 조식시각 30분 전에 식당에 도착하여 아침식사 준비가 제대로 되어있는지 확인하고 손님들을 맞이합니다. 아침에 호텔에서 만났을 때와 일정을 마치고 호텔에서 헤어질 때는 항상 정중히 인사합니다.

4) 관광지안내

❶ 관광통역안내사는 관광지에 대한 기본 지식에 대하여 충분히 함양하고 있어야 하며, 관광객을 안내하는 기교는 관광통역안내사 스스로 연구하여야 하는 분야입니다.

❷ 단체 내의 모든 손님에게 공평하게 안내하여야 합니다. 자신의 기분에 따라 또는 국가, 민족, 종교에 따른 선입관이나 고정관념에 따라 서비스의 질과 양이 불공평하게 달라지면 절대 안 됩니다.

❸ 논리적인 말솜씨를 가지고 있어야 하고 정확한 언어를 구사하도록 합니다. 이는 손님들에게 관광통역안내사에 대한 신뢰감을 줄 수 있기 때문입니다.

❹ 관광통역안내사는 확실한 국가관과 역사관을 가지고 있어야 하며, 역사에 관해 이야기할 때는 정확하고 사실적인 내용을 설명해 주어야 합니다. 관광객을 즐겁게 하거나 흥미를 유발하고자 하는 마음에 역사를 왜곡하여 설명하는 일은 절대로 안 됩니다. 역사에 관한 이야기는 자칫 딱딱해질 수 있으므로 재미있는 에피소드나 흥미로운 전설, 야사 등에 대해서 재미있게 설명하는 것도 해설을 잘하는 하나의 기법이라고 볼 수 있습니다.

❺ 관광지에서는 항상 사람이 붐비기 때문에 안전사고에 유의하도록 합니다.

❻ 관광지로 출발하기 전에 관광지가 쉬는 날이 아닌지 다시 한 번 확인합니다. 매주 1회 휴관하는 곳도 있고 매월 1회, 연간 1회 휴관하는 곳도 있습니다. 특히 익숙하지 않은 신입 시절에는 모든 관광지에 대해 휴관일이 언제인지 반드시 확인하는 것이 필요합니다.

❼ 단체로 관람하는 것이기 때문에 손님들이 관광통역안내사의 안내에 따라 움직이게 하고 개인시간, 개인행동은 없다는 것을 인지시킵니다. 개인행동으로 인해 관람시간이 지체되면 다음 일정에 상당한 영향을 주기 때문입니다.

❽ 오전에 투어를 진행하면서 오후 일정을 확인하고, 오후에 투어를 진행하면서 내일 오전 일정을 확인하여 전체 일정에 이상이 없도록 합니다.

❾ 사람이 많은 관광지를 갈 때는 선두에 서서 단체를 이끌고 가며 만약 손님이 길을 잃으면 움직이지 말고 그 자리에 서서 가이드를 기다리도록 합니다. 이런 경우 인솔자와 협의하여 관광지에서의 동선을 거꾸로 돌아가 손님을 찾도록 합니다.

❿ 버스를 다시 타는 장소와 출발시각에 관해 정확히 이야기합니다. 만약 하차 장소와 승차 장소가 다르다면 다시 언급해 줍니다.

⓫ 화장실 위치에 대하여 알려주고 화장실 갈 시간을 줍니다. 어떤 관광지는 화장실이 없거나 먼 곳에 있는 곳도 있습니다. 그래서 관광지에서 출발하여 다음 장소로 이동하기 전에 먼저 화장실을 이용하게 하거나 손님들에게 이 사실을 미리 안내합니다.

5) 식당, 쇼핑 및 옵션(선택 관광)

❶ 식당
- 관광통역안내사는 식당과 메뉴 선정에 있어서 신경을 써야 합니다. 행사지시서에 식당과 메뉴가 지정되어 있다면 식당에 연락을 취해 미리 식사를 예약하도록 합니다.
- 메뉴가 지정되어 있지 않은 경우 단체 내의 손님들의 나이와 성별을 고려하여 선정하되, 같은 식당 같은 메뉴로 중복되지 않도록 선정하는 것이 좋습니다.

- 음식과 음식 가격을 확인합니다. 요일 또는 중식, 석식에 따라 금액이 다를 수 있습니다.
- 외국인 단체식당의 경우 식사시간에 손님들이 몰리기 때문에 예약을 늦게 하면 원하는 시간에 식사할 수 없어 고객에게 불만을 줄 수 있습니다. 보통 2~3일 전, 성수기엔 최소 4~5일 전에 예약하도록 합니다.
- 손님 중에 무슬림이나 힌두교인, 채식주의자가 있는지 확인하고, 식당에서 이들의 메뉴가 잘 준비되도록 해야 합니다.
- 무슬림 단체인 경우 돼지고기를 먹지 않으므로 항상 주의하여야 합니다. 돼지고기가 들어간 음식을 먹여서도 안 됩니다. 돼지고기 이외의 다른 고기를 먹을 때에도 반드시 할랄인증한 고기를 먹어야 하기 때문에 전문식당을 찾기가 쉽지 않습니다. 그래서 이태원 할랄인증 식당을 자주 간다거나 또는 할랄한 고기를 미리 준비해서 먹어야 하므로 관광통역안내사들이 특별히 신경 써야합니다.
- 한국의 음식문화에 대하여 식당 도착 전에 미리 설명함으로써 고객들이 한국의 음식문화에 대해 이해할 수 있도록 도와줍니다(**예** 겨울에도 찬물 제공, 빠짐없이 상차림에 올라오는 김치, 4인 1식탁, 숟가락 · 젓가락 사용법 등).
- 정수기에서 뜨거운 물을 받거나 돌솥비빔밥이나 뜨거운 국물을 먹을 때 항상 안전에 신경 쓰도록 주의시킵니다.

❷ 쇼핑

여행 중 쇼핑은 관광하는 즐거움 중의 하나이며 대부분의 패키지 여행상품에는 쇼핑이 포함되어 있습니다. 그러나 흔히 쇼핑이라고 하면 약간 부정적인 이미지를 떠올리는데, 실제로는 쇼핑은 일정을 진행하면서 우리나라의 우수한 품질의 상품을 외국 관광객들에게 소개 · 홍보하고 그들에게 면세품, 토산품과 기념품 등을 구매하는 기회를 주어 여행만족도를 높여 주고 있습니다. 특히 중국 관광객의 경우 쇼핑이 한국을 방문하는 큰 목적 중의 하나로써 중국에서 판매하는 제품보단 우수한 품질과 저렴한 가격으로 인해 우리나라 상품들이 많은 환영을 받고 있습니다. 최근에는 본인 스스로 한국 상품을 구매하기 위해 개인 여행으로 오는 관광객들이 점차 증가하고 있습니다. 그러나 서구권 국가의 경우는 아시아 지역의 국가보다 한국 상품에 관한 관심이 적어서 관광 일정에 쇼핑이 없는 경우가 많이 있습니다.

쇼핑은 국가 차원에서 볼 때 가장 큰 관광 수입 중 하나이며 회사의 주 수입원입니다. 그렇지만 관광객들에게 불만과 클레임을 일으킬 수 있는 예민한 성격의 업무이기도 합니다. 쇼핑을 할 때 관광객들의 자유의사에 따라 구매 여부를 선택하도록 하며, 강매하는 분위기를 만들지 않도록 합니다.

- 각 쇼핑센터에서 판매하는 제품을 간략히 소개하면서 구매 물품에 대한 환불이나 반품 절차 등도 함께 설명해 줍니다.
- 행사지시서에 명시된 공신력 있는 쇼핑센터(회사의 공식거래업소)에 안내시킵니다.
- 상품을 강매하는 분위기를 조성하거나 무리한 쇼핑 안내는 하지 않도록 합니다.
- 관광통역안내사는 손님들의 요청이 있으면 물품 상담 시 도와주도록 합니다.
- 손님들이 상품을 구매할 때 의견을 물어보면 단정적인 선택의 말은 되도록 피하고 최종선택은 관광객 본인임을 인식시킵니다.
- 쇼핑 시 구매물건의 혼돈방지를 위해 포장물에 표지(이름표)를 달도록 합니다.

❸ 옵션(선택 관광)

옵션(선택 관광)은 관광객들이 현지에서 선택하여 구매하는 일종의 여행 상품입니다. 기본 일정 이외의 매력적인 관광지나 체험활동을 소개하고, 참가자들로부터 비용을 받아 추가적인 관광 또는 체험을 하는 것을 말하는데, 여행사 입장에서 보면 수익성이 매우 높아 선택 관광에 많은 신경을 쓰고 있습니다. 그러나 이 역시 쇼핑과 마찬가지로 관광객들에게 불만과 클레임을 일으킬 수 있는 예민한 성격의 업무입니다. 따라서 옵션은 정말 매력적인 여행상품에 한하여 무리하게 강매하지 말아야 하며, 옵션 미참가자에 대한 대체관광을 마련해 놓아야 합니다.

6) 호텔퇴실

❶ 호텔 체크아웃

• 마지막 날 출발일 아침에는 관광통역안내사는 조식을 빨리 마치고 계산을 마무리 짓고(계산서, Invoice와 숙박지시서의 금액을 비교함) 호텔 로비에서 손님들을 안내하도록 합니다.

• 여행사의 요청 시 호텔에게 숙박확인서에 확인도장을 찍어달라고 요청할 수 있습니다.

• 회사에서 인정하는 지불수단에 따라 현금, 상품권, 회사법인카드, 후불 등의 방법으로 결재합니다. 만약 손님이 개인적으로 사용한 비용이 있다면 미리 확인한 후 객실키를 반납할 때 호텔에 지불하게 하고 어려운 점이 있으면 도움을 주도록 합니다.

• 객실키는 관광통역안내사가 손님들로부터 건네받아 호텔 프런트에 직접 반납합니다. 이때 사용 객실을 확인하고 객실키 숫자를 확인하여야

합니다. 객실키를 확인하면서 체크아웃이 늦은 손님들을 파악하고 집합 시간에 늦지 않도록 알려줍니다.

- 아침에 모이는 시간은 체크아웃을 끝내고 모든 것이 완료된 후 모이는 시간을 의미합니다.
- 집합시간에 늦지 않도록 손님들의 체크아웃 상태를 계속 확인합니다.
- 버스는 출발 30분 전까지 호텔에 도착하도록 합니다.
- 호텔과는 좋은 관계를 유지하도록 합니다. 문제 발생 시 회사로 즉시 보고합니다.

❷ 점검

- 관광통역안내사는 손님들에게 본인의 여권을 확인시킵니다. 만약 가방 에 넣었으면 빼달라고 해서 반드시 확인하게 하도록 합니다.
- 면세점에서 구매한 수입 물품에 대한 상품교환권과 텍스프리(Tax Free) 상점에서 구매한 물품에 대한 세금환급 영수증은 여행용 가방 안에 넣 지 않도록 주의시킵니다.
- 손님들에게 호텔에 있는 저울을 이용하여 수화물의 중량을 확인하게 하 고 이상이 없으면 짐을 차에 싣도록 합니다. 이때 관광통역안내사는 손 님들이 짐을 안전하게 실을 수 있도록 도움을 줍니다.

❸ 출발

- 버스에 승차 후 최종적으로 인원, 분실물 등을 다시 점검하고 이상이 없으면 출발합니다.
- 버스에서 세금환급 영수증과 면세물품 영수증(교환권)을 확인해서 공항 도착 후 처리하여야 할 텍스프리 절차와 면세물품 인도 절차에 대하여 미리 준비하도록 합니다.

7) 공항환송

관광통역안내사는 호텔(또는 관광지)에서 출발하여 공항으로 가는 동안 차 안에서 출국수속에 필요한 사항을 설명하고 마지막으로 환송 인사를 합니다.

❶ 사전준비 사항

- 출국 항공편의 정상운항 여부를 확인합니다. 특히 기상이 좋지 않을 때 출국하는 비행기가 지연되거나 취소될 수 있습니다.
- 공항 가는 차 안에서 공항에 도착한 이후의 진행 상황에 대하여 설명을 합니다.
- 인천국제공항의 경우 항공기 출발 예정시간 2시간 반~3시간 반 전에 공항에 도착하도록 합니다. 성수기에는 돌발상황이 발생할 수 있으므로 여유 있게 3시간 반~4시간 전에 미리 도착하도록 합니다.

❷ 마지막까지 최선을 다해 서비스하고 따뜻한 환송 인사를 합니다.

모든 일정을 마치고 공항에 가서 출국 절차를 밟으면 모든 것이 마무리됩니다. 설사 수익이 별로 나지 않았던 단체였다거나, 행사 진행이 무척 어려웠고 힘들었던 단체였다고 하더라도 관광통역안내사가 손님들 앞에서 불만을 표시하거나 공항에 도착한 후 진행하여야 할 출국 절차에 관해서 설명하지 않으면 안 됩니다. 공항에 가는 버스 안에서 관광통역안내사는 가이드 업무에 대해 협조해주시고 지지해주신 손님들께 마지막까지 감사의 인사를 전하며 따뜻한 환송 인사를 합니다. 이를 통해 혹시 이번 여행에 대해 불만을 가졌던 손님들도 관광통역안내사의 따뜻한 환송 인사에 이내 그 불만을 누그러뜨릴 수 있습니다. 환송 인사의 내용 역시 관광통역안내사 스스로 연구하여야 할 부분입니다.

❸ 공항 도착 후의 업무(인천국제공항의 경우)

[출국 절차]

- 손님들을 일정한 장소에 모여 있도록 하고 먼저 텍스프리를 하려는 손님들을 데리고 텍스프리하는 장소로 이동합니다. 근무하는 직원에게 여권과 텍스프리 영수증을 주어 기기를 통해 스캔하도록 합니다. 이때 환급받는 금액이 영수증마다 75,000원을 넘지 않아야 합니다. 만약 75,000원을 초과하였다면 그 물품에 대해서는 지금이 아니라 출국 절차를 마무리한 후에 '세관신고창구'에서 세관에게 영수증과 텍스프리 물품을 보여줘야 합니다.

- 텍스프리 절차가 완료되면 관광통역안내사는 손님들의 여권을 모아 항공사 단체 수속 카운터에 가서 비행기표를 발행하는 티켓팅 절차를 밟습니다. 인솔자 포함 10명 이하는 단체로 인정해주지 않으므로 손님들이 직접 키오스크 기기를 이용해서 개인적으로 티켓팅을 하거나 개인 수속 카운터에 줄을 선 후 티켓팅을 할 수 있습니다. 만약 키오스크 기기를 이용할 경우 관광통역안내사가 도움을 주도록 합니다. 키오스크 기기를 이용한다면 개인 좌석을 본인이 고를 수 있다는 장점이 있습니다.

- 10명 이상의 단체로서 티켓팅을 마치면 손님들에게 여권과 항공권을 나눠주고 여권과 비행기표에 기재된 이름이 같은지 확인하도록 합니다. 손님들에게 "모두 항공권 보세요. 편명이 무엇인가요?", "출발시각이 어떻게 되나요?", "탑승 게이트는 어디인가요?"라고 물어본 후 손님들의 답변을 듣도록 합니다.

- 여권과 비행기표가 이상이 없으면 단체 수속 카운터에 일찍 온 단체 순서대로 줄을 선 후에 고객들의 수화물을 탁송합니다. 항공사마다 수화물 규정이 있으니 수화물에 대한 수량과 무게에 따른 규정을 파악하고 있어야 합니다. 수화물 안에 75,000원 이상의 세금환급 물품이 없으면 출국수속이 끝난 후 수속 카운터에서 탁송시킵니다. 수화물 안에 75,000원 이상의 세금환급 물품이 있으면 먼저 수화물의 무게를 측정하고 출국수속이 끝나면 수화물을 탁송시키지 않고 다시 내려놓은 후, 세금환급 영수증과 함께 수화물을 들고 수속 카운터에서 가까운 '세관신고창구'로 갑니다.

- 세관신고창구에서 수화물을 열어 75,000원 이상의 세금환급 물품과 텍스프리 영수증을 세관에게 보여주고, 이상이 없으면 세관은 영수증상에 확인 도장을 찍어줍니다. 수화물은 바로 옆 대형물건을 탁송하는 곳에서 탁송하면 됩니다.

- 세금환급은 출국장 안으로 들어간 다음 보안 검사를 통과한 후 제1터미널의 경우 27번 및 28번 게이트 근처의 세금환급창구에서 현금 또는 신용카드 등 여러 방식으로 세금을 환급받을 수 있습니다.

- 시내 면세점에서 수입 물품을 구매한 손님들은 보안 검사 통과 후 각 면세점의 인도장에서 수입 물품을 인도받을 수 있습니다. 면세점마다 항공편마다 수입 물품의 인도장 위치가 다릅니다. 이에 대해서 관광통역안내사는 미리 위치를 확인하도록 합니다.

- 모든 절차가 완료되면 손님들이 출국장 안으로 들어가기에 앞서 공항 내 지도 앞에서 현재 위치, 보안 검사 위치, 세금을 환급받는 장소, 면세물품을 인도받는 장소, 탑승 게이트 등 지도를 보고 위치를 설명해 줍니다.

- 끝으로 관광통역안내사는 개인별로 고마움을 전하며 마지막 손님이 출국장 안으로 들어갈 때까지 환송합니다.

❹ 수화물 및 휴대면세품 규정

- 수화물 규정은 각 항공사 기준에 따르기 때문에 귀국하는 항공편에 따른 용량 제한에 대해 설명합니다. 예를 들어 ○○항공의 경우 1인당 1개 23kg 이하의 수화물만 탁송 가능하며, 그 이상의 중량 및 수량에 대해서는 추가비용이 발생합니다.

- 수화물 안에 라이터를 넣으면 안 되지만 1인당 한 개씩은 몸에 지니고 보안 검사를 통과할 수 있습니다.

- 액체 종류는 수화물 가방에 넣어 탁송합니다. 만약 휴대하고자 할 경우, 모든 액체·젤류는 100㎖ 이하의 용기에 보관하여 1ℓ 규격의 투명 지퍼 비닐봉투 용기(크기 : 약 20cm×20cm) 안에 넣고 지퍼가 잠겨 있어야 합니다.

- 항공기 내에 반입할 수 있는 짐은 그 크기를 제한하고 있습니다. 항공사별 좌석 등급별로 기준이 다르므로 직접 항공사로 확인하여야 하며, 일반석에 적용되는 수화물의 크기와 무게는 개당 55×40×20(cm), 3면의 합 115(cm) 이하, 10~12kg까지입니다.

- 주류, 담배, 향수와 같은 면세품은 국가마다 기준이 다르므로 휴대 수량 및 무게 기준을 사전에 확인하도록 합니다.

- 흙이 묻어 있는 농산물이나 생고기, 소시지와 같은 육류는 탁송 또는 휴대할 수 없습니다. 그러나 일부 국가는 용량 제한 안에서 탁송 및 휴대할 수 있습니다.

❺ 단체 출국 후의 업무

- 손님들이 출국장을 통과하면 잠시 기다리도록 합니다. 출국장 안에서 보안 검사를 하는 중 소지품에 문제(◙ 액체화장품을 지니고 들어가는 경우)가 생겨 다시 출국장 밖으로 나오는 경우가 있습니다. 이런 일이 발생하면 도와줘야 하므로 출국장 안으로 입장한 후 약 20~30분 정도 기다린 후 이상이 없다고 판단되면 공항을 떠나도 됩니다.

- 단체 출국이 완료되면 공항을 떠나기 전 회사에 무사히 마쳤음을 보고 하고 다른 지시사항이 없는지 문의합니다.

- 많은 관광통역안내사들이 출국이 완료되면 그동안 힘들게 일을 했기 때문에 곧바로 집에 돌아와 쉬거나 친구 동료들을 만나 술을 한 잔 하는데, 진정한 관광통역안내사는 손님들이 세금을 옳게 환급 받았는지, 면세물품을 제대로 인도 받았는지를 비행기 탑승시간에 맞춰 인솔자에게 연락을 취해 확인하고, 손님들이 본국으로 도착할 때에 맞춰 이메일·문자·SNS 등 여러 방법을 통해 다시 한 번 고마움을 전달합니다. 이를 통해 손님들은 이번 여행에 대해 깊은 인상과 관광통역안내사에 대한 감동을 받고, 나아가 대한민국에 대한 이미지를 더욱 좋게 생각할 것입니다.

8) 정산 및 보고

관광통역안내사는 행사를 종료하면 가능한 24시간 이내에 회사로 출근하여 안내보고서 작성과 투어 진행 중 사용한 행사비에 대해 정산하여야 합니다. 정산업무란 행사가 종료된 후 경비정산서 및 안내보고서를 작성하여 제출하고 해당 단체를 회계상으로 마무리 짓는 업무를 말합니다. 특히 월초나 연초의 경우 회사는 월 단위로 정산하여야 하므로, 단체가 끝나면 늦지 않게 작성하도록 하여야 합니다. 성수기 때에는 치고받는(단체를 환송하고 난 후 바로 다른 단체를 연이어 받는 경우에 쓰이는 말) 경우가 종종 발생하는데, 이러다 보면 전 단체의 안내보고서를 작성하고 행사비를 정산할 때 기억이 나지 않을 수도 있습니다. 투어를 진행하면서 발생하는 영수증은 잘 보관하고 경비사용에 대해서는 일자별로 잘 기록해 두어야 합니다.

안내보고서를 작성할 때는 해당 단체의 파일을 회사로부터 받아 행사지시서의 내용과 대비하면서 작성하도록 합니다. 일반적인 정산서와 함께 투어기간 중의 상황을 소정의 양식에 따라 작성하며 숙박, 식사, 교통편, 쇼핑, 옵션 관광, 조건 변경사항, 관광통역안내사의 의견, 실제 행해졌던 일정, 고객의 불편·불만 사항 등에 대한 사항까지 상세히 작성합니다. 이는 회사에 정식으로 진행된 행사에 대한 모든 과정을 설명함과 동시에 다른 관광통역안내사들에게도 귀중한 정보로써 사용될 수 있기 때문입니다. 안내보고서는 작성 후 회사 내부 ERP 서버에 올릴 수 있으며 프린트하여 양식으로서 제출할 수도 있습니다. 이는 회사 상황에 따라 다릅니다.

행사비를 정산하기 위해서는 경비의 영수증을 지출 일자 또는 지출 항목별로(회사방침에 따름) 첨부하여 경리과에 제출하여야 하며, 경리과에서는 최종 정산심사를 하게 됩니다. 정산처리 완료 일자는 회사규정에 따르며, 정산 당일 완료되는 회사도 있고 며칠이 소요되는 회사도 있으며, 당월의 모든 정산을 다음 달 중에 일괄적으로 완료하는 회사도 있습니다. 행사 진행 시 사용하는 경비에 대하여 대부분 회사법인카드, 전도금, 후불의 지불방식을 이용한다면 관광통역안내사의 부담은 적을 것입니다. 그런데 관광통역안내사 본인이 우선 경비를 부담한 경우라면, 빠른 시일 내에 정산이 완료되는 것이 관광통역안내사 입장에서는 부담이 덜 할 것입니다.

4

관광통역안내사의 불안요소

관광산업, 특히 여행업은 국제 정세, 세계 경제 동향, 환율, 질병 및 자연재해, 국민소득 등의 변화에 매우 민감한 업종입니다. 외래 관광객이 한국에 들어와서 관광 활동을 일으키는 인바운드 업계와 내국인을 해외로 송출하는 아웃바운드 업계 입장에서 보면 이러한 민감한 요소에 대한 희비가 엇갈리기도 합니다. 때로는 완전히 상반된 입장이 되고, 때로는 완전히 같은 입장이 되기 때문입니다. 외래 관광객을 모시고 투어를 진행하는 관광통역안내사는 인바운드 업계에서 일하고 있는데, 관광통역안내사 관점에서 바라보는 여행업의 불안요소에 대해 아래와 같이 이야기하고자 합니다.

1) 국제 정세

남북이 분단된 우리나라는 한반도를 둘러싼 국제 정세가 여행업에 미치는 영향이 가장 큰 요소라 말할 수 있습니다. 특히 북한과의 정치적 문제로 인해 우리나라 관광산업은 직접적으로 큰 타격을 받고 있습니다. 그동안 북한은 연평해전, 연평도 포격 사건, NLL 침입, 핵실험, 한미군사훈련에 대한 반발 등 꾸준히 우리나라에 대해 도발을 해왔는데, 이럴 때마다 관광산업은 계속 위축되었습니다. 외국에서(특히 한국과 가까운 중국, 일본, 대만, 동남아) "한반도에서 전쟁이 곧 일어날 것 같은 분위기"라며 매스컴을 통해 한국으로의 여행을 자제시킨 적도 있었습니다. 실제로 몇 년 전 북에서 미사일 발사실험을 했을 때는 외국 매스컴에서 "한반도에서 전쟁이 곧 발발한다."라고 보도하는 바람에 우리나라를 방문하려는 관광객들이 급감하는 사례가 있었습니다.

일본과의 관계를 보면 2012년 당시 이명박 대통령이 독도를 방문하였는데, 이로 인해 일본은 정치적으로 반발을 하였고 일본에서 한참 동안 식을 줄 몰랐던 한류도 시들게 되었습니다. 우파의 주장이 거세지고 일부 매스컴에선 반한이 아닌 혐한으로 변하면서 일본인들의 한국에 대한 인식이 전보다 좋지 않게 되었습니다. 2019년 일본의 반도체 수출 규제로 인한 한 · 일 간 무역전쟁 역시 관광업을 크게 위축시키는 원인이 되었습니다. 한 · 일 양국이 이렇게 서로 긴장된 상황에서는 당연히 관광산업이 쇠퇴할 수밖에 없습니다.

문재인 정권이 들어서기 전부터 한반도에 사드를 배치하는 문제로 중국과의 갈등이 시작되었고, 결국 중국 정부는 실질적으로 중국 관광객들의 한국 방문을 금지해 버렸습니다. 이후 조금씩 풀리긴 했지만 한창 많은 중국 관광객들이 한국을 방문했던 수준에는 미치지 못하고 있습니다. 코로나가 끝나더라도 회복하려면 당분간 많은 시간이 필요해 보입니다. 이러한 국제 정세는 관광업계에 꾸준히 내포된 주요 불안요소입니다.

2) 환율의 변동

환율의 변동은 관광객의 해외여행 경비를 증감시키는 직 · 간접적 효과가 있으므로 인바운드 시장에 영향을 끼치는 중요한 요인이라 말할 수 있습니다. 실제 〈관광지식정보시스템〉의 '관광산업과 환율변동 보고서(2014. 05.

27)'의 조사결과를 보면 엔화 및 위안화는 각각 방한 일본인과 중국인 관광객에 대해 다소 탄력적이나, 달러화는 외래 관광객 수요에 비해 비탄력적인 것으로 보고되었습니다. 즉, 원화 대비 달러의 환율변동은 인바운드 시장에 미치는 영향력은 크지 않지만 원화 대비 엔화 및 위안화의 환율변동은 인바운드 시장에 큰 영향력을 끼친다는 것이지요.

예를 들어 원화 대비 엔화 및 위안화가 평가절상되었을 때(즉, 원화의 가치가 떨어졌을 때) 상대적으로 구매력이 높아진 일본인이나 중국인 관광객의 한국방문이 급증하게 됩니다. 인바운드 시장은 활발해지게 되고 외래 관광객의 지출은 증대되어 우리나라의 관광수지는 개선됩니다. 반대의 경우 엔화 및 위안화가 평가절상되었을 때(즉, 원화의 가치가 올랐을 때) 외래 관광객의 감소로 인해 인바운드 시장이 위축되고 외래 관광객의 지출은 줄어들어 결국 우리나라의 관광수지 역시 감소하게 됩니다. 이 시기에는 상대적으로 원화의 가치가 올랐기 때문에 많은 한국인들이 해외여행을 가게 됩니다. 아웃바운드 시장이 활발해지게 되는 것입니다.

약 10년 전 최고점을 찍고 여전히 회복되지 않는 엔저 현상으로 인해 일본 국민의 해외여행 자체가 위축되었습니다. 한국을 방문하는 일본인 관광객의 수는 크게 늘지 않고 있습니다. 일본어 관광통역안내사들 역시 엔저와 더불어 개별 여행객의 증가로 인해 일자리가 많이 줄어들게 되었습니다. 외래 관광객 수가 감소하면 관광산업과 인바운드 여행사의 활동은 위축되어 관광통역안내사에게 직접적으로 큰 타격을 주게 됩니다. 이러한 환율의 변동은 관광통역안내사의 업무를 불안정하게 만드는 주된 불안요소 중 하나입니다.

아래 그래프는 최근 10년간 엔화 및 위안화의 환율변화를 나타낸 그래프입니다. 엔화는 2010년을 고점으로 하락한 후 회복되지 못한 것을 볼 수 있고 위안화는 변동이 심하다는 것을 알 수 있습니다.

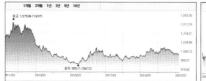

[10년간 엔화의 환율변동]

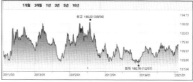

[10년간 위안화의 환율변동]

3) 질병 및 자연재해

질병과 자연재해 역시 관광산업을 위축하게 만드는 주된 불안요소 중 하나입니다. 우리나라뿐만 아니라 상대국에서 발생한 질병, 전 세계적인 바이러스, 자연재해 역시 여행업에 큰 타격을 줍니다. 사스·신종플루·조류인플루엔자·메르스와 같은 유행성 질병이나 코로나와 같은 전 세계에 유행하는 바이러스, 쓰나미·대지진과 같은 자연재해의 경우 그 위험성을 알기 때문에 많은 사람들이 신변안전에 위험이 있는 지역으로는 여행을 자제하는 경향이 있습니다.

과거 중국에서 발생한 사스로 인해 한국을 방문하는 중국 관광객의 수가 급감하게 되어 중국어 관광통역안내사들이 6~8개월 정도 쉰 적이 있습니다. 2015년 5월에는 우리나라에서 발생한 메르스로 인해 6월부터 한국을 방문하려는 많은 외래 관광객이 방문을 취소·연기하여 방한하는 관광객의 수가 대폭 줄어들었습니다. 이 기간에 대부분의 관광통역안내사가 일이 없어 쉴 수밖에 없었는데, 중국어 가이드는 대부분 2~3개월은 쉬었고 3~4개월이 지나서야 예년 수준으로 회복되었습니다. 영어권에서도 개별 여행객들 역시 많이 감소하여 영어 가이드들도 힘든 시기를 보냈습니다. 그리고 현재 코로나 판데믹 시대에서는 모든 여행업이 중단되는 현실을 맞이하게 되었습니다. 회복되려면 몇 년이 걸릴지 모르는 지금, 많은 관광통역안내사가 이 직업을 떠나 새로운 직업을 갖게 되었습니다. 아마 코로나가 끝나고 여행업이 회복되더라도 이 업계로 돌아오지 않을 관광통역안내사들이 많이 있을 것입니다.

또 다른 자연재해 중 하나인 대지진이나 쓰나미 같은 국가재앙이 발생하면 해당 국가는 비상사태에 들어가고, 인바운드나 아웃바운드의 모든 관광업계는 큰 타격을 받게 됩니다.

4) 계절적 요인

일반적으로 휴가 기간과 방학 기간에는 관광을 목적으로 하는 사람은 증가하고, 비즈니스를 목적으로 하는 사람은 감소합니다. 특히 6~8월 여름에 많은 외래 관광객들이 관광을 즐기기 위해 방한을 하기 때문에 이 시기는 관광통역안내사에게 매우 바쁜 시기입니다. 그러나 계절적으로 추운 겨울에는 관광을 위해 방한하는 외래 관광객의 수가 감소하는 것이 일반적인 현상입니다. 영어권의 경우 그래도 미주, 유럽, 아시아 등 다양한 국가·지역에서 관광 및 비즈니스 투어가 꾸준한 데 비해, 중국인들은 추운 겨울에 여행을 잘 가지 않으려는 경향이 있어 중국 단체는 줄어드는 경우가 대부분입니다. 이럴 경우 아무래도 회사에 오랫동안 공헌을 해온 선배 가이드에게 단체 배정이 우선시 되고, 신입 가이드에게는 적은 단체를 배정하는 것이 일반적인 관습입니다. 그래서 신입 관광통역안내사의 경우 힘든 겨울을 보낼 수도 있습니다. 눈을 보기 힘든 국가인 대만이나 동남아의 경우는 스키투어를 위해 한국을 방문하는 관광객들이 많이 증가합니다. 그래서 대만이나 동남아 단체를 진행하는 여행사의 관광통역안내사는 겨울에도 꾸준히 일할 수 있다는 이점이 있습니다.

5) 여행사의 재정적인 문제

여행상품의 특허권이 보장되지 않으므로, 한 회사에서 새로운 여행상품이 출시되는 즉시 타사에서 유사한 여행상품을 보다 저렴한 가격에 재출시하는 것이 일반적입니다. 그래서 여행사 간 가격경쟁이 심화되고 상상도 못한 초저가 상품이 나타나기도 합니다. 이럴 때 여행사의 재정 상태는 불안정하게 되지요. 단체를 이끌고 투어를 진행하면서 필요한 경비는 회사에서 부담하는 것이 가장 정상적이고 일반적인 형태입니다. 그러나 몇몇 여행사의 경우 투어에 필요한 경비를 관광통역안내사 본인의 사비로 먼저 지출하게 하고, 일정 기간이 지난 후에 정산해주기도 합니다. 몇 년 전 치열한 가격경쟁으로 인해 재정이 불안한 여행사가 이를 견디지 못해 도산한 경우가 발생한 적이 있습니다. 이로 인해 본인 사비로 경비를 지출했던 해당 여행사 소속의 관광통역안내사들이 금전적으로 큰 피해를 보게 되었습니다. 그래서 재정 상태가 불안정한 여행사에서의 근무는 관광통역안내사의 입장을 더욱 불안하게 만듭니다.

그밖에 테러, 항공기 추락, 인터넷의 발달로 인한 개별여행 증가, 정부의 가이드가 필요 없는 관광정책 수립 등도 관광통역안내사를 불안하게 만드는 불안요소 중 하나입니다.

5

관광통역안내사의 다양한 분야

관광통역안내사는 다양한 투어를 진행하고 있습니다. 한 가지 투어만을 전문적으로 취급하고 있는 분도 계시고 여러 종류의 투어를 진행하는 분도 계십니다. 아래는 관광통역안내사들이 취급하는 투어의 다양한 분야에 대하여 설명한 것으로 하나씩 알아보도록 하겠습니다.

1) 패키지 투어(Package Tour)

가장 일반적인 여행상품으로서 여행사와 협약된 일정에 따라 진행되는 투어를 말합니다. 여행사에서 항공권, 호텔, 식당, 쇼핑센터 및 관광코스를 선택해놓고 출발부터 도착까지의 모든 일정을 관리하는 형태의 여행상품입니다. 현재 중국어권, 동남아권 관광객들이 가장 많이 이용하고 있는 투어 형태입니다. 패키지 투어의 가장 큰 장점은 다양한 상품과 저렴한 가격입니다. 여행지역별·여행일자별·가격별로 다양한 상품이 있으므로 본인의 경제 사정과 관심 있는 항목에 따라 선택할 수 있고, 단체로 진행되기 때문에 호텔, 식사, 공연, 입장료 등에서 단체 할인을 받아 개별적으로 투어를 진행하는 '개별자유여행' 보다 비용이 적게 소요됩니다. 단점으로는 관광객의 개인 관심사와 관계 없이 정해놓은 일정에 따라 진행하는 가장 일차적인 여행상품이라는 점입니다. 많은 관광통역안내사가 취급하는 분야입니다.

2) FIT(Free Independent Tour/Travel)

'개별자유여행'을 말합니다. 패키지 상품처럼 여행사에서 설계한 여행 일정을 따르지 않고 본인의 관심사에 따라 여정을 만든 여행을 말합니다. 본인이 항공권 발권에서부터 현지 교통편, 숙소, 관광코스를 정하여 진행하는 여행입니다. 현재의 여행추세는 점차 패키지 투어에서 개별자유여행으로 변하고 있는 시기이며, 영어권은 이미 FIT가 패키지 투어보다 더 많은 비율을 차지하고 있습니다. 그 이유는 국민소득의 증가로 인해 해외여행이 잦아지면서 패키지 투어의 일정 · 쇼핑 · 식사 · 호텔 등에 불만족하여 자신의 관심에 따른 여행을 하고 싶어 하고, 관광지에 대한 정보를 쉽게 알아낼 수 있기 때문입니다. 그러나 완전한 개별자유여행은 스스로 모든 일정을 관리하여야 하고 언어적인 장벽도 있는 만큼 여행사에 의뢰해서 자신들만의 여행을 설계하는 경우가 많습니다.

우리나라를 방문하는 대부분의 FIT 관광객의 목적은 두 가지로 나뉘는데 첫째가 관광 및 쇼핑, 둘째가 비즈니스입니다. 중국어권은 관광 및 쇼핑 목적이 좀 더 많고 영어권은 비즈니스 목적이 많습니다. 관광객이 한국에 도착한 후 여행사에 FIT를 의뢰하였을 때 목적이 관광 및 쇼핑인 경우에는 관광통역안내사의 부담이 덜한 것에 비해, 비즈니스가 목적인 경우 관광통역안내사는 해당 비즈니스 아이템에 관한 전문용어 및 업무 절차를 이해하기 위해 상당히 공부를 많이 하여야 합니다. 또한 FIT는 여행 일정상 두 가지로 나뉠 수 있는데 첫째는 전 일정을 처음부터 마지막까지 며칠 동안 관광통역안내사와 함께 투어를 하는 경우이며, 둘째는 처음에는 비즈니스 목적으로 한국에 왔다가 여유시간이 생겨서 시내 관광 또는 별도의 개별여행을 하는 경우로 이때 여행사를 통해 관광통역안내사를 소개받고 여행을 진행합니다. 후자의 경우는 영어권에서 특히 많이 살펴볼 수 있습니다.

3) 크루즈 투어(Cruise Tour)

최신 설비가 구축된 대형유람선을 타고 다양한 국가와 도시로 이동하면서 요람을 하는 투어를 말합니다. 중국, 홍콩, 동남아에서 출발한 대형유람선이 우리나라에 자주 들어오는데 주로 아침에 입항해서 오후 늦게 출항을 하는 여행 형태입니다. 하루 몇 시간 동안 몇 군데의 관광지와 쇼핑센터를 방문하여 관광과 쇼핑을 즐기고 다시 대형유람선으로 돌아가 다음 목적지를 향해 출항합니다. 한 번에 많은 관광객(수백 명에서 많게는 몇 천 명에 이르기까지)이 동시에 하선하기 때문에 수십 대의 차량을 준비하고 수십 명의 관광통역안내사가 투입되는 규모가 어마어마하게 큰 여행입니다. 관광 수익이 매우 높은 여행으로 문화체육관광부 및 부산, 인천 등의 지자체에서 크루즈 투어를 유치하기 위해 매우 활발하게 활동하고 있습니다. 크루즈 선박은 주로 인천, 제주, 부산에 정박하는데 2012년 '여수세계박람회' 때는 임시적으로 여수항에 대형유람선이 들어오기도 하였습니다. 크루즈 투어만 전문적으로 취급하는 관광통역안내사들이 계십니다. 이들은 평소 패키지 투어나 시티투어를 수행하지 않는 관광통역안내사들이 대부분입니다. 크루즈 투어는 중국어권뿐만 아니라 영어권에도 있습니다.

4) 환승투어

인천공항에서는 우리나라를 경유하는 환승객들을 대상으로 환승투어를 진행하고 있습니다. 정부와 서울특별시, 인천광역시 그리고 인천공항공사에서는 우리나라의 우수한 문화를 세계에 널리 알리고 더욱 질 높은 서비스를 제공하고자 무료로 환승투어 프로그램을 진행하고 있는데, 영어권 국가 또는 영어로 소통이 가능한 관광객이라면 이 프로그램에 참여할 수 있습니다. 영어 관광통역안내사는 관광객들을 모시고 서울을 비롯한 수도권 일대의 관광지를 선정하여 투어를 진행하고 있습니다. 영어 외에 다른 언어권은 아직 환승투어가 없습니다.

5) 시티투어(City Tour)

손님이 선택해서 참가하는 원데이 투어(One-day Tour)라고도 합니다. 여행사에서 주관하는 보통 하루짜리 여행상품으로서 개별자유여행을 온 관광객이나 비즈니스로 왔다가 시간이 남는 관광객, 한국에 있는 외국인, 미군 등 다양한 외국인들을 대상으로 합니다. 일일 서울시내 투어, 일일 문화체험, 일일 역사투어, DMZ 투어, 피부관리 투어, 스키투어 등 매우 다양한 여행상품이 있으며 영어, 중국어, 일본어 등 여러 언어권의 관광통역안내사분들이 활동하고 계십니다.

6) MICE 투어(Meeting, Incentives, Convention, Exhibition Tour)

MICE는 회의(Meeting), 포상관광(Incentives), 컨벤션(Convention), 전시회(Exhibition)의 머리글자를 딴 용어로, 네 분야의 서비스 산업을 위한 여행을 말합니다. MICE 관련 방문객은 규모도 크고 1인당 소비도 일반 관광객보다 월등히 높아 관광 수익뿐 아니라 일자리 창출 효과도 매우 큽니다. 더불어 각국에서 사회적으로 왕성하게 활동하는 계층이기에 도시 홍보·마케팅 유발 효과가 커 최근 세계 주요 도시들은 MICE 산업 육성을 불황 극복의 열쇠로 삼고 있습니다. 여행사 입장에서는 수익이 높은 투어이며, 경력이 오래된 관광통역안내사분들이 많이 활동하고 계십니다.

6

관광통역안내사는 만능 엔터테이너

흔히들 "관광통역안내사는 만능 엔터테이너(Entertainer)가 되어야 한다."라고 말을 합니다. '엔터테이너'의 사전적 의미는 '오락 등으로 사람을 즐겁게 해주는 사람'으로 연예인을 가리킵니다. 만능 엔터테이너란 연기, 노래, 춤, 사회 등 여러 방면에서 최고라는 뜻이지요. 관광통역안내사 역시 만능 엔터테이너로서 관광객들에게 즐겁고 기억에 남을만한 여행으로 만들기 위해 최선을 다하여야 합니다. 관광객들에게 즐거움과 기쁨을 주고 감동까지 주도록 노력한다면 관광객들로부터 깊은 신뢰감을 얻을 수 있을 것입니다. 그럼 관광통역안내사의 역할에 대하여 알아보도록 하겠습니다. 크게 5가지로 나누어 친구의 역할, 리더의 역할, 중개자의 역할, 해설가의 역할, 카운슬러의 역할로 구분하였습니다.

1) 친구(Friend)의 역할

관광객과 오래전부터 친했던 친구처럼 다정다감하게 관광객을 대하는 역할입니다. 관광객들의 마음을 헤아리고 그들의 입장에서도 생각하며, 일정 내내 친구처럼 서로 의지하여 즐겁고 재미있게 보냄으로써 관광객들은 친구 같은 편안함과 공감을 얻을 수 있습니다.

2) 리더(Leader)의 역할

관광객들을 이끌면서 투어가 일정에 맞게 잘 진행되도록 통솔하는 역할입니다. 투어 진행 중에 어떠한 문제가 발생하였을 때 손님들이 불안해 하지 않도록 해결할 수 있는 능력이 있어야 하며, 투어가 올바르게 진행되도록 방향을 설정하여야 합니다. 관광객들의 안전과 편의도모에 대한 책임이 뒤따르기 때문에 단체를 통솔하기 위한 통제력이 필요합니다. 이를 통해 관광객들로부터 강한 믿음과 신뢰를 얻을 수 있습니다.

3) 중개자(Agent)의 역할

관광객들에게 관광지 관람 및 관광 편의시설을 이용하고 체험할 수 있도록 연결해 주며, 한국 고유의 문화를 직접 경험할 수 있게 해주는 역할입니다. 외국 관광객들이 관광할 때 느끼는 문화적 차이와 생소한 분야를 극복하고 한국의 관광문화자원을 잘 이해할 수 있도록 함으로써 관광객들은 여행의 참 맛을 얻을 수 있습니다. 또한 물건을 구매하거나 어떤 활동을 하려 할 때 객관적인 입장에서 조언도 해주고 정보를 알려주기도 합니다.

4) 해설가(Commentator)의 역할

해당 분야의 다양한 지식을 바탕으로 관광객들에게 우리의 문화와 역사를 올바르게 설명하고 우리의 관광문화자원을 알기 쉽게 해설해 주는 역할입니다. 한국문화의 전달자이자 대한민국의 홍보대사로서 그들의 눈높이에 맞춰 감흥을 느끼게끔 해설한다면 관광객들은 한국의 아름다움에 푹 빠질 것입니다.

5) 카운슬러(Counselor)의 역할

관광객들의 심리를 파악해서 그들에게 조언을 해주며 관광객들에게 여행에서 오는 기쁨과 감동을 더해주는 역할입니다. 투어 진행 중에 외국 관광객들의 고민을 들어주고 스스로 해결할 수 있도록 조언해 줌으로써 관광객들의 마음을 움직여 감동을 줄 수 있습니다.

필자가 가끔 관광통역안내사의 역할을 생각해 볼 때면 현재 대한민국 방송계에서 잘 나가고 있는 유명 방송인들이 떠오릅니다. 국민 MC라 불리는 유재석, 프로그램에 열정적인 강호동, 깔끔한 진행의 김성주, 차갑지만 냉철한 김구라 등···. 이들은 각자 본인만의 장점과 특색을 가지고 있기 때문에 방송가에서 계속 찾고 있습니다.

우리 관광통역안내사도 마찬가지로 본인만의 장점과 특색을 지니고 있어야 합니다. 꼭 위에서 언급한 방송인들과 같은 장점과 특색이 아니어도 됩니다. 몇 명의 장점을 섞어놓은 특색도 경쟁력이 될 수 있겠지요. 저의 경우 손님들 사진을 잘 찍어주는데 인물의 배치, 구도 및 각도, 적절한 연출과 더불어 사진을 보정하거나 어플을 사용해서 재미있게 편집해서 손님들에게 드리면 대단히 기뻐하며 만족해 합니다. 손님들 앞에서 간단한 마술공연을 한다거나 악기를 연주한다거나 하는 것도 엔터테이너로서 하나의 자질이 되겠지요?

나만의 장점을 분석한 후 어떻게 적용할까 연구한다면 훌륭한 만능 엔터테이너가 될 수 있을 것이라는 기대를 해봅니다.

7

대장인 듯 대장 아닌 대장 같은 너~

    단체를 이끌고 행사를 진행하는 관광통역안내사들은 쉽게 말해 여객선을 몰고 바다로 항해하는 여객선의 선장과도 같은 존재라 볼 수 있습니다. 여객선이 망망대해에서 순항하려면 어떻게 해야 할까요? 여객선 안에는 선장의 지시를 받아 움직이는 선원들이 존재합니다. 선장의 지시에 따라 승무원을 지휘·감독하고 항해할 때 모든 일을 주관하는 항해사, 선장이나 항해사의 조타 명령에 따라 키를 조작하는 조타수, 갑판부원의 지휘자로 항해사의 지시 하에 갑판·하역·계선 작업 등 실제적인 업무를 담당하는 갑판장 등.

    항해 경로 등 전반적인 항해에 대한 선장의 판단과 중간역할로서 갑판장의 역할, 실제 배를 움직이는 각 부문 선원들의 행동들이 서로 융화를 이룰 때에만 여객선은 순항할 것입니다. 만약에 선장의 지시가 각 선원에게 잘 전달되지 않으면 여객선은 그 방향을 잃고 우왕좌왕할 것입니다. 하나가 되려는 공통된 마음이 되기 위해서는 '나의 배'라는 운명공동체의 마음을 가져야 할 것입니다.

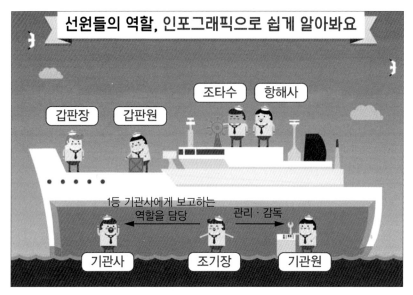

[여객선이 순항하기 위한 선원들의 역할(출처 : 한국해양수산연수원)]

　단체를 받아 투어를 진행하는 관광통역안내사들에게도 투어 일정에 따라 같이 협조해야 하는 인원들이 필요합니다. 관광통역안내사들은 매번 차량 기사님, 인솔자(T/C ; Tour Conductor, 내국인 단체의 외국 여행을 인솔하면서 현지 가이드와 협조하여 여행이 원활히 진행될 수 있도록 지원하는 사람), 사진사(상황에 따라 포함) 등과 동행하며 투어를 진행하는데, 그들과 어떤 관계를 유지하느냐에 따라 투어 진행의 성공 여부가 결정된다고 말할 수 있습니다.

　차량 기사님과 빰을 치고받으며 싸운 관광통역안내사 이야기, 단체를 이끌고 온 인솔자와 한바탕해서 상대 여행사로부터 클레임을 당한 이야기 등은 주위에서 흔히 듣곤 합니다. 특히 고객을 송출해준 여행사의 인솔자는 여행업의 구조면에서 볼 때 상대국 '갑'여행사에서 한국의 '을'여행사로 고객들을 보냈기 때문에 인솔자는 '갑'여행사의 대표로서 한국에 온 것입니다. 때로는 그들의 '갑'질로 인해 그들과 관광통역안내사들 간에 마찰이 일어나는 일도 있습니다. 이 여행업계에서는 우리는 그들 인솔자를 '대장'이라고 부릅니다. 투어를 진행하다 보면 다양한 대장을 만나게 되는데 좋은 대장을 만나는 것도 정말 행운이라고 말할 수 있습니다. 좋은 대장을 만나면 투어를 진행하는 내내 편하고 경제적인 수익도 좋은 반면, 본인과 맞지 않는 대장을 만나면 투어가 끝날 때까지 매일이 짜증입니다. 더군다나 경제적인 손해까지 입고 때로는 그들에게 클레임까지 당한다면 심리적 멘붕이 오는 것은 물론이거니와 심지어는 이 가이드업계에 대한 회의까지 들기도 합니다.

아래의 구분은 여태까지 제가 같이 투어를 진행해봤던 대장들과 주위 관광통역안내사들이 경험한 대장들을 최고에서 최악에 이르기까지 5단계로 구분하여 그들의 특징에 관해 이야기해 놓은 것입니다. 관광통역안내사마다 약간의 의견 차이는 있을 수 있으므로 그냥 재미삼아 웃으면서 보시길 바랍니다.

💬 1등급★★★★★

최고의 대장입니다. 그러나 때론 성깔 있는 대장일 수도 있습니다. 손님들의 개인정보에 대해 한국에 오기 전에 미리 알아보고, 투어를 진행하는 동안 손님들과도 매우 친해지려고 하며 경제적인 관념이 매우 뛰어납니다. 즉, 힘들게 단체를 이끌고 한국에 왔으니 손님들에게 열심히 서비스하되 가능한 많이 얻을 수 있을 만큼의 수익을 얻고자 하는 마인드를 가진 대장입니다. 실제 한국에 오는 도중 비행기나 배 안에서 투어 일정 중 포함된 옵션(선택 관광)에 대하여 모두 참가하게 하고 그 비용까지 미리 받아오는 일도 있습니다. 행사를 진행하는 관광통역안내사와 성격이 잘 맞으면 투어를 진행하는 내내 매우 편안하고 많은 수입도 기대할 수 있습니다. 이러한 대장을 만나게 될 때 관광통역안내사가 대장 역시 나의 고객인 것처럼 신경 써서 잘 대해

준다면 높은 수익뿐만 아니라 많은 정보도 얻을 수 있고, 자신에 대한 평판도 좋다고 그 '갑'여행사에 소문이 날 것입니다.

[⋯ 2등급★★★★]

괜찮은 대장입니다. 열심히 고객에게 서비스하려 하고 관광통역안내사의 입장도 많이 생각해줍니다. 나이 어린 대장일 경우 형, 누나 하면서 관광통역안내사를 많이 따르기도 합니다. 이런 대장과 많은 이야기를 하다 보면 다른 관광통역안내사의 기술적인 멘트에 대한 정보를 얻을 수도 있습니다. 투어를 진행하는 관광통역안내사의 멘트나 서비스가 부족하다고 판단되면 이를 조언해주거나 보완해주는 역할을 하며, 손님들에 대해서도 긍정적인 마인드를 가지고 서비스를 합니다. 다만 성격적으로 여리고 착해서 손님들에게 쇼핑 압박하기를 부담스러워하기 때문에 초보 관광통역안내사의 경우, 열심히 서비스하였음에도 본인의 수입과 연계되지 않는 경우도 있습니다.

[⋯ 3등급★★★]

"가만있으면 중간이라도 간다."라는 말을 실감하게 됩니다. 정말 움직이기를 싫어하고 가만히 있습니다. 어떤 대장은 관광지에 도착했어도 차에서 내리려고도 하지 않고 관광통역안내사가 알아서 혼자 단체를 이끌고 갔다 왔으면 합니다. 주로 한국을 많이 와봤던 경력 있는 대장들이 많은데, 버스 안에서 관광통역안내사가 무슨 멘트를 하든 일정 순서를 바꾸든 전혀 관심이 없고 본인의 SNS나 스마트폰 게임에 빠져 있습니다. 웬만하면 관광통역안내사가 하자는 데로 따르기는 합니다. 사실 이런 대장은 크게 문제가 되지 않습니다. 관광통역안내사가 능력껏 잘 다루기만 하면 됩니다. 밥이나 커피 한 잔 사주면서 최대한 손님들에 대한 정보를 얻어내서 이를 활용하면 됩니다.

정말 짜증이 나는 대장입니다. 성격이 까칠하거나 개인주의 성향인 대장들이 많습니다. 투어를 진행할 때마다 관광통역안내사와 서로 의견조율이 안 되는 경우가 많습니다. 돌발상황이 일어나서 일정 순서를 바꾸거나 쇼핑을 할 때도 자주 트집을 잡아 걸고넘어집니다. 자신의 말이 우선이고 행사를 진행하는 관광통역안내사의 말은 무시해버리는 경우도 있습니다. 이러다 보니 관광통역안내사를 도와주려는 조력자가 아닌 상전을 하나 더 모신 것 같은 느낌입니다. 이런 대장은 경력이 많은 관광통역안내사와 같이 투어를 진행한다면 나름의 경험으로 잘 대처할 수 있겠지만 초보 관광통역안내사의 경우에는 상당한 곤란을 겪을 수밖에 없습니다. 대장과 관계회복이 되지 못하면 대장이 귀국 후 클레임을 걸어 회사로부터 주의를 받을 수도 있습니다.

최악의 대장입니다. 고객을 위한 서비스 정신은 당연히 전혀 없고, 중국여행사와 한국여행사 모두의 입장은 전혀 생각하지 않고 자신의 이익만을 생각하는 대장입니다. 더군다나 성격까지 까칠하고 더럽습니다. 한 가지 예를 들면 손님들과 일정에 있는 쇼핑센터에 들어갔는데, 손님들이 약속이나 한 듯이 거의 사지 않고 대장 눈치만 슬슬 보는 경우가 있었습니다. 이는 대장이 한국에 오기 전 미리 손님들에게 작업(?)을 다 해놓은 경우입니다. 손님들에게는 쇼핑센터에서 물건을 사지 말게 해놓고 본인의 개인 루트를 통해 알게 된 유통업체 등에서 물건을 받아 관광통역안내사 몰래 고객에게 판매했던 경우이지요. 그 물건이라는 것도 유통기한이 지났거나 짝퉁일 가능성이 큽니다. 다른 예를 들면 쇼핑센터에 들어가기 전에 관광통역안내사에게 돈을 요구하기도 합니다. 요구를 들어주지 않으면 쇼핑 방해를 한다거나, 관광통역안내사의 부족했던 행동을 꼬투리 잡아 귀국 후 클레임을 걸기도 합니다. 매우 악질이지요. 사실 이런 경우라면 방법이 없습니다. 관광통역안내사 본인 혼자서 통제하기 어렵다면 회사에 연락해서 어떻게 처리하여야 할지 회답을 받을 수밖에 없습니다. 그냥 이런 대장이 안 걸리길 바랄 뿐입니다.

8

짜릿했던 나의 첫 견습 이야기

"찌익~찌익~~ 찌익~찌익~~"

휴대폰 진동이 우렁차게 울린다. 서둘러 휴대폰 화면을 보니 1주일 전 면접을 보고 합격한 여행사 전화번호가 보인다. 긴장된 마음을 달래려고 크게 숨 한번 들이켜고 전화를 받는다.

"네, 여보세요?"

"XXX씨, 여기 △△여행사인데요. 내일모레부터 견습 시작입니다. 시간되시죠?"

"아~ 네, 안녕하세요? 물론 시간 됩니다."

"그럼 짐 챙겨서 내일모레 오후 ○○시까지 인천공항으로 가세요. 제주도 가는 일정이에요. 가이드 이름은 □□□이고요, 휴대폰 번호는 문자로 보내드릴 테니 연락해보세요."

"네, 알겠습니다. 감사합니다."

여행사 면접 합격 후 '조만간 견습을 하겠구나.'라고 예상은 하였지만, 막상 견습을 하라고 연락을 받으니 긴장되기 시작한다. 몇 분 후 여행사로부터 받은 문자에 적혀있는 선배 가이드님의 휴대전화로 전화를 건다.

"여보세요?"

"네, 안녕하세요? 내일모레 실습을 하게 될 XXX라고 합니다."

"네, 안녕하세요?"

"내일모레 오후 ○○시까지 인천공항으로 가면 되나요?"

"네, 그래요. D번 게이트에 오셔서 연락주세요. 제주도 가니 짐 잘 챙겨 오시고요."

"네, 감사합니다. 잘 부탁드립니다."

드디어 관광통역안내사의 길에 접어들었다. 몇 번의 견습을 거치면 나 스스로가 관광통역안내사가 되어 단독으로 패키지 단체를 할 수 있다고 생각하니, 이번 견습에 최대한 많은 것을 얻어내리라 다짐하며 짐을 꾸리기 시작한다.

견습이란 중국어권에서는 '건퇀(跟团)'이라 부르고 영어권이나 일본어권에서는 주로 '첨승'이라 부릅니다. 견습은 행사 일정 내내 선배 관광통역안내사와 함께 하면서 선배 관광통역안내사가 어떻게 손님들에게 서비스하는지, 어떠한 멘트를 하는지, 관광지간의 이동시간은 얼마나 되는지, 관광지에서 화장실은 어디에 있는지, 관광지에서의 동선은 어떻게 되는지, 식당과 호텔에서는 어떤 서비스를 하는지 등 아침부터 시작해서 일과를 마치고 저녁에 호텔로 들어갈 때까지 선배 관광통역안내사의 일거수일투족을 파악해서 나의 노하우로 만들 좋은 기회입니다. 이 견습의 횟수는 여행사마다 다르고 비수기나 성수기에 따라 다른데, 보통 1달에서 3달 동안에 짧게는 최소 2~3번에서 최대 10번 정도 하는 게 일반적입니다. 하지만 일부 여행사는 기초부터 충실히 가르치기 위해 약 6개월 동안 15회 이상의 견습을 시키는 경우도 있다고 합니다. 영어권에서는 프리랜서 관광통역안내사로 일을 시작할 때 여행사를 통한 첨승의 기회가 적기 때문에 아는 지인의 버스에 동승하여 견습을 시행하는 경우가 많이 있습니다.

견습은 후배의 입장에서 볼 때 여러 선배들의 장점을 얻을 좋은 기회이지만 선배의 입장에서 볼 때는 그동안 본인이 노력해서 얻은 자신만의 노하우를 후배들에게 알려주는 것이므로, 선배 관광통역안내사 입장에서는 당연히 상당히 껄끄럽고 가르쳐주기 싫은 마음이 드는 것은 사실입니다. 본인이 열심히 노력해서 만든 유익한 멘트를 아무 거리낌 없이 받아 적거나, 본인이 재미있게 만든 빵빵 터지는 유머나 이야기를 후배 관광통역안내사들에게 빼앗긴다고 생각하여 후배 가이드들에게 까칠하게 대했다는 말을 들으면 선배 관광통역안내사들의 입장도 충분히 이해가 될 만합니다.

인천공항 D 카운터에 도착한 나는 한눈에 선배 가이드를 알아보았다.

"안녕하세요? 오늘부터 견습을 하게 될 ×××라고 합니다. 잘 부탁드립니다."
"네, 안녕하세요? 한국분이세요?"
"네."
"중국어는 잘 하시고요?"
"중국에서 겨우 1년 조금 넘게 공부했습니다. 잘은 못하고요."
"아이가 있나요?"
"네, 딸아이 하나 있습니다."
"그럼 열심히 돈 버셔야겠네요?"
"네, 그럼요. 잘 부탁드립니다."
선배 가이드와 몇 마디 이야기를 주고받으면서 그녀가 나와 비슷한 연령대이며 상당히 오랫동안 관광통역안내사 업무를 해온 경력 있는 중국교포 여자 가이드인 것을 알 수 있었다.

사실 견습을 하기 전에 많은 걱정이 있었던 건 사실이다. 주위에 떠도는 이야기라든지 동료들에게서 들은 이야기를 하자면, 까칠한 선배 가이드를 만나면 행사를 진행하는 버스 안에서 선배 가이드가 중요한 멘트를 하려고 할 때 본인의 멘트를 못 듣게 하려고 후배 가이드에게 이어폰을 귀에 꽂고 음악을 들으라고 시킨다거나, 관광지나 쇼핑센터에 도착해서는 버스에서 먼저 내리라고 하고 버스 안에서 손님들에게 10여 분 이상의 멘트를 한다거나, 관광지에 도착해서는 멀리 뒤에서 따라오라고 시키거나, 심지어는 여러 이유를 대고 더 이상 같이 행사를 진행하지 못하도록 쫓아내는 일도 있다고 들었었다. 그러나 몇 마디 나눈 결과 나의 첫 선배 가이드는 마음이 상냥한 분이라는 것과 이 단체를 통해 내가 배울 게 많이 있을 것이라는 걸 느끼게 되었다.

얼마 후 D 게이트를 통해 나온 40명 정도의 관광객들을 이끌고 우리 단체는 김포공항을 통해 제주도로 날아갔다. 관광통역안내사가 되기 전 개인적으로 여러 번 제주도에 갔었지만, 그때와는 또 다른 느낌이었다. 이튿째부터 본격적인 일정이 시작되었다. 살랑살랑 부는 봄바람을 맞으며 제주도 내 여러 관광지를 다녔다. 선배 가이드는 여러 관광지에 대한 풍부한 지식을 바탕으로 설명하였고, 관광지 사이사이를 이동할 때마다 손님들이 지루하지 않게 한국의 사회와 문화 등에 대해 재미있게 이야기하였다. 조용하던 손님들도 점차 반응을 보이더니 선배 가이드와 손님들이 서로 재미있는 말을 주고받고 버스 안의 분위기가 힘껏 무르익어 다들 한마디씩 하느라 떠들썩해졌다. 역시 베테랑 가이드다운 모습이었다.

3일째 되는 날 다시 비행기를 타고 서울에 올라온 우리 단체는 본격적으로 서울 관광에 나섰고 4일째는 제3땅굴을 가게 되었는데, 이때 나는 놀라운 경험을 하게 되었다. 서울에서 제3땅굴을 가는 한 시간 이상의 시간을 선배 가이드가 한국전쟁의 배경부터 시작해서 우리나라가 어떻게 지금까지 성장했는지에 대해 쉬지 않고 계속 설명하는 것이었다. 솔직히 그동안 중국교포 가이드는 중국어는 유창해도 한국의 역사와 문화는 잘 모를 것이라고 생각했었는데 이번 일로 인해 그 생각이 완전히 깨지게 되었다. 솔직히 이 주제를 가지고 한국말로 한 시간 동안 설명하는 것도 어려운데 중국어로 한 시간 이상이라? 나에겐 상당히 큰 충격이었고 부끄럽기까지 하였다. '내가 단체를 이끌고 땅굴을 가는 한 시간 동안 과연 설명을 잘 해낼 수 있을까?'라는 걱정이 들기 시작했다. 여하튼 4박 5일이라는 나의 첫 견습은 무사히 끝났지만 나에게 많은 어려운 숙제를 안겨준 견습이 되었다.

관광통역안내사로서 패키지 전문 여행사에 취직하면 대부분 견습을 받게 됩니다. 여행사마다 약간씩 다르겠지만 일반적으로 견습 가이드가 견습을 받을 때 주의해야 할 몇 가지 사항에 대해서 필자가 느낀 바를 설명하고자 합니다.

1) 견습을 받을 때는 '투명인간'이 되어라.

이는 투명인간처럼 본인 스스로가 없는 듯 행동하라는 것입니다. 선배 가이드가 단체를 이끌고 행사를 진행할 때는 절대 방해가 되는 행동을 해서는 안 됩니다. 손님들과 이야기를 해서도 안 되고, 손님이 뭘 물어봐도 "전 잘 모르니 앞에 계신 가이드님에게 여쭤보세요."라고 대답하여야 합니다. 만약 선배 가이드가 손님들에게 했던 말과 다른 말을 손님들에게 전하게 되면 손님들이 선배 가이드에 대한 믿음과 신뢰가 깨지기 때문입니다. 이런 상황이 되면 행사를 진행하기가 매우 힘들어 집니다. 또한 궁금한 점이 있다면 되도록 행사를 진행할 때에는 문의하지 말고 같이 식사할 때나 하루 일정을 마치고 호텔에 돌아간 후에 문의하는 것이 좋습니다. 그리고 가능한 선배 가이드를 도와주지 말아야 합니다. 선배 가이드 입장에서는 본인이 힘들게 안내한다는 것을 손님들에게 몸소 보여줘야 하는데, 견습 가이드가 도와줘 버리면 그 노력이 반감되기 때문입니다. 따라서 견습 가이드는 옆에서 선배 가이드가 손님들에게 안내하는 것만 지켜보다가, 만약 선배 가이드가 도움을 요구한다면 그때 도와주면 됩니다.

2) 선배 가이드끼리 비교하지 말라.

견습을 여러 번 하다 보면 여러 선배 가이드들의 장·단점에 대해 느끼게 됩니다. 이때 견습 가이드는 선배 가이드들의 장점들을 흡수해서 본인 것으로 만들면 됩니다. 선배 가이드들의 단점이라고 생각되는 부분에 대해서는 잊어버리고, 다른 곳에 가서 선배 가이드들의 단점에 대해서 말할 필요가 없습니다. 단 한 번의 견습으로 쉽게 선배 가이드들의 능력을 판단하려 하는데, 견습을 받을 당시 선배 가이드의 몸 상태가 안 좋았을 수도 있고, 견습 가이드가 같이 다녀 이를 의식하여 멘트를 평소보다 덜 했을 수도 있고, 하필 진행했던 단체가 까다로운 단체여서 행사 진행이 만족스럽지 못했을 수도 있습니다. 그러므로 겉에 보이는 상황만으로 선배 가이드들을 판단해서는 절대 안 됩니다. 실제 있었던 일로 모 여행사에서 신입 가이드에게 견습 기회를 줬는데, 4박 5일의 견습이 끝난 후 여행사 사무실에 왔을 때 담당자가 "이번 견습 어땠습니까?"라고 묻자 "글쎄요, 선배 가이드님이 중국어를 별로 잘하지 못했고 손님 반응도 별로여서 특별히 배울 게 없었습니다."라고 대답했다는 것입니다. 이에 담당자가 다소 격양된 목소리로 "그 가이드님은 회사에서 인정한 가이드예요. 본인이 배울 게 없었다는 것은 본인이 배우려고 한 의지가 없었던 것이겠죠."라고 꾸짖었다고 합니다. 이 견습 가이드는 그 뒤론 어떻게 되었는지 물어보지 않더라도 뻔한 일입니다.

3) 선배 가이드의 쇼핑 멘트만을 알려고 하지 말라.

견습 가이드들이 가장 잘하지 못하는 부분입니다. 선배 가이드들이 손님들에게 하는 멘트, 특히 쇼핑 멘트에만 관심을 가질 뿐, 선배 가이드들이 손님들께 어떻게 서비스를 해서 손님들로부터 믿음과 신뢰를 얻게 되었는지는 알려고 하는 이가 적습니다. 선배 가이드가 했던 좋은 멘트를 본인이 한다고 해서 그만큼의 효과를 얻는다는 보장이 없습니다. 그 멘트는 성별에 따라, 가이드 경험에 따라, 상황에 따라 받아들이는 손님 입장에서 느끼는 것이 다를 수 있기 때문입니다. 지나치게 멘트만을 알려고 하다가 다른 큰 것을 알아내지 못하는 '소탐대실'하는 어리석은 행동은 피하도록 합니다.

4) 선배 가이드들에게 항상 고마워하라.

견습은 여행사에서 시킨 것이긴 하지만 선배 가이드로선 견습 가이드와 같이 다니는 것에 대해 껄끄럽게 생각하는 분들이 많이 계십니다. 회사에서 인정받고 경력이 오래된 선배 가이드인 경우는 본인이 동의하지 않으면 회사에서도 함부로 견습 가이드를 붙이지 않는 일도 있습니다. 그러므로 견습의 기회를 얻었을 때는 선배 가이드에게 고마움을 표시하고 행사 진행에 방해가 되지 않도록 특별히 주의하여야 합니다. 때때로 고마움의 표시로 편의점에서 음료수 한 병 정도 사드리는 것도 인맥 형성에 좋은 방법입니다. 모든 견습이 끝나고 본인 스스로 단체를 진행하다 보면 정말 예상치 못한 일이 발생하기 마련인데, 이때 본인에게 견습을 허락해 주었던 선배 가이드들과 관계가 좋다면 쉽게 도움을 얻을 수 있을 것입니다. 또한 관광통역안내사 업계도 넓지 않아서, 설사 나중에 여행사를 옮긴다 해도 투어 행사를 진행하다 보면 관광지에서 자주 선배 가이드들을 만나게 됩니다. 그러므로 견습을 허락해 주신 선배 가이드에게 항상 고마운 마음을 가져야 하고 좋은 관계를 유지할 수 있도록 하여야 합니다.

5) 내 지식이 되도록 메모하고 관광지 사진 촬영은 필수다.

아무리 머리가 좋아도 며칠이 지나면 잊어버리기 마련입니다. 더군다나 긴장된 상태에서의 기억은 오래가지 않을 수 있습니다. 견습을 받을 때는 먼저 선배 가이드님의 동의를 받고 열심히 메모하도록 합니다. 단, 녹음은 절대 안 됩니다. 관광지 내의 동선은 어떻게 되는지, 화장실은 어디 있는지, 시간은 얼마나 주었는지, 이전 관광지에서 다음 관광지까지 얼마나 걸리는지, 선배 가이드의 멘트는 어떤 내용이었는지, 어떻게 손님들에게 서비스하는지 등 꼼꼼히 기록해 두어야 다음에 본인이 투어 행사를 진행할 때 당황하지 않게 될 것입니다.

6) 차 안에서 졸거나 나태한 모습을 보이지 말라.

  태도의 문제입니다. 실제 선배 가이드는 차 안에서 손님께 멘트도 하고 재미있는 이야기도 하며 먼 여정을 지루하게 느끼지 않게 노력하는데, 옆에 앉은 견습 가이드가 메모도 하지 않고 졸고 있으면 그리 좋게 보이지 않습니다. 견습을 받을 때는 나태한 모습을 나타내지 말고 적극적으로 견습을 받는다는 이미지를 확실히 보일 필요가 있습니다. 선배 가이드가 본인을 평가해 여행사에 말을 할 수도 있기 때문입니다.

9

투어 에피소드

관광통역안내사라면 누구나 올챙이 시절이 있고, 잘 몰라서 허둥대던 일도 많이 있었을 것입니다. 이 장에선 가이드들의 좌충우돌 첫 단체 또는 견습 (첨승) 후기와 중국어에서 영어로 전환한 가이드님의 단체 후기를 한번 알아 보도록 하겠습니다. 아래 에피소드는 모두 네이버카페 "관광통역안내사 교류센터"에 올라와 있는 내용을 다시 정리한 것으로, 지금은 모두 경력이 많아진 관광통역안내사로 성장하신 분들의 글들입니다.

· 사례 1 · 중국어 가이드 ~ 첫 대만단체 투어

안녕하세요. 신입 중국어 가이드 ○○○입니다. 대만여행사에 들어온 지 약 2개월 동안 연습경기(견습) 및 벤치만 달구다가 드디어 직접 단체를 진행해 보았습니다. 사실 생각보다 늦게 하게 되어서 이 기다림의 시간이 힘들었고, 한편으로는 이 기간에 더 열심히 준비를 하지 못한 것을 반성하게 되었습니다. 이 기간 동안 견습은 다섯 번 하였으며, 여행사로부터 오랫동안 연락이 오지 않아서 잠깐 아르바이트도 하고 평소 좋아하던 취미활동과 친구를 만나는 것도 자제하며 계속 멘트를 준비했었습니다. 그러다 회사에서 "내일 단체 할 수 있겠냐?"라고 연락이 왔습니다. 단체라는 말에 기뻤지만, 내일이란 말에 살짝 망설여졌습니다. 하지만 언제 다시 올지 모르는 기회이니 바로 하겠다고 하고 오후에 일정표 및 명단을 받으러 갔습니다. 일정표를 받고 나니 직접 단체를 진행한다는 것이 확실히 실감이 났습니다.

견습 경험을 바탕으로 스케줄을 다시 조정하였고, 에버랜드를 제외하곤 모두 서울 일정이어서 큰 어려움 없이 짰습니다. 하지만 선배님께 확인받은 결과 일요일에 북촌한옥마을이 골목길 쉬는 날로 지정되어 아마 관광을 못 할 것이라는 말을 듣게 되었습니다. (실제로 다시 알아보니 북촌 주민들 생활을 위해 평일 저녁 5시 이후 및 일요일은 골목길 쉬는 날로 관광을 금지한다고 되어 있었습니다. 다만 강제성은 없으며, 방문하는 관광객들도 소음 부분에서 더 주의하는 것 같았습니다.) 그래서 일정을 다 수정·정리하고 기사님께 인사 및 일정에 관해서 얘기를 나눈 후 모든 준비를 다 하고나서 손님들을 맞이하기 위해 공항으로 갔습니다.

설레는 마음도 있었으나 긴장보다는 잘해내고 싶은 마음이 너무 컸습니다. 제 첫 손님들을 모신 비행기가 도착해서 출구 앞에서 여행사 표시판을 들고 있었는데, 옆에 다른 회사 가이드님들과 같이 서 있는 것만으로도 너무나 좋았고 기대가 되었습니다. 드디어 저의 첫 손님들이 대장과 함께 나왔고 간단한 인사 후 차량으로 이동하였습니다. 첫 느낌과 인상이 너무 좋았고 차량으로 이동하여 탑승 후 드디어 출발하였습니다.

저녁 비행기라 다른 일정이 없어 곧바로 호텔로 향하였습니다. 호텔도 인천이라 20분 정도의 거리였지만 첫인상, 첫인폼이 중요하다는 것을 알고 있어 이 짧은 시간 동안에 확실히 좋은 인상을 주고 싶었고 정말 열심히 준비하였습니다. 안전벨트를 착용하게 한 후 제 소개를 하고, "안녕하세요?"라는 한국 인사도 알려주며 매끄럽게 진행하였습니다. 그러던 중 너무 당황스러웠던 일이 일어났습니다. 프로처럼 보이고 싶어서인지 몸에는 너무 힘이 들어갔고 준비한 대로만 이야기하려고 하다 보니 제 멘트(이렇게 만난 것도 인연이다, 인연을 소중하게 생각하자 등)에 손님들의 반응도 살짝 '아니구나~'라는 것을 느꼈습니다. 갑자기 땀이 엄청나게 쏟아졌는데 정신을 차리고 책에서 나오는 멘트나 오글거릴 수 있는 멘트들은 다 빼고 자연스럽게 꼭 필요한 말들만 전달하며 진행하였습니다. 정말 짧은 시간인 20분이지만 준비한 멘트들을 모두 빼고 나니 호텔에 도착도 하기 전에 멘트가 다 끝나버렸고, 결국 대장이 나머지를 보충해 주었습니다. 그렇게 호텔에 도착한 후 방카드를 나눠주고 손님들을 보내고 나서 대장이 제가 땀을 엄청나게 흘린 것을 보고 괜찮은지 물어보더군요. 정말 첫인상만큼은 초짜 티를 안 내고 싶었으나 숨길 수가 없었습니다. 이런 식으로 하면 안 되겠다는 것을 많이 느꼈습니다. 준비한 대로 이야기하였다가 예상치 못한 손님들의 무반응에 제가 너무 당황해버린 겁니다. 그래서 최대한 자연스럽고 손님들 반응에도 즉각 대처할 수 있게끔 키워드씩으로만 다시 정리해서 준비하였습니다.

그리고 둘째 날, 인천에서 서울로 들어가는 약 한 시간 정도 인품을 하였습니다. 어젯밤에 못한 기사님 소개, 오늘의 일정 및 주의사항, 한국 화폐 및 환율 물가 등을 이야기하였습니다. 힘을 빼고 편하게 하니 멘트가 확실히 자연스러워졌고, 중국어가 부족한 부분은 미리 양해를 구하고 나니 압박감이 조금 없어져 자신감 있게 진행할 수 있었습니다. 그래도 인품 중 막히는 부분이 있었지만 다행히 대장이 옆에서 많이 도와주었습니다. 손님들은 대만 까오슝에서 오신 분들인데 정말 친근했고 까탈스러운 손님도 없어 별다른 사건사고 없이 순조롭게 4박 5일을 잘 마쳤습니다. 저는 아무래도 인품면에서 많이 부족하기에 손님들과 최대한 같이 호흡하면서 친해지려고 노력하였고, 에버랜드에서도 어플을 활용하여 손님들과 같이 놀이기구를 이용하며 많이 가까워졌습니다. 그리고 이것저것 설명에 필요한 물건들을 준비해서 최대한 성의 있게 보이려고 하였고, 분위기를 띄우기 위해 노래도 불렀습니다. 사실상 제가 준비한 것들을 이번 투어 동안 모두 보여주어서 뿌듯하였으며 아쉬움은 남지 않았습니다. 다만 멘트 부분에서 아직 부족함이 많아 공부를 정말 더 많이 하여야 할 것 같습니다.

견습 5번보다 확실히 직접 한번 해보는 것이 정말 도움이 많이 되었습니다. 이번 첫 단체로 인해 느낀 것은 가이드로서 언어와 해설이 뛰어나면 당연히 쇼핑도 잘 나오고 전문성에서도 확실히 플러스겠지만, 단체를 이끄는 것에 있어서는 손님들과의 교감 및 공감, 기본적인 판단력, 편안하고 안정감 있는 진행이 훨씬 더 중요하다는 것이었습니다. 그래서 지금 당장 멘트가 부족하다고 기죽기보다는 차근차근 준비하며 자신이 잘할 수 있는 것들에 집중하여 계속 연구하고 노력하여야 할 것 같습니다.

단체를 준비하시는 모든 가이드님들 좋은 부분들 많이 생각하며 힘내시고, 항상 많은 도움을 주시는 카페 단톡방 선배님들께 감사드립니다.

· 사례 2 · 중국어 가이드 ~ 첫 원데이 투어 견습

안녕하세요? 2018년 관광통역안내사(중국어) 자격증을 취득한 신입 가이드입니다.

저는 카페운영자 선배님이 소개해주신 MICE 투어를 시작으로 운이 좋게 일일 투어를 하는 여행사에 들어갈 수 있었습니다. 일일 투어도 여러 관광지를 가지만 제가 견습한 관광지는 가평·춘천지역으로 기본적으로 이곳을 많이 가는 것 같습니다. 일일 투어에 참가하신 손님들은 여러 나라(대만, 싱가포르, 말레이시아 등)에서 오셨습니다. 이번 일일 투어는 쇼핑은 없는, 정말 투어만 하는 스케줄이라서 크게 부담은 없다는 걸 알 수 있었습니다.

먼저 투어 시작은 오전 8시부터여서 가이드님은 7시 40분까지 손님과 만나는 장소(명동)에 와서 미리 준비를 하셨습니다. 저 역시 견습 가이드로서 참가하기에 늦지 않게 명동에 갔습니다. 그리고 손님들이 오시면 이름을 한 분 한 분 확인하고 손님들이 다 오셔서 출발하였습니다.

관광버스가 출발하자 차 안에서 가이드님이 간단히 오늘의 스케줄을 알려주고 관광지에 대한 간략한 내용과 주의사항(시간 준수, 버스 내 식음 금지, 안전벨트 등)을 이야기해 주었습니다. 손님들이 이른 아침이라 그런지 피곤하다고 느껴 가이드님이 멘트를 길게 하지 않았습니다. 도착까지 남은 10분 정도 안에 곧 도착할 장소인 남이섬을 소개하고 몇 시까지 어느 장소로 와야 하는지를 설명해주었으며, 남이섬에서는 손님들에게 3시간의 자유시간을 주었습니다. 저와 가이드님은 남이섬에 있는 카페에서 커피를 한잔하였는데, 가이드 자격증이 있으면 무료로 주는 곳이었습니다. 그곳에서 잠시 대기하다가 점심시간에 저희와 같이 점심을 먹을 손님들과 만나서 춘천의 명물 닭갈비를 먹고 집합시간이 되어 다들 모인 것을 확인한 후 다음 장소로 이동하였습니다.

두 번째로 간 곳은 레일파크(김유정역)였습니다. 이곳도 도착하기 10분 전쯤 가이드님께서 간략한 소개 및 집합장소와 주의사항 등을 설명해주셨습니다. 도착해서 바로 티켓을 구매하고 손님들한테 레일바이크 타는 곳에서 내기하라고 한 다음, 손님들에게 다시 한 번 주의사항(안전거리, 브레이크 확인, 소지품 주의)을 얘기해주면서 손님들 사진도 찍어주니 바로 출발하더군요. 그다음 가이드들은 버스로 레일바이크가 끝나는 다음 역(강촌역)으로 이동한 후 손님들이 오실 때까지 대기하였습니다. 손님들이 오시는 데 한 시간 정도 걸린 거 같네요(레일바이크로 40분, 쉬다가 기차로 20분). 그 후 다음 장소로 이동하였습니다.

마지막 장소는 쁘띠프랑스로, 이곳도 도착 10분 전 소개, 집합시간, 사진 찍기 좋은 곳을 말씀하셨고, 자유시간 1시간을 주었습니다. 가이드님과 저는 근처에서 쉬다가 한 시간 후에 집합한 다음 모든 일정을 마치고 명동으로 돌아왔습니다. 돌아오는 시간이 1시간 반에서 2시간 정도 걸린 것 같습니다. 처음이라 그런지 역시 준비를 많이 해야 한다는 것을 느낀 하루였습니다. 또한 자기관리 역시 준비를 잘해야 하며, 날씨가 점점 더워지다 보니 체력도 매우 중요하다는 걸 느꼈습니다.

저의 후기가 원데이 투어를 이해하는데 조금이라도 도움이 되었으면 좋겠네요!

모두 화이팅! 감사합니다!

· 사례 3 · 영어 가이드 ~ 필리핀 단체 후기

요즘 아주 바쁘시죠? 벚꽃도 떨어지고 있고 이제 조금 있으면 여름이 올 텐데, 저는 요즘 필리핀 단체를 많이 하고 있습니다. 여름 비수기를 한번 겪어봤었는데 올해는 어떻게 지내야 하나 생각 중입니다.

필리핀 단체를 해보니 손님들 성격이 낙천적이라 조금만 농담해도 많이 좋아해 주시니까 가이드로서 참 편하다고 생각합니다. 달리 말하면 손님들을 재밌게 해주기 위해 열심히 노력한다면 아주 행복한 여행을 선물할 수 있을 것입니다.

물론 버스 안에서 서서 말하는 것이 아주 위험하기는 하지만, 이동하는 내 내 손님들이 제 이야기에 귀 기울이고 박장대소하며, 고개를 끄덕거리고 즐겁게 구경하는 그런 모습을 상상하면 시간이 날 때마다 멘트를 연구하게 됩니다. 사실 아직 경력이 오래되지 않아 여느 베테랑 가이드처럼 일반적인 문화와 역사 정보를 전달할 때 은근슬쩍 쇼핑과 연결하는 노하우나, 아니면 쇼핑에 관한 것을 직접 전달할 때 부담이 가지 않게 하는 노하우는 전혀 모르겠습니다. 제가 해보지 않아서 그런 멘트가 저와 맞지 않는 옷이라 생각하는 것인지, 아니면 정말 저와 맞지 않는 옷이라 생각하여 배울 기회가 많았음에도 그냥 놓쳐버린 것인지는 아직도 잘 모르겠습니다.

아무튼, 이동하는 내내 무언가를 계속 얘기해주어 여러 가지를 느끼게 해 줘야겠다는 생각에 할 수 있는 멘트의 주제를 나열해봤습니다. 그것들을 어떤 식으로 풀어갈 것인지 스토리라인을 짜보고 핵심표현들은 영어로도 찾아봤고요. 제가 무엇을 이야기하여야 할지 생각이 안 날 때는 버스를 타기 전에 스토리 주제리스트를 다시 확인해보고 차에 오릅니다. 아직 완벽하진 않고 문법도 많이 손봐야 하지만, 최근 몇 단체들은 정말 거의 앉지도 않고 서서 멘트만 했던 것 같습니다.

어떤 이야기들은 손님들이 상당히 흥미로워하지만, 어떤 이야기는 그리 재미없는지 식사 후 시간과 맞물리면서 손님들이 많이 주무시곤 합니다. 하지만 몇 분은 눈을 동그랗게 뜨고 들으시기도 하고, 몇 분은 눈을 떴다 감았다 하십니다. 그럼 전 제 멘트를 자장가에 비유하며 여러분 모두가 잠들 때까지 이야기하겠다고 하면 웃음소리에 또 몇 명이 잠에서 깨어나십니다.

최근에는 호랑이 이야기를 개발하였습니다. 우리나라 지도를 호랑이에 비유하거나, 산이 많아서 호랑이가 많았던 사실 등. 그래서 올림픽 마스코트를 호랑이로 뽑았다는 이야기도 하였습니다. 우리나라에서는 오래된 옛날이야기를 할 때 영어로 "once upon a time"이라고 시작하지 않고 "호랑이 담배 피우던 시절"로 시작한다고 말해주고, 호랑이와 관련된 전래동화가 많은데 그 중에서도 '호랑이와 곶감' 이야기를 들려주면 손님들 모두 좋아하시더군요.

요즘은 차에서 조금도 쉬지 않고 멘트를 계속하니 손님들이 귀국할 때 공항에서 "가이드 이야기가 너무 재미있어서 정말 고맙다."라고 말들을 해주니, 이것이 진짜 내가 가이드가 되고자 했던 이유 중의 하나였던 것이 아니냐고 생각하며 속으로 혼자 웁니다. 행복해서요.

최근에 한 선배님으로부터 단체 후기를 들었습니다. 한 가족이었고, 누가 들어도 쇼핑이 꽝 나와도 이상하지 않을 단체에서 100%를 나오게 하셨다는 군요. 앞으로 회사에 도움이 되게 쇼핑과 관련된 노하우도 배워야 할 것 같습니다.

이제 가이드를 한지 겨우 3년이 넘었네요. 10년, 20년 하신 선배 가이드님들이 그동안 단체를 수행하면서 겪었던 일들을 제가 아직 다 겪어보진 않았지만, 관광통역안내사라는 이 직업에 대해 행복감을 느끼고 있습니다. 여러 가지 도움을 주시고 응원해주신 저희 카페 내의 선배님들, 동기님들께 감사할 따름입니다.

· 사례 4 · 영어 가이드 ~ 시티투어 첫 행사

안녕하세요. 프렌들리입니다. 다들 잘 지내시지요?

2019년 1월 20일은 제가 가이드로서 첫발을 내디딘 날입니다. 그래서 저에게는 매우 특별한 날이기도 합니다. 코이카 초청으로 오신 아프가니스탄 손님 5분을 모시고 경복궁–이태원–N서울타워–용산아이파크몰 일정으로 서울 시내 투어를 진행하였습니다.

경복궁 설명 스크립트를 준비하면서 스트레스를 많이 받았어요. 내용은 많은데 제가 다 흡수를 못 하니 결국은 아주 기본적인 부분만 남기고 다 빼버리게 되더라고요. 경복궁은 앞으로 가이드로서 일할 때 자주 방문해야 하는 주요 관광지이므로 앞으로 더 잘할 수 있도록 많은 노력을 기울여야겠습니다.

아프가니스탄 분들이라 이태원에 있는 인도식당(할랄식당)을 이용했는데, 별 이상 없이 다들 잘 드셨습니다. 주문할 때는 예산에 맞게 주문하였고 필요 없는 것들은 하지 않았습니다. 만약 예산이 초과된다면 행정 담당자들이 곤란해지기 때문에 명료하게 해주어야 할 것 같습니다.

용산은 원래 일정에 없었는데 이분들이 중고폰, 컴퓨터 주변기기, 가전, 게임 관련 아이템들을 사고 싶어 하셔서 용산에 있는 아이파크몰로 모시고 갔습니다. 한국 디지털기기가 인기가 많더라고요. 예전에 보조배터리를 많이 산 외국인 연수생이 공항에서 탑승이 안 돼 버리고 간 사례가 있다고 들은 적 있었습니다.

어찌 어찌해서 일정이 다 끝나긴 했네요. 전날 이분들이 부산 일정이 있어서 마치고 서울로 올라오시는 바람에 많이 피곤해하시는 분들은 버스에서 쉬시라고 하였고, 추울까 봐 목도리와 귀마개, 핫팩을 준비해서 나눠드렸습니다. 반응 정말 좋았습니다.

비록 하루짜리 시내 투어였지만 이번 투어를 준비하면서 느낀 것이 여러 가지가 있는데,

→ 첫째, 가이드의 몸 관리가 중요하다고 느꼈습니다. 저는 투어 전날 신경을 많이 써서 그런지 체했습니다. 다행히 투어 당일은 몸이 좋아졌지만, 체력을 많이 필요로 하는 일이라 평소 몸 관리가 매우 중요하다는 것을 알았습니다.

→ 둘째, 가이드의 표정 관리가 매우 중요하다고 느꼈습니다. 투어는 즐거워야 하므로 가이드는 항상 미소를 지어야 한다고 생각합니다.

→ 셋째, 손님의 질문에 성의껏 대답하여야 한다고 생각하였습니다. 당장 대답하기 어려운 것들은 인터넷 검색을 통해서 나중에라도 꼭 알려드렸습니다.

처음이라 부족한 점이 아주 많았지만 정성을 다해서 진행하였습니다. 그래서 손님들도 저를 좋게 봐주신 것 같습니다. 다행이에요. 끝으로 저의 투어 준비에 많은 도움을 주신 카페 영어운영자이신 나눔드림님께 감사드립니다.

제2부 실무 After

제4장

관광통역안내사 업무
속속 파헤쳐 보기

1 중국어 관광통역안내사

1) 합격자 동향

❶ 필기시험 및 면접시험

구 분	필 기				면 접			
	대상(명)	응시(명)	합격(명)	합격률(%)	대상(명)	응시(명)	합격(명)	합격률(%)
2015년 특별	6,590	5,962	1,444	24.2%	2,135	1,996	1,048	52.5%
2015년 정기	6,213	5,540	1,271	22.9%	2,150	1,917	915	47.7%
2016년 특별	5,145	4,521	612	13.5%	1,267	1,143	588	51.4%
2016년 정기	4,862	4,246	1,444	34.0%	1,859	1,672	830	49.6%
2017년	2,808	2,386	1,001	42.0%	1,711	1,477	739	50.0%
2018년	1,499	1,273	442	34.7%	882	719	416	57.9%
2019년	1,330	1,117	551	49.3%	727	613	335	54.6%
2020년	841	724	452	62.4%	677	563	343	60.9%

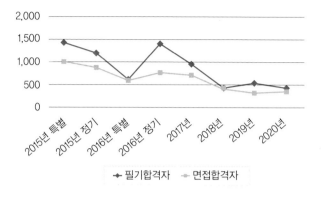

[최근 6년간 필기 및 면접시험 현황]

　2016년까지는 자격시험이 1년에 두 차례(특별, 정기) 있었는데 2017년부터는 연 1회로 줄어들었습니다. 중국어 관광통역안내사 최종합격자는 2014년 2천여 명 이상을 배출하며 최고점을 찍은 후로 점점 응시자 수와 합격자 수가 줄어들고 있습니다. 특히 2017년을 기준으로 한·중 사드배치 문제로 인해 중국단체 관광객들이 한국에 오지 못해 많은 중국 전담여행사가 문을 닫게 되었고, 그로 인해 중국단체를 진행했던 많은 현직 관광통역안내사가 이 업계를 떠났거나 일부는 대만 전문여행사로 옮겨가게 되었습니다. 많은 시험 준비생들이 과거 수입이 좋았던 중국어 관광통역안내사라는 직업에 흥미를 잃어버리게 됨으로써 시험에 응시하는 사람이 점점 줄어들게 되었다고 판단됩니다. 한·중 사드배치로 인한 중국 관광객 급감 문제가 해결되지 않는다면 중국어 자격시험에 응시하려는 사람들이 계속 줄어들게 될 것이라고 예상됩니다.

❷ 중국어권 관광객 현황

구 분	2014년	2015년	2016년	2017년	2018년	2019년
총 입국자	13,908,927	12,961,458	16,965,284	13,066,901	15,095,806	17,880,503
중 국	6,126,865	5,984,170	8,067,722	4,169,353	4,789,512	5,283,167
대 만	643,683	518,190	833,465	925,616	1,115,333	1,290,683
홍 콩	558,377	523,427	650,676	658,031	683,818	685,569
점유율	52.7%	54.2%	56.3%	44.0%	43.6%	40.6%

(자료 : 통계청, 단위 : 명)

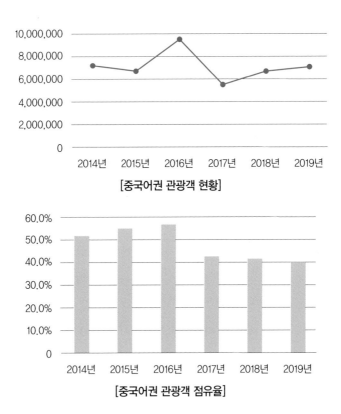

[중국어권 관광객 현황]

[중국어권 관광객 점유율]

우리나라를 방문하는 외래 관광객들이 2012년 최초로 천만 명을 돌파하는 데 가장 큰 기여를 한 관광객이 바로 중국 관광객입니다. 중국어권 관광객의 경우 2010년부터 2019년까지의 통계청 자료를 보면 중국, 홍콩, 대만 이들 세 국가·지역의 점유율이 전체 외래 관광객의 30%에서부터 2016년 56% 수준까지 증가하다가, 2017년부터는 한·중 사드배치 문제로 인해 중국 관광객이 줄어듦에 따라 전체 중국어권 관광객의 점유율도 줄어들게 되었습니다. 중국어권 관광객으로는 중국, 대만, 홍콩, 마카오, 말레이시아, 싱가포르 등이 있는데 홍콩과 마카오는 실제 중국어가 아닌 광동어를 사용하는 단체가 많이 들어오고, 말레이시아 및 싱가포르, 화교 단체는 중국어를 사용하며, 무슬림 단체는 주로 영어를 사용합니다. 대만 관광객은 꾸준히 증가하고 있으며 2018년 연간 백만 명을 넘어섰습니다.

2) 중국어 관광통역안내사의 구성

관광통역안내사의 구성에 대한 구체적인 통계자료가 없으므로 정확한 비율을 알 수 없으나, 제 주위에 계시는 중국어 관광통역안내사들의 구성 비율을 보자면 중국교포 70~75%, 화교 15%, 한국인 10~15%, 기타 1~2%로 파악됩니다. 그러나 앞으로는 한국인의 비율이 좀 더 높아질 것으로 예상됩니다. 점차 수입이 줄어들면서 경력이 많은 중국교포 가이드들이 이 업계를 떠났고, 젊은 신입 화교 가이드도 점점 줄어들고 있기 때문입니다.

남성과 여성의 비율로 볼 때 4 : 6 이상으로 여성 관광통역안내사들이 더 많은 비중을 차지하고 있습니다. 특히 한국인 관광통역안내사의 경우 여성이 훨씬 더 많습니다. 그 이유는 관광통역안내사라는 직업이 대부분 퇴직금 및 4대 보험이 적용되지 않는 불안정한 직업이기에 20~30대 한국인 남성의 경우 외국어를 잘하면 다른 직업을 가지려고 하지 가이드라는 직업을 선택하지 않으려고 하기 때문입니다.

연령대를 보면 20~50대까지 다양하며, 그중 30~40대분들이 가장 많습니다. 최근 우리나라 경제가 좋지 않자 직장을 그만두고 새로운 직업을 가지고자 40대 중후반에서 50대에 이르는 많은 한국인이 관광통역안내사에 도전하였기 때문입니다. 대부분 중국에서 오랫동안 사업을 하셨거나, 주재원 생활을 오래 하신 분들입니다.

중국교포나 화교의 경우 자격증을 취득하면 바로 관광통역안내사로서 일하는 경우가 많이 있습니다만, 한국인의 경우 자격증을 취득하더라도 이 직업으로 일을 하는 경우는 채 50%가 되지 못하는 것으로 판단됩니다. 그 이유는 자격증을 취업을 위한 스펙 쌓기로 취득했거나, 이 직업에 발을 들여놨다가 본인이 생각했던 것보다 어렵다는 것을 알고 그만두는 경우가 많기 때문이지요.

3) 무자격 가이드 이야기

무자격 가이드(관광통역안내사)란 2009년 9월부터 의무화된 관광통역안내사 자격증을 취득하지 않고 활동하는 자들을 말합니다. 몇 년 전 뉴스나 신문을 보면 이들 '무자격 가이드'는 하루 1번꼴로 적발되고 있으며, 지나친 쇼핑 강요와 더불어 우리 문화와 역사를 왜곡해 안내하는 등의 문제를 일으키고 있다고 합니다. 현재 관광진흥법에 따라 무자격 가이드를 채용한 여행사는 시정명령, 사업정지, 등록취소 등의 행정처분을 받습니다. 그러나 무자격 가이드에 대한 형사처분을 규정한 조항이 없는 데다 현장에서 일일이 자격 소지 여부를 확인하기가 현실적으로 어렵다는 지적도 나오고 있습니다. 무자격 가이드에 대한 문제가 계속 발생하자 2015년 들어서는 각 행정시와 자치경찰단, 관광협회 공동으로 합동단속반을 운영하여 공항, 항만, 주요 관광지에서 무자격 가이드에 대한 단속을 대폭 강화하여 실시한 적이 있습니다. 이러한 활동은 이후에도 계속해서 진행됐지만, 여전히 무자격 가이드 문제는 남아있습니다. 최근 제주도에서는 한·중 사드 문제로 인해 관광객들이 줄었다가 점차 회복세를 보이는 것에 맞춰 이에 편승한 관광 사범들이 우후죽순 늘어났습니다. 위챗을 통해 관광객을 모집했던 무자격 가이드를 불법 유상운송 위반 행위로 적발하기도 하였습니다.

현재 활동을 하는 중국어 관광통역안내사 중에서 무자격자는 점차 줄어들고 있습니다. 7~8년 전만 해도 가이드 단체카톡방에서 '무자격 가이드'란 말은 거의 금지어였습니다. 많은 수의 가이드가 무자격자였기에, 누군가 무자격 가이드에 대해 언급을 하면 집중포화를 당할 지경이었습니다. 그러나 단속이 심해지면서 활동을 하던 무자격 가이드 중 일부는 여행업계를 떠났고, 일부는 자격증을 취득하기도 하였습니다. 그럼에도 불구하고 아직도 무자격 가이드는 사라지지 않고 있습니다.

특히 현지 나라에서 관광객을 직접 한국으로 데려온 후 자격증이 있는 한국의 정식 가이드 없이 본인이 직접 투어를 진행하는 가이드를 '쓰루가이드'라 부르는데, 이들은 여전히 왕성한 활동을 하고 있습니다. 쓰루가이드는 현행법상 불법일 뿐만 아니라, 우리나라 역사를 왜곡하여 관광객들에게 소개하고 저질쇼핑을 유도함으로써 대한민국의 위상을 저하하고 있습니다. 특히 중국어권에는 대만의 쓰루가이드가 쇼핑이 잘 나온다고 해서 자격증을 갖춘 가이드를 쓰지 않고 쓰루가이드를 이용하는 여행사들이 아직도 버젓이 영업하고 있습니다. 그밖에 현재 활동하고 있는 태국어, 베트남어 관광통역안내사 중 상당수는 무자격 가이드입니다. 태국어는 자격증 취득자가 많음에도, 베트남어 가이드는 자격증 취득자가 많지 않아서 무자격 가이드를 사용하고 있는데 이들의 역사 왜곡 문제도 심각합니다.

지금은 코로나로 인해 모든 여행업이 완전히 정지된 상태이지만, 코로나가 풀리고 자유롭게 해외여행을 하는 시기가 되면 분명 많은 외국 관광객이 한국을 찾게 될 것입니다. 그 시기가 오면 열심히 노력해서 자격증을 취득한 정식 관광통역안내사들이 마음 편히 일하였으면 합니다. 그땐 무자격 가이드에 대한 대대적인 단속과 그들을 채용하는 여행사들에 대한 강력한 행정적인 처벌이 반드시 있어야 할 것입니다.

4) 중국 및 대만 단체의 특징

📷 중국

◆ **공식명칭** : 중화인민 공화국, People's Republic of China
◆ **국기** : '오성홍기(五星紅旗)'라는 이름으로 불리는데, 1949년 9월 30일에 중국인민정치협상회의 제1차 전체회의에서 채택됨. 큰 별은 중국 공산당을 뜻하고 네 개의 작은 별은 노동자 · 농민 · 소자산 계급 · 민족 자산 계급을 나타내며, 빨간색은 공산주의와 혁명, 노란색은 광명을 뜻함
◆ **위치** : 아시아 대륙 동부와 태평양 서안에 위치(남북 위도차 약 49도, 동서 경도차 약 62도)
◆ **면적** : 9,600,108㎢(세계 4위, 한반도의 약 44배, 2017년 국토교통부 FAO 기준)
◆ **인구** : 14억 4천4백만 명(세계 1위, 2021년 통계청 KOSIS 기준)
◆ **수도** : 베이징(Beijing)
◆ **정체** : 인민민주독재의 사회주의 국가, 실질적 공산당 일당독재

- ◆**언어** : 중국어(표준어 보통화), 광동어
- ◆**5대 종교** : 불교(2세기경), 도교(2세기경), 천주교, 이슬람교(7세기경), 기독교(19세기경) 등
- ◆**인종** : 한족 92%, 55개 소수민족 8%
- ◆**시차** : 한국보다 1시간 느림
- ◆**전압** : 220V, 50Hz, 우리나라와 플러그 모양이 다름
- ◆**GDP** : 14조 3,429억 달러(세계 2위, 2019년 통계청 KOSIS 기준)
- ◆**1인당 GDP** : 10,261 달러(세계 59위, 2019년 통계청 KOSIS 기준)
- ◆**수출** : 2조 4,979억 달러(2019년 IMF 기준)
- ◆**수입** : 2조 685억 달러(2019년 IMF 기준)
- ◆**경제성장률** : 6.14%(2019년)

◆**예 절**

- 원형 테이블에 앉아 식사할 때 출입문과 가장 가까운 쪽이 말석이고 그 맞은편(가장 안쪽 중앙)이 상석입니다.
- 술잔을 돌리는 문화는 없으며 한 잔 권하고자 할 때는 상대방 술잔에 첨잔하여 드립니다.
- 기본은 개인 앞접시에 덜어 먹고 공용젓가락으로 음식을 덜도록 합니다.
- 밥을 먹을 때에는 밥그릇을 들고 젓가락만으로 식사합니다.
- 음식은 조금 남기는 게 좋은데, 이는 배불리 먹었다는 의사표시입니다.
- 선물로 시계와 배(과일)는 피하도록 합니다.

◆**음 식**

중국은 넓은 지역만큼이나 특산물이 다양하고 문화적 전통 또한 달라서 지역별로 독특한 음식 문화를 꽃피웠습니다. 특히 재료의 선택이 광범위하고 자유로우며, 맛이 풍부하고 다양하여 조리법 또한 매우 많다는 것이 가장 큰 특징입니다. 음식을 불에 볶을 때는 센 불로 최단 시간에 볶아 영

양 파괴를 줄이고, 음식의 수분과 기름기가 분리되는 것을 방지하기 위해 녹말을 많이 사용하며, 조미료와 향신료의 종류가 많고 요리 자체가 풍요롭고 외양이 화려합니다. 대표적인 4대 요리로는 북경요리, 상해요리, 광동요리, 사천요리가 있습니다.

📷 대만

- ◆**공식명칭** : 정식국호 - 중화민국 Republic of China, 통상명칭 - 타이완 Taiwan, 차이니즈 타이베이 Chinese Taipei
- ◆**국기** : '청천백일만지홍기(靑天白日滿地紅旗)'라고 함. 좌측 상단의 둥근 원은 태양을 형상화하고, 하루 24시간을 반으로 나눈 12줄기의 빛은 국민이 끊임없는 전진을 상징함. 색상인 파랑·하양·빨강은 삼민주의(三民主義)를 상징하며, 이 가운데 파랑은 청명·순수·자유, 하양은 정직·이타(利他)·평등, 빨강은 희생·유혈·형제애를 상징함
- ◆**위치** : 지리 형세에 있어 타이완섬은 양쪽 끝이 좁아지는 담뱃잎 모양을 하고 있으며, 아시아 대륙의 남동부에 위치하고, 타이완 해협을 사이에 두고 중국과 마주하고 있음
- ◆**면적** : 35,960㎢(세계 136위, 2017년 국토교통부 FAO 기준)
- ◆**인구** : 2천3백8십만 명(세계 57위, 2021년 통계청 KOSIS 기준)
- ◆**수도** : 타이베이(Taipei)
- ◆**정체** : 입헌민주공화제, 5권 분립
- ◆**언어** : 공용어(중국어), 상용어(민남어, 객가어, 원주민어)
- ◆**종교** : 불교 35%, 도교 33%, 기독교 2.6%, 천주교 1.3%
- ◆**인종** : 한족과 14개 소수민족으로 나뉨. 인구의 약 98%는 한족
- ◆**시차** : 한국보다 1시간 느림
- ◆**전압** : 110V, 60Hz, 우리나라와 플러그 모양이 다름

◆**GDP** : 6,108억 달러(세계 21위, 2019년 통계청 KOSIS 기준)

◆**1인당 GDP** : 25,893 달러(세계 32위, 2019년 통계청 KOSIS 기준)

◆**수출** : 3,293억 달러(2019년 IMF 기준)

◆**수입** : 2,858억 달러(2019년 IMF 기준)

◆**경제성장률** : 2.71%(2019년)

◆**한국과의 관계** : 1966년 첫 수교 이후 활발한 교류가 이루어졌지만 1992년 한국과 중국 사이에 국교가 성립되면서 타이완과의 국교가 단절되었음. 이후 무역, 경제, 문화, 기술 등 실리를 목적으로 긴밀한 관계 유지

◆**예 절**

- 젓가락을 자신의 그릇에 올려놓지 않습니다. 그것은 죽은 조상들에게 올리는 차례상에 대한 의미입니다.
- 식사할 때 젓가락과 숟가락을 모두 사용할 수 있지만 같은 손으로 사용하면 안 됩니다.
- 선물을 준 사람이 없는 장소에서 선물을 개봉합니다.
- 수프를 마실 때 그릇을 입에 대고 마시며 숟가락을 사용하지 않습니다.
- 선물 개수를 짝수로 합니다(짝수는 양수, 홀수는 음수이므로).

◆**음 식**

타이완은 다양한 민족의 음식들이 융합되어 독특한 음식 문화를 발전시켰습니다. 요리 방법과 식품 재료의 처리 과정도 복잡하고 다양합니다. 맛과 요리 방법에서 강렬한 지방적 색채를 발전시켰고 이러한 특징은 대만 음식 문화의 심도를 잘 보여주는 것으로 해석되고 있습니다. 타이완 요리는 소박하고 가정적인 요리라 노점에서 값싸게 먹을 수 있습니다.

구 분	중 국	대 만
여행목적	• 한류를 보고 느끼기 위해 • 품질이 우수한 한국물건을 구매하기 위해	• 한류를 보고 느끼기 위해 • 저렴한 여행비로 가족과 휴양
여행비	• 높은 가격에서부터 저가까지 다양하나, 최저가의 상품이 대단히 많음	• 비교적 저가의 단체가 많음
여행일정	• 주로 서울, 제주 일정이 대부분임 • 일정에 옵션 할 수 있는 시간이 있음 • 상해, 북경 같은 대도시 지역의 손님들 중심으로 개인적으로 방문하는 자유여행이 증가하는 추세	• 다양한 일정이 많음(서울, 부산, 강원, 경주 등) • 일정에 옵션이 거의 포함되어 있지 않음 • 일정 내에 관광지가 비교적 많이 있음 • 패키지 단체가 대부분이며 자유여행이 증가하는 추세
관광객	• 한국에 와본 사람이 적음(대도시 제외) • 가족단위, 지역단위, 친구모임 등 다양한 구성 • 대륙 지역마다 손님들의 성격이 많이 다르며, 특별히 서비스가 엉망이지 않은 이상 클레임을 당하는 경우는 거의 없음 • 버스 안에서의 멘트는 상황에 따라 조절 가능 • 손님들이 다소 이해심이 많으나 무분별한 수준의 손님들도 가끔 접하게 됨 • 겨울은 비수기	• 한국에 많이 와본 사람이 비교적 많음 • 4~5인 이상의 대가족 단위의 구성이 많음 • 손님들이 비교적 예의 바르나, 서비스 도중에 무엇 하나 잘못하면 클레임 당할 수 있음 • 가능한 버스 안에서 계속해서 멘트를 해야 손님들이 만족해함 • 손님들이 다소 이해심이 부족하며 까다로우나 전체적인 손님 수준은 높음 • 한여름만 빼놓고 성수기(벚꽃, 단풍, 스키 단체)
쇼핑스타일	• 쇼핑에 대한 관심이 많음. 인터넷이나 주위 사람들이 좋다고 말한 제품에 대해 충동구매가 많은 편(화장품, 가방 등) • 일정에 대부분 면세점이 포함됨	• 쇼핑에 관한 관심이 적음. 비교적 저렴한 한국물건을 구매함 • 대형마트에서 저렴한 물품을 구매하길 좋아함 • 일정에 대부분 면세점이 없음
인솔자(T/C)	• 초보부터 경험 많은 인솔자까지 다양함	• 경험이 오래된 인솔자가 많음 • 대부분 손님들에 대한 서비스가 좋은 편이며, 관광통역안내사에 대한 요구가 많음
식 사	• 여행사나 단체마다 다르며, 회사규정에 따라 일정금액 이하의 식사로 가이드가 마음대로 메뉴를 정하는 경우가 많음	• 식당과 메뉴가 대부분 지정되어 있어 일정을 맞추기가 쉽지 않음

사진사	• 대부분 동행하지 않음	• 일반적으로 15명 이상이면 사진사가 동행하나 수익성 악화로 최근에는 동행하지 않는 경우가 많음
팁	• 과거에는 있었으나 현재는 없음	• 1인 1일 100위엔(약 3,600원)

[중국과 대만의 일반 패키지 단체 비교]

중국어권의 경우 한·중 사드 문제로 인해 중국 관광객이 급격히 감소하였지만 그래도 방문객이 가장 많은 중국 관광객과 꾸준히 증가하는 대만 관광객, 홍콩/마카오 관광객, 말레이시아/싱가포르 화교 단체 관광객으로 나눌수 있습니다. 중국과 대만은 정치적·경제적 배경이 달라서 관광객들 역시특징이 다릅니다. 여행사도 대륙 전문여행사와 대만 전문여행사 그리고 두지역 모두 투어 행사를 진행하는 여행사가 있습니다. 싱가포르와 말레이시아도 이 지역 전문여행사가 있습니다. 위 비교표는 가장 일반적인 패키지 단체에 대한 중국 및 대만의 특징을 구분해 놓은 비교표입니다. 절대적인 것은없으며 현지 여행사·내한시기·여행비에 따라 차이가 날 수 있으므로 단체를 진행할 때 참고 정도로만 생각하시면 되겠습니다.

5) 중국 관광객들이 한국을 찾는 이유

중국 관광객들과 함께 투어를 진행하는 관광통역안내사 관점에서, 해마다왜 이렇게 수많은 중국 관광객들이 한국을 방문하는지 그 이유에 대해 다음과 같이 세 가지로 말할 수 있습니다.

❶ 저렴한 여행비로 지리적으로 가깝고 치안이 안전한 한국을 여행할 수 있기 때문입니다.

한국과 중국은 지리적으로 매우 가까워서, 많은 중국인이 쉽게 우리나라로 여행을 오고 있습니다. 최근에는 한국 비자를 받기가 더욱 쉬워져 여행사를 통한 패키지 단체여행으로 오지 않고 개인적으로 우리나라를 방문하는 관광객들이 많이 증가하였으며, 앞으로도 계속 증가하리라 예상됩니다. 또한 패키지 단체나 개인 자유여행 이외에도 화장품, 다단계회사 등 중국 기업체에서 한국으로 여행을 보내는 MICE 투어도 많아졌습니다. 대표적인 경우가 2011년 9월 중국의 건강·미용 제품 회사인 '바오젠' 그룹에서 2011년 우수판매상 인센티브 투어를 목적으로 직원 1만 1,000명이 제주도를 방문한 것으로, 그때 로데오 거리에서 엄청난 금액의 쇼핑을 하였습니다. 이에 제주도에서는 앞으로 5년간 이곳을 명예도로로 선정하였고, 바오젠 투어 관광단을 환영하는 뜻으로 '바오젠 거리'로 지정하였답니다. 원래는 '로데오 거리'라고 불렸던 작은 거리로 사람들이 많이 찾지 않았으나 바오젠 그룹에서 이곳을 방문하자 이곳을 바오젠 거리로 부른 것이지요. 사드 이전의 바오젠 거리는 중국인 관광객이 많이 찾아 '제주 속의 중국'으로 불렸답니다. 그러나 이곳은 지난 2017년 12월에 새 명칭을 공모해서 지금은 '누웨마루 거리'로 불립니다.

2014년에는 단일규모로는 세계 최대 규모인 중국의 '암웨이' 인센티브 관광단이 2014년 5월 1차 방문단을 시작으로 총 5회에 걸쳐 1만 8천여 명이 크루즈를 타고 제주와 부산을 방문하였습니다. 이때 이들이 제주와 부산에서 10일 동안 쓴 비용이 한화 약 240억 원에 육박하여 지역경제 활성화에 크게 이바지한 바 있습니다. 그러다 보니 더 많은 중국 관광객들을 유치하고자 하는 지자체와 여행사끼리의 경쟁이 매우 치열해졌습니다. 중국에서 한국에 오는 여행비에서 항공료, 숙박료, 식사비, 입장료 등의 원가를 반영하지 않은 저가 패키지 관광이 현재 상당히 많이 있는데, 한국을 오는 여행비가 오히려 중국 국내 여행비보다 더 싸다고 합니다. 심지어 관광객을 보내준 중국여행사에 감사의 의미로 1인당 얼마의 인두세를 보내주는 여행사도 많이 있습니다. 이러한 무분별한 경쟁으로 인해 여행업계의 출혈이 매우 심한 상태까지 이르게 되었습니다. 한국여행의 문제점으로 가장 먼저 꼽을 수 있는 것이 바로 이러한 저가 패키지 상품입니다. 저가 패키지 상품을 통해 방문한 중국인 관광객들은 낮은 수준의 호텔, 쇼핑에만 치우친 일정 등으로 한국에 대한 만족도가 떨어지기 때문에 지인들에게 한국여행을 추천하지 않게 됩니다. 당연히 다시 한국을 찾게 되는 재방문율은 떨어지게 되지요. 중국 관광객 1,000만 시대를 바라보고 있는 상황에서 정부와 문화체육관광부에서 무자격 가이드 문제와 더불어 이러한 저가 패키지 단체 문제를 해결해서 한국관광의 품질을 높여야 한다고 생각합니다. 물론 현재는 코로나로 인해 여행업이 중단되었지만, 코로나 이후 다시 여행업이 재개되고 한·중 사드 문제가 잘 해결되면 분명 엄청난 수의 중국 관광객이 몰려올 것입니다.

❷ 한국 드라마와 K-POP, K-Beauty 등 한류의 영향으로 한국에 관한 관심이 높아져 한국을 방문하고 싶어졌기 때문입니다.

많은 중국인이 한국의 화장품, 미용, 패션, 음악, 드라마, 영화 등 한국문화에 대해 호감을 느끼고 있습니다. 이들은 중국 TV나 인터넷, 넷플릭스 등을 통해 본 한국 드라마의 촬영지를 직접 가보고 싶어 하고, 드라마 주인공이 먹은 음식을 먹고 싶어 하고, 그들이 입었던 옷과 화장품을 사용하고 싶어 하고, 세련된 한국의 미용을 느끼고 싶어 합니다. 또한 한국의 유명 한류 스타들을 직접 만나보고 싶어 해서 SM, YG, JYP와 같은 연예기획사를 직접 찾아가는 경우도 많습니다. 몇 년 전부터 한국에서 열리는 한류스타의 드라마 OST 콘서트, 한류 K-POP 콘서트, 한류 페스티벌 등을 관람하기 위해 직접 항공권을 구매해 비행기를 타고 한국에 오는 중국인들이 많아졌습니다. 그들을 쇼핑으로 연계시키기 위해 면세점이나 백화점, 신용카드 회사에서 주관하여 행사를 진행하는 경우도 많이 있습니다. 앞으로 한류는 계속 지속할 것으로 보이지만, '한류 콘텐츠'를 좀 더 다양화할 필요성이 있습니다. 이를 통해 중국 관광객들이 흥미를 느낄만한 새로운 관광상품을 개발하고, 정부와 지자체가 서로 협조하여 다양한 볼거리, 먹거리를 만들어서 더욱더 많은 중국 관광객들이 우리나라로 올 수 있도록 해야 할 것입니다.

❸ 품질 좋고 합리적인 가격의 한국상품을 구매하고 싶기 때문입니다.

그동안 많은 중국 관광객들이 우리나라에 여행 와서 많은 한국상품을 구매해 갔습니다. 해마다 면세점과 백화점은 중국 관광객들로 인해 매출이 폭발적으로 증가하고 있는 황금알을 낳는 사업이 되었고, 명동과 동대문은 중국 관광객들로 온종일 들썩거렸습니다. 물론 지금은 면세점이 많이 생겨서 경쟁도 심해지고, 사드와 코로나를 겪으면서 면세사업권을 포기하는 곳이 생겨났으며, 손님도 없다 보니 적자상태가 계속 지속되고 있습니다.

많은 중국 관광객들은 처음 온 한국여행에서 쇼핑할 때 본인이 사용할 상품 이외에 친구가 부탁해서 대신 구매해 가거나, 가까운 친구나 지인들에게 선물하기 위해서 많은 상품을 구매합니다. 그러다 보니 한 번 살 때 왕창 구매하여 때로는 싹쓸이 쇼핑이 되는 때도 있습니다. 중국인들이 구매하려는 쇼핑리스트에는 한국상품뿐만 아니라 해외명품도 포함되어 있습니다. 그럼 왜 많은 중국인이 중국 내에서 해외명품을 구매하지 않고 한국에 여행까지 와서 해외명품을 구매할까요?

가장 큰 이유는 해외명품의 가격이 중국보다 매우 저렴하기 때문입니다. 상류층 중국인들이 좋아하는 롤렉스, 까르띠에, 오메가와 같은 명품시계나 루이뷔통, 프라다와 같은 명품가방의 경우 중국보다 훨씬 저렴한 가격에 판매되고 있습니다. 해외명품의 경우 브랜드나 상품마다 약간씩은 차이가 있긴 하지만 보통 한국 면세점이 중국보다 약 15~30% 정도 저렴합니다. 중국은 수입 사치품에 대한 관세가 적어도 100%에서 높을 때는 400~500%까지 붙기 때문에 해외명품이 한국보다 매우 비쌉니다. 굳이 중국에서 해외명품을 구매할 필요가 없는 것이지요. 예를 들어 중국에서 $10,000하는 명품시계를 한국의 면세점에서 구매한다면 $7,500~8,500 정도에 구매할 수 있습니다. 즉 $1,500~2,500 정도 절약할 수 있는 것인데, 이 금액이면 한국에 4박 5일 여행을 오고도 남는 돈입니다. 이렇다 보니, '중국에서 해외명품을 살 바에는 해외에 직접 가서 명품을 사고, 관광도 한다.'는 인식이 자리 잡히고 있습니다. 그래서 어떤 중국 관광객은 한국에 오는 김에 이런 해외명품들을 몇 개씩 구매하기도 합니다.

서울에는 면세점이나 명품매장이 많이 있고 다양한 신상품을 쉽게 구매할 수 있습니다. 중국 내의 백화점이나 전문매장보다는 한국의 백화점이나 전문매장에서 판매하고 있는 브랜드별 상품의 수가 압도적으로 많습니다. 그나마 상해나 북경 등 대도시의 경우는 명품을 구매하기 어렵지 않으나, 좀 더 내륙으로 들어가면 큰 도시라 하더라도 명품매장이 그리 많지 않은 실정입니다. 그러므로 관광도 하고 한국상품도 싸게 구매하고자 한국여행을 많이 오는 것입니다.

마지막으로 한국에서 구매하면 가짜가 없다는 믿음 때문입니다. 중국 현지 판매제품은 워낙 가짜 또는 모조품이 많아 중국 소비자들이 이에 대한 인식이 강해서 중국 국내에서 값비싼 제품을 구매하기를 약간 꺼리기도 합니다. 한국의 면세점이나 유명백화점에서는 가짜를 판매하지 않는다는 믿음이 있으므로 우리나라에서 안심하고 구매하는 것이지요.

≫ 현직 중국어 관광통역안내사 인터뷰

김청룡 _

- (현) 중국어 관광통역안내사, 9년차 가이드 (2013년~), 말레이시아/싱가포르 패키지 위주
- (현) 네이버카페 "관광통역안내사 교류센터" 우수회원
- (현) 네이버카페 "관광통역안내사 교류센터" 중국어 · 중국교포 단톡방 운영자
- E-Mail : ajin53@hanmail.net

"
투철한 직업의식을 가지고 본인을 업그레이드 하자!
"

저는 중국교포입니다. 어려서부터 중국어를 배웠고 중국문화 교육을 받았지요. 한국에는 2008년 초에 왔습니다. 한국에 온 이후 처음에는 제조업체에서 생산직 일을 했습니다. 그러면서 저의 유일한 장점인 중국어를 활용한 직업을 찾으려고 노력했지요. 그러다가 관광통역안내사라는 직업을 알게 되었습니다. 처음에는 우연한 기회에 아르바이트로 관광사진사를 잠깐 하게 되었습니다. 그때 처음으로 관광통역안내사를 보게 되었고 하는 일이 무엇인지 가까이에서 지켜보았습니다. 어떻게 손님들에게 서비스 하는지, 어떻게 안내하고 설명하는지, 어떻게 손님들을 즐겁고 재미있게 하는지 등. 그러면서 관광통역안내사라는 직업에 대하여 많은 이해가 되었습니다. 제가 많은 관광통역안내사분들을 보고 느낀 점은 '바로 이것이다. 관광통역안내사가 바로 내 적성에 딱 맞는 직업이다.'라는 생각이었습니다. 당시는 '한국관광의 해'였고 매년 중국 관광객의 폭발적인 증가로 인해 중국어 관광통역안내사가 턱없이 부족하다고 매일 뉴스에 보도된 시기였습니다. 저는 '지금이 자격증 취득하기에 좋은 때구나!'라고 생각하여 관광통역안내사가 되기 위한 조건을 알아보았고, 직장생활을 하면서 시험을 준비하여 결국 자격증을 취득하게 되었습니다.

당시에는 중국어 관광통역안내사의 부족으로 시험 난이도가 별로 높지 않다고 판단하였고, 또한 학원에 다닐 조건이 되지 못해서 전부 독학으로 시험공부를 하기로 했습니다. 먼저 인터넷에서 자격증 공부에 관한 자료들을 수집했지요. 그중에서도 '관광통역안내사 교류센터(http://cafe.naver.com/iamtourguide)'라는 네이버카페에서 많은 도움을 받았습니다. 시험방법과 시험후기를 보면서요. 구체적인 시험방법은 '비중이 높은 국사를 집중적으로 공략하자'였습니다. EBS 동영상 강의를 반복적으로 자주 보고 판서도 따라 썼습니다. 시험교재도 여러 번 읽어보았고 문제집도 여러 출판사의 것을 풀어보았습니다. 면접시험은 한국관광공사 홈페이지, 중국어로 쓰인 관광뉴스, 그리고 한국관광공사 사장의 블로그를 토대로 준비하였는데, 이것이 큰 도움이 되었습니다. 하지만 아쉽게 해당 블로그는 지금은 없어졌습니다. 이렇게 약 6개월 동안 열심히 공부해서 결국 자격증을 취득하게 되었습니다. 자격증을 준비할 때 가장 중요한 것은 자신감입니다. 자신감과 열정을 가지고 노력하면 누구나 합격할 수 있습니다. 외국어 실력이 어느 정도 된다면 자격증 시험은 독학으로도 충분히 준비할 수 있습니다.

03 **현재 어떤 일을 하고 계신가요? 구체적으로 알려주세요.**

코로나로 인해 현재는 다른 일을 하고 있지만, 코로나 전에는 말레이시아 및 싱가포르 전담여행사의 메인 관광통역안내사로 일하였습니다. 주로 패키지 단체를 많이 하는데 회사에서 단체를 배정해주면 일정에 따라 손님들을 모시고 투어 행사를 진행합니다. 짧게는 4박 5일 일정이며, 보통 6박 7일이 가장 많이 하는 일정입니다. 처음 가이드 업계에 들어와서는 중국 전담여행사에서 중국단체 일을 하다가 한ㆍ중 사드 문제로 인해 가이드 업계를 약 2년 동안 떠나 있었습니다. 그러던 중 우연히 말레이시아 및 싱가포르 전담여행사를 소개받았고 그 여행사에서 계속 일을 하게 되었습니다. 패키지 단체를 하였는데 처음 공항에서 관광객들을 마중하고 7일간의 투어 행사를 진행한 후 마지막 날 탑승절차와 세금환급 방법을 설명해주고, 보안 검사까지 끝나고 배웅해주면 모든 일정이 끝나게 됩니다. 기본적으로 정해진 투어 행사의 일정 순서를 정하고 식당을 예약하며, 호텔을 확인하고 공연을 예약하는 등의 업무를 수행합니다. 또한 투어 행사를 진행하는 동안 고객들에게 한국의 역사, 문화, 경제, 사회 등 전반적인 면에서 설명해주었습니다. 한국에 대한 궁금증을 풀어주고 고객들이 최대한 즐겁게 놀고 기분 좋게 쇼핑하며 안전하게 여행을 할 수 있도록 투어를 진행하였습니다.

04 관광통역안내사에게 가장 중요하다고 생각되는 점은 무엇인가요?

관광통역안내사에 대한 직업의식과 마음가짐이 가장 중요하다고 생각합니다. 보통 성수기에는 한 달에 적어도 2~3팀, 많으면 4~5팀을 진행합니다. 인원수는 10~40명 정도로 매번 다른 사람들과 거의 같은 코스를 반복하면 사실 지루할 때도 있습니다. 물론 체력적으로 아주 힘들기도 하지요. 그러나 손님 입장에서 보면 이번 여행이 처음 갖는 소중한 해외여행인 경우가 대부분입니다. 여행의 분위기는 관광통역안내사 개인의 기분에 따라 좌지우지되기도 합니다. 관광통역안내사가 지루하다고 설명도 조급하고 피곤하다고 서비스도 대충하면 고객들은 바로 눈치를 챌 것이고, 그러면 이번 여행에 대한 만족도가 당연히 떨어질 수밖에 없겠지요. 당연히 한국에 대한 인식도 나빠질 수도 있겠고요. 그러므로 관광통역안내사는 마음을 잘 조절해야만 일하면서 생기는 여러 가지 스트레스를 잘 해소할 수 있답니다. 우리 관광통역안내사는 서비스 직업이잖아요.

05 업무를 진행하면서 가장 기억에 남았던 에피소드에 대해 말씀해 주세요.

예전에 중국단체를 진행할 때였습니다. 일정에 난타 쇼 공연 관람이 있었습니다. 손님들을 공연장까지 안내하고 자리에 앉게 했는데 이상하게 두 자리가 비어 있던 겁니다. 손님 가운데 3살 정도의 어린아이랑 좀 더 큰 아이를 데리고 온 4인 가족이 있었는데 아이 엄마랑 작은아이가 공연을 안 보겠다는 거예요. 공연장 밖으로 나와 보니 아이 엄마가 3살 아이랑 놀고 있더군요. 왜 공연을 안 보냐니까 아이가 울까 봐 안 본다는 겁니다. 제가 공연을 보기 전 손님들한테 주의사항을 이야기하면서 "공연 도중 아이가 울거나 해서 다른 사람에게 관람이 방해되면 퇴장해야 한다."라고 말했던 겁니다. 아이가 좀 자주 울었거든요. 참 순진한 사람들이죠? 그래서 제가 "일단 입장하시고 만약 공연 중에 아이가 울면 퇴장해도 된다."라고 말씀드리고 아이를 안고 공연장까지 갔습니다. 그런데 더 재미있었던 것은 공연장 입구에서 아이 엄마가 10년 만에 가장 친했던 고향 친구를 만난 거예요. 그분도 한국여행을 온 거였죠. "이런 인연이 다 있을 줄이야!" 다행히 아이도 공연이 끝날 때까지 울지 않고 즐겁게 관람을 마쳤어요. 마지막 날 공항에서 배웅할 때 그분들이 저한테 "정말 즐겁고 좋은 여행이 되었다."고 말씀하시며 고맙다고 팁까지 주더라고요. 아이 엄마는 헤어짐에 아쉬워서 눈물을 흘렸고요. 정말 관광통역안내사로서 보람을 느낀 순간이었습니다.

06 업무를 진행하면서 만났던 최고와 최악의 고객에 대해 말씀해 주세요.

한 중국 부동산회사의 인센티브 관광 단체 손님 20명을 데리고 투어를 진행한 적이 있었습니다. 처음 공항에서 미팅할 때부터 모두 다 인상이 좋아 보였습니다. 버스 안에서 해설하면 다들 잘 호응해 줬었고 집합 시간도 잘 지켜 주었지요. 그런데 일정 중 어느 날 오전에 남이섬 일정을 마치고 점심을 먹고 서울로 돌아오는 길에 관광버스 타이어에 펑크가 나서 오후 일정이 전부 취소되었고, 저녁식사도 많이 늦어졌습니다. 그런데도 손님들은 불평 한마디 없이 묵묵히 저를 기다려 주더라고요. 오히려 괜찮다고 저를 위로해 주기까지 하였습니다. 다들 매너가 좋았던 단체였던 걸로 기억하고 있습니다.

위에 언급한 단체와는 정반대인 경우도 있었습니다. 제주도에서 이틀간의 일정이 있었습니다. 태풍을 만나서 김포-제주 항공편이 결항이 되어서 당일 제주도에 못가고 다음날 가게되었지요. 이틀 일정을 하루에 다 소화하려다 보니 시간상으로 매우 빠듯하였습니다. 아무리 서둘러서 일정을 진행했어도 결국은 중문 지역에 있는 관광지 두 곳은 갈 수 없었지요. 섭지코지까지 보고 저녁식사를 마치니 저녁 9시가 되었습니다. 대부분의 손님은 "어쩔 수 없는 일정이었다."라고 하면서 두 곳 관광지는 그냥 포기하고 호텔로 돌아가자고 했는데 40대 중년 부부 한 쌍은 절대 포기 못 하겠다고 하면서 꼭 관광지 두 곳을 가야겠다고 하는 것입니다. 당장 내일 아침 이른 비행기를 타고 서울로 돌아가야 하는데 말입니다. 다른 손님들은 피곤하다고 하고 결국 손님들끼리 마찰이 생겼습니다. 한참 서로를 설득해서 결국은 먼저 모든 손님을 제주 시내에 있는 호텔로 돌아가 쉬시게 하고, 그 중년 부부 한 쌍은 제가 단독으로 택시를 불러 중문까지 모시고 가기로 하였습니다. 호텔로 돌아온 후 손님들은 모두 각자 자기 방에 돌아가고 저는 콜택시를 부르고 호텔 정문에서 대기하고 있었습니다. 그런데 물건을 가지러 객실에 들어간 두 분은 한참을 기다려도 내려오지 않는 것이었습니다. 좀 더 기다린 후 객실로 전화를 했더니 이제 와선 "피곤해서 못가겠다."라는 겁니다.

정말로 어처구니가 없더군요. 콜택시 기사님께는 연발 죄송하다고 말씀드리고 돌려보내고 난 후 가만히 생각해보니 참 다행인 것입니다. 진짜로 그 늦은 시간에 50분 거리인 중문까지 갔었다면 정말 피곤한 일이었을 겁니다. 다음 날 아침 6시 비행기로 서울에 올라가는데 너무 무리였던 것이지요.

07 관광통역안내사 업무를 진행하면서 가장 어려웠던 점은 무엇이었나요?

예전에는 별로 어려움이 없었는데 외국인 구매물건에 대한 세금환급 제도가 바뀐 다음부터 공항에서 세금환급하는 것이 정말 어려워졌습니다. 중국 손님들은 대부분 한국에 쇼핑을 목적으로 오지요. 일정 중에 쇼핑센터에서 구매한 물품에 대하여 귀국 당일에 공항에서 세금을 환불받는데, 워낙 관광객이 많고 세금환급 처리해주는 곳도 적고 직원도 적으니 한참을 긴 줄을 서서 대기해야 합니다. 그것도 한 번에 끝나는 것이 아니라 여러 번 대기해야 합니다. 공항에 관광객들이 많을 때는 2시간 이상 대기해야 할 때도 있어 성수기 때는 공항이 전쟁터를 방불케 하지요. 그러니 투어 일정 내내 좋았던 분위기가 마지막 날 공항에 도착해서 완전 엉망이 되는 경우가 자주 있습니다. 이런 부분은 우리 관광통역안내사들이 어떻게 할 방법이 없습니다. 제가 아무리 설명을 잘 해드려도 2시간이나 기다리다 보면 이미 짜증이 많이 올라온 상태이니까요. 이러다보니 세금환급을 포기하는 경우도 많이 발생하고 있습니다. 이런 부분은 한국 정부에서 잘 개선해줬으면 하는 바람이 있습니다.

현재 현업에서 많은 관광통역안내사분들이 활약하고 있습니다. 이제는 공급과잉이라고 말할 수 있습니다. 많은 관광통역안내사가 이 업계를 떠났고 또 새로운 관광통역안내사들이 들어오고 있습니다. 고객들의 수준도 점차 높아지고 까다로워지고 있습니다. 특히 인터넷, 모바일이 발달함에 따라 미리 한국관광에 대한 정보를 알고 개인적으로 오는 개인 관광이 늘어나는 추세여서 저희 관광통역안내사 입장에서는 입지가 점점 좁아질 수밖에 없는 실정입니다. 저가단체로 인해 여행사 간의 경쟁도 더더욱 심해질 거고요. 그러나 그럴수록 진정한 관광통역안내사의 진가를 발휘할 기회도 많을 것입니다. 모든 일이 그러하듯이 투철한 직업의식을 가지고 본인을 업그레이드하도록 열심히 노력하시길 바랍니다. 분명 새로운 기회는 준비된 사람한테 오는 것이니까요.

≫ 현직 중국어 관광통역안내사 인터뷰

임흥준 _

- (현) 중국어 관광통역안내사, 7년차 가이드
  (2015년~), FIT & 드라이빙 위주
- (현) 네이버카페 "관광통역안내사 교류센터"
  우수회원
- (현) 네이버카페 "해피케이투어" 정회원
- E-Mail : xingjun64@naver.com

> **"**
> 관광통역안내사는
> 정년 없는
> 즐거운 직업
> **"**

01 관광통역안내사라는 직업을 가지게 된 계기는 무엇이었나요?

중국에서의 오랜 주재원 생활에 지쳐 국내에 돌아와 새로운 직장생활을 하던 중, 관광통역안내사라는 직업이 있다는 것을 우연히 알게 되었습니다. 특히, 중국어 관광통역안내사의 경우는 자격증을 취득한 인원도 부족하고 경제적으로도 많은 수입을 올릴 수 있다고 하여 특별히 관심을 두게 되었습니다.

02 관광통역안내사 자격증 시험은 어떻게 준비하셨나요?

중국에서 주재원 생활을 하면서 중국어 회화실력은 어느 정도 자신이 있었기에 곧바로 HSK 5급 시험을 쳐서 합격하게 되었습니다. 필기시험 준비를 위해 서점에서 한 권으로 된 책을 구매하여 퇴근 후에 집에 와서 공부하려고 하였으나, 실제 직장생활을 하면서 책을 본다는 것이 상당히 힘들더군요. 게다가 갑자기 노안까지 와서 필기시험 10일 전에야 겨우 대충 한 번 읽어보고 시험을 치렀습니다. 정말 운이 좋았는지 하늘이 도우셔서 다행히 한 번에 합격하게 되었습니다. 만약 현재 제가 활동하고 있는 '관광통역안내사 교류센터'와 같은 모임이 있었다는 것을 진작 알고 좀 더 많은 자료와 정보를 준비했다면, 더 좋은 성적으로 합격했을 것이라고 생각합니다. 하지만 합격만 했지 다음 면접 준비는 어떻게 해야 할지 막막하더군요. 결국 직장생활을 하면서 퇴근 후에 면접시험을 위해 고군분투하면서 준비하였습니다.

03 현재 어떤 일을 하고 계신가요? 구체적으로 알려주세요.

현재는 코로나로 인해 다른 일을 하고 있습니다. 코로나 이전에는 자격증 취득 후 우연히 새로 설립된 비교적 작은 규모의 여행사를 찾게 되어 그곳에서 파트타임으로 관광통역안내사 업무를 시작했습니다. 관광통역안내사 업무를 진행하다 보니, 직장생활에서 받는 스트레스에 비해 너무나도 편하고 즐겁다고 느껴졌습니다. 물론 개개인의 성격에 따라 조금은 차이가 있겠지요. 국내 여행을 많이 안 해본 저로서는 여행객들과 함께 국내 각지를 여행하는 즐거움이 많았습니다. 제주도부터 서울, 경기도, 강원도까지 차츰 경험이 쌓이면서 한국적인 것을 많이 소개하고자 자료와 정보를 찾아보게 되었고, 또한 관광공사나 각종 모임에 적극적으로 참여하면서 점차 실력이 늘어나는 것을 느낄 수 있었습니다. 단체 여행객 안내를 4년 정도 하였고, 현재는 승합차를 구매하여 4년째 자유여행객을 상대로 하는 드라이빙 가이드를 하고 있습니다.

04 관광통역안내사에게 가장 중요하다고 생각되는 점은 무엇인가요?

충분한 지식과 배려라고 생각합니다. 외국 관광객들은 한국에 관한 궁금한 점이 많아 전혀 예상치도 못한 질문을 수시로 하는 경우가 많습니다. 이런 경우 약간의 역사적 배경을 곁들여 설명을 해주면 됩니다. 또한 자신이 관광객이라면 무엇을 원할지를 먼저 생각하고 행동합니다. 반대로 경계해야 할 항목은 욕심과 게으름입니다. 관광객들을 잘 유도하면 경제적인 부수입을 얻을 기회가 많습니다. 많은 가이드가 부수적인 경제적 수입을 위해 여행객을 안 좋은 방향으로 유도하는 예도 있습니다. 이러한 것들은 여행객들에게 부담으로 작용할 수 있습니다. 내가 한 발 더 걷고 관광객들에게는 한 발 덜 걷게 하는 편안한 여행이 되도록 충분한 배려를 잊지 마시길 바랍니다.

05 업무를 진행하면서 가장 기억에 남았던 에피소드에 대해 말씀해 주세요.

대만 단체였습니다. 명동에 도착한 후 명동에 대하여 간단히 설명하고 집합장소와 집합시간을 알려준 뒤, 손님들에게 자유시간을 주었습니다. 저는 잠시 휴식을 취하고 우리 손님들이 무엇을 하나 둘러보던 중 손님 일행을 만났습니다. 한 젊은 엄마가 얼굴이 사색이 되어 7세 남아와 5세 여아를 잃어버렸다고 저에게 말을 하는 것이었습니다. 그래서 일단 명동파출소에 신고하고 어린이들의 사진을 보여줬습니다(어린이가 포함된 단체는 매일 아침 호텔에서 출발 전에 아이들의 단독사진을 찍습니다). 경찰관은 곧바로 무전으로 어디엔가 통보를 하더군요. 저는 혹시나 해서 집합할 장소에 가보니, 7세 남아가 5세 여아 동생을 데리고 모이는 장소에 먼저 와 있었습니다. 제가 도착했을 때는 엄마에게 한바탕 혼나서 눈물만 흘리고 있었습니다. "아이들은 제가 돌볼 테니 쇼핑을 하세요."라고 말하니, 그 엄마는 쇼핑할 마음이 없다고 하다가, 잠시 후 엄마는 쇼핑하러 가고 울상이 된 두 아이를 맡게 되었습니다. 마침 근처에 아이스크림 파는 곳이 있어 아이스크림을 사 먹이고 아이들과 같이 놀면서 장난도 치고 하니, 아이들은 이내 밝은 모습이 되었습니다. 그 후로는 어디를 가든 두 아이는 저만 졸졸 따라다녔습니다. 손님들이 귀국하는 날, 그 아이들의 엄마가 저에게 남은 한국 돈을 모두 주고 가더군요.

06 업무를 진행하면서 만났던 최고와 최악의 고객에 대해 말씀해 주세요.

최고의 손님은 중국에서 온 FIT 손님이었습니다. 두 가족 총 5명으로 면세점에서 명품을 구매하면 저에게 약간의 수수료가 있다고 하자 일부러 명품시계도 구매한 가족들이었습니다. 출국 하루 전날, 모든 일정을 마치고 집으로 가는 도중 급하게 손님들로부터 연락이 왔습니다. 아들이 컵라면을 먹으려다 뜨거운 물을 쏟아서 데었다고 해서 집으로 가던 길을 돌려 다시 호텔로 돌아가 아들과 가족들을 데리고 인근 병원으로 갔습니다. 다리 한쪽을 거의 다 데었을 정도로 상태가 심각해 보였습니다. 응급실에 도착하여 밤새 치료를 하고 손님들을 다시 호텔로 모셔다드리고 나니 시간이 너무 늦어 인근 모텔에서 숙박하였습니다. 다음 날 아침 다시 병원에서 치료를 마저 한 후 공항으로 갔습니다. 손님들은 떠나면서 고맙다고 저에게 팁으로 US500 달러를 주더군요. 그동안 받아본 팁 중에서 액수가 가장 많았습니다. 액수 때문에 너무 놀랍기도 했거니와, 팁 문화에 인색한 중국인이라고 생각했는데 그런 편견이 없던 손님들이어서 또 놀랐습니다. 그 후, 한 달간은 그 손님들과 연락을 하며 아이의 경과를 물어봤습니다. 한 달쯤 지나자 상처는 거의 안 보인다고 하더군요. 다음에 한국에 오면 다시 저를 찾겠다고 합니다. 코로나가 끝나면 연락 오기를 기다려보려고 합니다.

최악의 손님은 중국에서 기계장비를 구매하기 위해 온 회사단체였는데 총 6명이었습니다. 한국의 중개업자가 접대차 관광을 하는 것이었는데, 손님들 모두 중화사상에 찌든 젊은 사람들이었습니다. 제 이야기는 들으려고도 하지 않고 자기들 말만 하는 완전 벽창호였습니다. 속에서 불끈불끈 치솟는 걸 참으며 중간에 가이드를 바꾸자고 요청했지만, 여행사에서는 저에게 어쨌든 끝까지 해달라고 부탁을 하여서 꾹 참으며 마무리하였습니다. 관광지에 대하여 설명을 20~30분가량 했는데도 불구하고 도착해서는 "여기가 어디야?", "여기 왜 왔어?"라고 묻는다든지, 중국에서 무슨 일을 하는지 정확히 알 수는 없었으나 자기들은 중국에서 많은 급여를 받는다고 자랑하면서 뭐든지 중국이 최고라고 말하는 등, 상대에 대한 예의가 전혀 없는 사람들이었습니다. 이렇게 무례한 손님을 만나더라도 가이드는 참아야 한답니다.

07 관광통역안내사 업무를 진행하면서 가장 어려웠던 점은 무엇이었나요?

중국어 능력과 인내심이라고 생각합니다. 아직도 제가 생각하는 것을 중국어로 정확하게 표현하는 능력이 부족하여 끊임없이 노력하고 있습니다. 손님들 중에는 좋은 분들이 많이 계시지만 고의로 가이드에게 골탕을 먹이려는 손님들을 만날 때에도 참아야 하는 인내심이 필요하다고 생각합니다.

08 관광통역안내사를 준비하고자 하는 후배들에게 하고 싶은 말씀이 있다면?

관광통역안내사는 철저하게 개인의 능력에 따라 경제적인 수익이 달라지는 직업입니다.
첫째, 건강입니다. 모든 일에 있어서 건강이 가장 중요하겠지만 특히 가이드라는 직업은 감기도 걸리면 안 되는, 항상 건강 관리를 철저히 해야 하는 직업입니다.

둘째, 새로운 지식을 배우기 위해 부단히 노력해야 합니다. 한 번은 관광객들이 함께하던 가이드가 맘에 안 들어 가이드를 바꿔 달라고 여행사에 요청하여 제가 가게 됐습니다. 원인은 손님들이 물어보는 질문에 대하여 이전 가이드가 너무 몰랐다고 하더군요. 그중에 어떤 손님들은 가이드를 테스트하려고 일부러 손님이 알고 있는 사항을 물어보는 일도 있습니다. 저 같은 경우는 모르는 것은 알아보고 알려주겠다고 하고 시간 여유가 있을 때 스마트폰으로 검색한다거나 선배·동료에게 물어봐서 신속히 알아보는 편입니다.

셋째는 책임의식입니다. 손님들이 우리나라에서 여행하는 동안에는 자신의 친구나 가족이 여행 왔다고 생각하고 끊임없는 관심을 기울이기 바랍니다. 경제적 이득을 위해서만 손님들을 대하는 것이 아니고, 좋은 친구를 사귄다는 마음으로 손님들을 대하기 바랍니다.

≫ 현직 중국어 관광통역안내사 인터뷰

김반희(Bonnie Kim) _

- (현) 중국어 관광통역안내사, 5년차 가이드
  (2017년~), MICE & 공무단체, FIT 위주
- (현) 네이버카페 "관광통역안내사 교류센터"
  우수회원
- (현) 네이버카페 "해피케이투어" 운영진
- E–Mail : icecocor@naver.com
- Instagram : @bonnieblair88

"
기회는
과감한 자를
좋아한다!"
"

01 관광통역안내사라는 직업을 가지게 된 계기는 무엇이었나요?

대학 시절 복수전공을 중문과로 선택하면서 중국어를 처음 접하게 되었습니다. 대학 졸업 후 전공을 살려 공기업 및 사기업에서 근무하다가, 대학 시절부터 다녔던 어학원의 중국어 선생님의 추천으로 당시 매우 전도유망하다는 관광통역안내사라는 직업을 추천받게 되었습니다. 저를 오랜 기간 봐오신 선생님께서는 저의 활력이 넘치는 성격과 사교적인 면이 당시의 직업보다는 "더 활동적인 관광통역안내사라는 직업이 잘 맞을 것 같다. 도전해 보는 게 어떻겠니?"라고 제안을 하셨습니다. 게다가 몇 년 사이 중국인 관광객이 폭발적으로 증가한 데다 자격증을 취득한 중국어 관광통역안내사도 매우 부족하고, "이 일을 하게 되면 월 천만 원도 쉽게 벌 수 있다."라는 기사도 보았습니다. 한류열풍 속의 관광산업, 미래유망 직업, 중국어 관광통역안내사, 국가자격증 취득, 평생직업 등 여러 키워드는 당시 본업이 저 자신에 맞는 직업인지 아닌지 깊은 고민을 하고 있던 저에게 매우 매력적인 존재로 다가왔습니다. 즐기기에도 짧은 인생, 남의 시선 신경 쓰지 말고 내가 즐겁고 하고 싶은 일을 해보자는 생각으로 과감하게 관광통역안내사라는 새로운 직업을 선택하게 되었습니다. 그해 면접 문제로 한·중 사드 문제에 대한 견해를 묻는 문항이 나올지도 모르고선 말이죠.

02 관광통역안내사 자격증 시험은 어떻게 준비하셨나요?

자격증 시험은 필기는 독학, 면접은 학원에 다니면서 준비하였습니다. 대학 시절 중문과 전공과 북경에서의 어학연수, HSK 6급, 중국어를 가르쳐본 경험이 있었기에 '맨땅에 헤딩까지는 아니겠거니'라고 생각했으나 학원에서 첫 모의 면접을 보고 나서는 관광통역안내사에 대한 자신감과 설렘은 그동안의 자만심에 대한 후회와 참담함으로 바뀌게 되었습니다. 자격증 취득은 생각했던 것보다 훨씬 더 어려웠고 고도의 집중력을 발휘하여 하루하루 내 것으로 만들어가는 과정이었습니다. 특히나 적지 않은 나이에, 친구들은 직장생활을 하며 한껏 돈을 벌고 있는 시기에 저 자신은 또 다른 꿈을 꾸며 공부를 해야만 하는 상황이 사실 심적으로 매우 고독하였습니다. 이때는 뉴스에서 한·중 사드 문제가 연일 보도되는 시기였습니다. 시험일이 다가올수록 불안감은 점차 커져갔습니다. 그 크던 자신감은 '내가 자격증을 취득하고 나서는 관광통역안내사로 성공할 수 있을까?', '전보다 행복하고 만족감이 높은 직업을 선택한 것이 맞을까?'라는 불안감으로 바뀌었습니다. 하지만 새로이 정신을 다잡고 시험준비에만 집중하였습니다.

필기는 한국사의 경우 인터넷 강의, 나머지 과목은 두꺼운 개념서가 아닌 종합서 읽기 및 기출문제 풀기로 준비하였습니다. 면접은 학원에 다니면서 수업–스터디–혼자 복습 및 암기, 거울보고 연습하기, 모의면접 보기, 매일 관광 기사 및 인터넷으로 관광 정보 찾기 등 매일 열정을 다해 시험준비에 매진하였고, 그 결과 그토록 바라던 합격의 축배를 들 수 있게 되었습니다.

03 현재 어떤 일을 하고 계신가요? 구체적으로 알려주세요.

현재는 코로나로 인해 잠시 관광통역안내사 일을 중단하고 있습니다. 관광통역안내사 자격증 취득 후 운 좋게 정부에서 청년들에게 일자리 제공의 취지로 만들어진 〈취업 연계 프로그램〉을 통해 3개월간의 관광통역안내사 실무교육 및 중국어학습을 진행한 후 3개월간의 여행사 실습을 위해 여행사에 들어가게 되었지만, 그 여행사에서 겪은 약 1년의 세월 동안 견습 기회 2번과 무한 기다림은 미래에 대한 불안감과 선택의 후회라는 마음고생을 안겨다 주었습니다. 이때가 가장 외롭고 고통의 시기였다고 말할 수 있습니다. 그러던 중 제가 지금도 열심히 활동하고 있는 네이버카페 '관광통역안내사 교류센터' 운영진의 소개로 현재 일을 하는 여행사에 들어가게 되었고, 그곳에서 기다리던 저의 첫 투어를 하게 되었습니다. 투어를 마치고 나면 우리 회사에 의뢰한 고객사로부터의 좋은 피드백과 손님들의 Thanks Letter가 계속 쌓이면서 회사에서는 저를 신뢰하고 중요한 행사 및 투어를 맡기게 되었습니다. 이러한 경력으로 주위 가이드 선배님들을 통해 여러 여행사의 기업체 및 중국 VIP투어를 전담하게 되었습니다.

저의 경우 단순하게 한국을 방문하는 일반 관광객들보다는 기업체 중국 VIP, 중국 유명 기업의 임원단, 출장으로 한국을 방문한 중국 바이어들, 대학교 교수단, 세계학회 · 대회 · 박람회 참가자, 중국 고위공직자, 대만 고위정치인, 중국 유명 연예인 & 왕홍 초청 투어, 중국 유명 기업들의 인센티브 투어 및 선상파티 등 VIP 의전을 겸비한 투어를 다수 진행하고 있으며, 관광지 설명뿐만 아니라 의전, 통역, 산업 시찰 수행, 행사 진행 등 다양한 활동을 진행하고 있습니다.

04 관광통역안내사에게 가장 중요하다고 생각되는 점은 무엇인가요?

관광통역안내사에게 필요한 3가지를 꼽자면 외국어, 서비스, 영업능력 이 3박자가 다 어우러져야 최상의 결과와 만족을 창출할 수 있다고 생각합니다. 하지만 그 본질의 바탕은 바로 고객에 대한 진정한 마음과 소통이라고 생각합니다. 특히 관광통역안내사라는 직업은 사람을 직접 대하는 서비스직입니다. 사람과 사람 간의 소통이 잘 되어야만 하는 직업이기 때문에 진정한 소통, 즉 서로를 대하는 진심 어린 마음이 바탕이 된다면 비록 춥거나 무더운 날씨에 현장을 뛰면서 몸은 피로하더라도 즐거운 마음으로 일할 수 있다고 생각합니다. 이렇게 즐거운 마음으로 일한다면 이 긍정적인 에너지로 인해 고객이 느끼는 만족도를 높이면서 관광통역안내사 본인의 경제적 이익 또한 높게 창출되는 것은 그리 어렵지 않은 일이 될 것이라고 생각합니다. 다른 직업과 달리 이 직업의 가장 좋은 점은 우리가 만나는 고객들이 모두 즐거운 마음으로 기분 좋은 에너지를 가지고 한국을 방문한 분들이라는 것이지요.

05 업무를 진행하면서 가장 기억에 남았던 에피소드에 대해 말씀해 주세요.

저의 첫 DMZ투어... 그날도 어김없이 회사에서 "가이드님, ○월 ○일 투어 가능하세요?"라고 전화가 왔습니다. "네, 가능합니다."라고 자신 있게 대답을 했습니다. 그다음 사무실 직원의 마지막 한마디 "첫날은 DMZ투어에요~" "오 마이 갓!" 제겐 너무 어려운 안보관광 DMZ투어가 포함된 것입니다. 중국어 견습은 한 번도 받아본 적 없었지만, 몇 달 전 '관광통역안내사 교류센터' 카페운영자 선배님이 한국어로 행사를 진행하실 때 저를 견습 및 보조로 차를 태워주셔서 운 좋게 〈취업 연계 프로그램〉 교육생 시절 이후 DMZ투어를 한 번 더 견학한 경험이 있었습니다. 그래서 걱정은 됐지만 "앞으로 일주일의 시간이 있으니 진짜 열심히 준비하면 다 잘 될 거야."라는 자신감에 차 있었습니다. 초짜 티를 안내기 위해 만발의 준비를 해가서 능숙하게 진행을 해야겠다고 야무지게 다짐도 했습니다.

집에 있는 서적들을 다 펼쳐 열심히 대본을 만들고 인터넷으로 자료를 찾고, 한국어 버전과 중국어 버전 모두 찾고 또 찾았습니다. 그런데 DMZ투어에는 관광지 설명뿐만 아니라 미소 냉전부터 한국전쟁, 전쟁 이후 상황, 현재 남북한 관계 등 한국어로 설명하기에도 제겐 너무 어려운 내용으로 가득했습니다. 다시 카페운영자 선배님께 전화를 걸어 특급 과외를 받은 후 대형마트에서 어린이용 전국 지도를 구매한 다음 지도를 보면서 하나하나 정리해 나갔습니다. 임진각 평화공원, 통일대교, 제3땅굴, 도라전망대, 도라산역, 통일촌, 남북한의 선전마을 대성동ㆍ기정동 등 이러한 관광지 설명과 일화는 아무것도 아니었습니다. DMZ, JSA, 판문점, PLZ, 군사분계선 MDL, 휴전선, 38선, 남방한계선 SLL, 북방한계선 NLL, 민통선 등 제겐 너무 생소한 용어들로 머릿속은 복잡하기만 하였습니다. 우선 DMZ 관련 용어와 관련 내용을 중국어로 이해하기 쉽게 한국 현대사에 맞추어 스토리텔링 느낌으로 만들어보긴 했지만, 공부를 하면 할수록 머릿속은 더 복잡해져 갔습니다. 여행사에서 고객사 및 손님 정보와 일정표를 보내줬는데 고객사는 SKY 3대 명문대 중 한 곳으로, 손님들은 학술교류차 방문한 중국 명문대 교수님 단체였습니다. 중국 교수님들뿐만 아니라 한국 교수님 2분, 대학원 조교 2분, 한국인 담당자 4분이 같이 가겠다고 하니 너무나도 부담스러운 단체였습니다. "아~ 나에게 이런 시련이 닥칠 줄이야." 그날부터 잠도 안 오고 화장실도 못 가고 온갖 스트레스를 혼자 받아서 꿈속에서도 제3땅굴을 방문하는 꿈을 꿨습니다.

대망의 D-day! 전날 밤을 걱정스러운 마음으로 한숨도 못 자 몸은 피곤해지고 눈도 빨개졌지만, 최대한 단정하게 차려입고 손님들을 만나러 명동에 있는 호텔로 출근을 하였습니다. 호텔 로비에서 만난 고객님들뿐 아니라 한국인 담당자들 모두 인상이 매우 좋아 보였고, 오히려 잘 부탁한다고 활짝 웃으며 저를 반겨주셨습니다. 28인승 대형 리무진을 타고 투어가 시작되었습니다. 버스는 임진각 공원으로 달리고 있었고, 이제 주사위는 이미 던져졌습니다. 마이크를 잡고 간단히 자기소개와 오늘 일정 소개를 마치고 나니 마치 첫 단체처럼 다리가 조금 떨렸습니다. 다행히 손은 안 떨리니 '오늘 DMZ투어 중국어로 처음 한 티는 안 나겠지?'라고 생각했습니다. 그런데 걱정한 것과는 다르게 일주일 벼락치기와 밤새 멘트를 연습한 결과가 빛을 발했는지 말이 술술 나왔습니다. 명동에서 임진각까지 가는 1시간 중

55분을 준비한 내용으로 가득 채워 떠들었습니다. 중국 교수님들은 마치 할아버지·아빠 미소를 지으신 채 제 이야기를 경청해주셨습니다. 사실 시간이 어떻게 흘러 임진각까지 도착했는지도 몰랐을 정도로 1시간이 빨리 흘러갔습니다. '성공했구나! 이제 남은 안보 관광지는 더 잘할 수 있겠다!'라는 자신감에 마침내 저도 긴장이 풀리며 함박웃음이 나왔습니다. 제3땅굴에서 고객 한 분이 핸드폰을 분실했다고 발을 동동 구르셔서 같이 핸드폰을 찾으러 다시 땅굴에 들어갔다 나온 소동을 빼면 매우 평온한 투어였습니다(핸드폰은 찾았고, 손님은 생수병 이외 모든 소지품을 사물함에 보관하라는 가이드 말을 들을 걸 그랬다며 미안해하시면서 고맙다는 말씀을 해주셨습니다).

그날의 투어는 손님, 고객사의 좋은 피드백과 함께 저까지 매우 만족했던 투어가 되었습니다. 정말 온 힘을 다해 준비했고 걱정이 너무 많았기 때문에 저의 첫 DMZ투어에 대한 기억은 더욱 잊을 수가 없습니다. 나름 스스로 성공적이라고 판단을 하고 투어를 마치고 집에 돌아오는 길에는 기분이 아주 짜릿했습니다. 카페운영자 선배님께 "오늘 투어는 성공적이었다."라며 감사의 전화를 전했습니다. 그 이후 많은 DMZ 및 판문점 투어가 있었고, DMZ와 관련된 저만의 멘트는 더 풍성해졌습니다. 이제는 DMZ투어도 시내 투어를 하는 느낌으로 익숙해졌고, 즐겁고 유쾌한 마음으로 일을 하고 있습니다.

06 업무를 진행하면서 만났던 최고와 최악의 고객에 대해 말씀해 주세요.

몇 년 전 겨울, 회사에서 VVVVIP 손님이라며 요청이 들어 온 투어였습니다. 회사뿐만 아니라 고객사에서도 매우 어려워하고 신경을 대단히 많이 썼습니다. 기업체에서 대만 고위공무원 가족(부부 내외와 아들, 며느리)을 초청한 투어였기 때문에 호텔, 식사, 일정, 저녁 만찬까지 모두가 긴장하며 만발의 준비를 다 했습니다. 손님들이 대만에서 매우 높으신 분이라고 해서 저도 새삼 긴장이 되었고, 어떻게 하면 3박 4일을 즐겁게 보낼까 고민도 많이 했었습니다. 공항에서 처음 고객들을 뵙고 서울로 들어오는 차 안에서 저의 걱정과는 다르게 부부 내외 두 분은 엄마와 아빠, 이모와 삼촌처럼 환하고 따뜻한 미소로 저를 대해 주셨고, 아들과 며느리는 저랑 동갑내기 친구처럼 소탈하고 친근하게 다가왔습니다. 3박 4일 일정

동안 네 분의 고객 모두 행복한 얼굴을 보였고 타인을 향한 배려가 깊었으며, 그들의 말 한 마디 한마디와 행동 하나하나가 저에게 깊은 감동을 주었습니다. 그런 제 마음 또한 저절로 고객들에게 전달되었고, 그렇게 저희는 5일 내내 즐거운 투어를 할 수 있었습니다. 원래 처음 요청은 4일 일정의 투어였는데 사모님께서 기업체에 저와 마지막 날까지 함께 하고 싶다고 말씀하셔서 하루 연장된 사례라 회사와 고객사에서도 대단히 만족했던 투어였었고, 제 마음 또한 뜨겁게 느꼈던 투어로서 절대 잊을 수 없는 고객들이었습니다. 사모님께서는 한국에서 저를 만나 온 가족이 너무나도 즐겁게 지낼 수 있었고 행복한 추억을 만들어주었다 하시면서, 이번 한국여행은 최고였다며 고맙다고 팁도 두둑하게 챙겨주셨습니다. 그 투어 이후 고객사에서는 중화권 VIP손님이 오시면 항상 저의 여행사로 연락을 주시고 저를 가이드로 지정하고 있습니다. 이분들과는 지금까지도 안부를 주고받으며 지내고 있으며, 재작년 가을 대만에 여행을 갔을 때는 저를 초대해서 맛있는 대만 요리를 대접해 주셨습니다. 반면 다행히 아직은 제 기억 속에 최악의 손님은 없는 것 같습니다.

07 관광통역안내사 업무를 진행하면서 가장 어려웠던 점은 무엇이었나요?

기업체 FIT 특성상, 매번 같은 관광지를 방문하지 않고 새로운 관광지, 새로운 산업 시찰 등 일정이 매우 다양합니다. 각 기업체 및 기관과 고객사의 업종에 맞춘 관광지, 박물관이나 전시관 등을 방문할 때가 많은데, 그중 중국어 전문 안내원이 없는 박물관이 많이 있습니다. 그러면 항상 제가 한국어 해설을 통역하며 수행하게 됩니다. 사실상 단순 통역은 미리 자료를 볼 수 있으니 준비해가면 어렵지 않으나, 손님들이 그때그때 질문하시는 부분에 있어서 통역하는 제 한마디 한마디가 듣는 손님들에는 매우 중요하다고 생각했습니다. 그래서 최대한 시간을 쪼개 미리 답사하여서 한국어 해설을 듣거나, 연속해서 투어가 있어 시간이 없는 경우는 홈페이지와 관련 서적들을 탈탈 털어 예상질문과 답안을 미리 중국어로 준비해갑니다. 시간이 여유로울 때는 만발의 준비를 할 수 있지만, 준비시간이 부족해서 저 스스로 만족하기 힘들 때는 단순하게 통역만으로 넘어가야 할 경우가 있어서 아쉬움이 남을 때도 있었습니다. 그럴 때마다 관광통역안내사는 다방면으로 박학다식해야 한다는 사실과 돌발 질문에도 순간적인 센스를 발휘해야 한다는 것을 뼈저리게 느끼고 있습니다. 갑작스러운 질문에도 곧바로 유창한 중국어로 척척박사처럼 손님들의 궁금증을 해결해 드리고 싶습니다. 아직은 더 많은 공부 거리가 남아있다는 것이지요. 오늘따라 신입 때 들었던 '가이드는 만능 엔터테이너이어야 한다.'는 선배님의 말씀이 생각납니다.

08 관광통역안내사를 준비하고자 하는 후배들에게 하고 싶은 말씀이 있다면?

자격증을 취득하고도 약 1년여 간 가이드 업계에 제대로 자리 잡지 못하고 '이 길은 내 길이 아닌가? 포기해야 하나?'하고 고민하며 우울하게 하루하루를 보냈던 제게 먼저 손을 내밀어주신 가이드 선배님이자 제게 황금 동아줄을 내려주신 가이드업계의 엄마 · 아빠인 '관광통역안내사 교류센터' 운영진 선배님들에게 이 기회를 빌려서 감사의 말씀을 전하고 싶습니다.

관광통역안내사를 꿈꾸는 여러분! 관광업의 특성상 신입 중국어 관광통역안내사, 특히 한국인이 서류 및 면접을 통해 여행사에 취직해 첫 팀을 받고 계속 꾸준히 일할 수 있는 경우는 정말 드문 경우라고 생각합니다. 제 경험과 주위 한국인 동기들의 사례를 보면 신입 가이드가 여행사 입사 후–견습–투어로 이뤄지는 단계의 90%는 감히 인맥이라고 자신 있게 단언할 수 있겠습니다. 우리 관광통역안내사들은 회사소속으로 일하는 분도 많고 프리랜서로 일하시는 분도 많기에, 여러 명이 함께 모이는 시간을 내기가 힘듭니다. 그렇지만 가이드 모임에 자주 나가셔서 정보 공유 및 선배님들의 꿀팁 강의를 들으시길 바랍니다. 자격증 준비 시기부터 취득 후, 그리고 가이드 일을 하면서도 그런 모임을 통해 선후배 및 동기들과 인맥을 다지시길 조언해 드립니다.

≫ 현직 중국어 관광통역안내사 인터뷰

조영빈(Josta Cho) _

- (현) 중국어 관광통역안내사, 4년차 가이드
  (2018년~), 대만 패키지 위주
- (현) 네이버카페 "관광통역안내사 교류센터"
  우수회원
- (현) 네이버카페 "해피케이투어" 정회원
- E-Mail : wh2bn@naver.com
- Instagram : @josta_cho

"
부단히 노력해서
될 수 있는 최고의
자신이 되자!
"

저는 관광업 전공도 아니었고 외국어 전공도 아닌 그냥 성적에 맞춰 무난하게 사회학에 지원해서 평범한 대학 생활을 보내고 있었습니다. 그러던 중 대학교 2학년 때 오랜만에 고향 친구를 만나 밥을 먹는데 일본어 가이드 일을 아르바이트로 했었다고 들었습니다. 이때 처음 '가이드'라는 일에 대해 처음 알았고, 단순히 '즐겁고 보람 있는 일이겠구나'하고 생각했습니다.

그리고 군대를 다녀와 복학해서 세운 목표 중 하나가 외국 생활을 해보는 것이었습니다. 그래서 교환학생을 신청하려고 보니 미국, 일본, 호주 등은 외국어 성적 및 학점까지도 까다롭고 비용도 많이 들었지만, 중국은 비교적 비용도 저렴하고 신청하기 쉬운 조건이어서 중국을 선택했습니다. 당시 중국어 성적이 없어도 신청할 수 있었기에 중국어를 거의 할 줄 모르는 상태에서 중국 칭다오로 갔습니다. 중국 생활은 너무나 만족스러웠고 중국 음식 · 문화 · 사람들과도 친숙해져서 중국어 배우는 것이 즐거웠습니다. 그래서 교환학생이 끝나면 중국어와 관련된 일을 해봐야겠다고 생각했습니다.

직업을 고민할 때 이것저것 따지다 보니 어느 하나 확신이 들지 않았습니다. 여행을 좋아하고 사람들을 인솔하는 것을 잘해서 '가이드'라는 직업이 마음 깊숙한 곳에서 끌렸지만, 친구를 통해서 가이드 일에 대한 현실적인 어려움을 듣고 나니 주저하게 되었습니다. 졸업을 앞두고 하나를 선택해서 취업 준비를 해야 하는데 결정이 쉽지 않아 어느 책에서 본 방법대로 '최고를 잘 고르지 못하겠으면 최악만 피하자'는 생각으로 정말 하기 싫은 일들을 제거해 봤습니다. 컴퓨터를 쓰지 않고 사무실 안에서 일하고 싶지 않았습니다. 게다가 중국어까지 활용할 수 있는 일을 생각하다 보니 중국어 관광통역안내사 일이 다시 눈에 들어왔고 마음에서 확신이 찼습니다. 결국 마음을 먹고 졸업 전에 관광통역안내사 자격증을 본격적으로 준비하여 포기하지 않고 꾸준히 하다 보니 이렇게 원하는 일을 할 수 있게 되었습니다. 조금 돌아왔지만 역시 가장 중요한 것은 '마음 깊숙한 곳에서 끌리는 일인가?'인 것 같습니다.

저는 대학 졸업을 앞두고 2016년도 관광통역안내사 자격증 시험을 준비하는데, HSK 자격증은 중국에서 돌아온 직후 이미 합격을 해놓은 상태였습니다. 1차 필기시험은 인터넷 강의를 통해서 혼자서 공부하여 시험을 보았으나 아쉽게 떨어졌습니다. 당시 약간의 충격으로 방황하다가 이렇게 시간을 허비해선 안 되겠다고 생각하여 어차피 아직 중국어도 부족하니 중국으로 돌아가서 자격증 시험을 준비하며 중국어 실력을 키우기로 했습니다. 그래서 예전 호텔 실습 경험을 통해서 중국 난징으로 가서 호텔에서 일을 시작했고 쉬는 날에는 필기 공부를 준비했습니다. 다행히 2016년도에는 한 해에 중국어 관광통역안내사를 상·하반기 두 번을 뽑았기에 바로 하반기 1차 필기시험에 지원하여 볼 수 있었습니다. 실수를 반복하지 않기 위해 취약했던 과목을 철저히 암기하였고, 필기시험을 보기 위해 간절한 마음으로 한국으로 들어갔습니다. 감사하게도 필기시험에 합격하여 비행기를 타고 한국에 가 시험을 본 보람이 있었습니다.

그리고 약 한 달 반 뒤에 있을 2차 면접시험을 준비하였는데, 혼자서는 뭔가 부족함을 느껴 중국 친구에게 면접형식으로 계속 질문을 받으면 답변하는 식으로 지도를 받았습니다. 그리하여 드디어 면접 날이 왔고 또다시 휴가를 내고 한국으로 와서 면접을 봤습니다. 한 달 후 합격 소식을 들었고 가장 먼저 저를 도와준 중국 친구에게 알려 주었습니다. 그때 중국 친구도 진심으로 축하해줬고 당시 "면접공부 때 제 눈빛에서 엄청 열정이 느껴져서 될 것이라고 생각했다."라고 말해주어 너무나 고마웠습니다. 사실 필기와 면접시험 모두 운이 조금 따라서 합격하였지만, 꼭 합격하고 싶다는 간절한 마음으로 준비하면 이룰 수 있다는 중요성을 깨달았습니다.

코로나로 인해 관광통역안내사 일은 할 수 없게 되었지만, 현재도 관광업과 관계된 일을 하고 있습니다. 코로나 이전에 관광통역안내사 자격증을 따고 기대에 부푼 마음으로 한국으로 돌아와 가이드 일을 하기 위해 이력서를 여러 여행사에 지원했으나 신입을 뽑는 곳은 거의 없었습니다. 게다가 2016년 말부터 시작된 사드 문제로 한중관계가 조금씩 악화되었고, 중국 관광객이 줄어들고 있어 가이드를 구하는 여행사가 별로 없었습니다.

그러던 중 어느 여행사에서 연락이 왔는데 경력 여부 상관 없이 중국어와 운전만 가능하면 할 수 있다고 하여 무작정 서울로 올라갔습니다. 가이드 경력이 없었던지라 주어지는 일 무엇이든 열심히 해보자 하고 가이드 일을 시작하였으나, 업무가 원래 생각했던 투어 일이 아니었습니다. 중국인 보따리상(따이고우)을 상대하는 일이라 면세점 위주로 다니며 운전하는 비교적 단순한 일이었습니다. 그래도 한중관계가 더욱 악화되어 관광객이 완전히 끊긴 상태에서 오히려 이 일이라도 할 수 있어서 감사했습니다. 또한 이 일을 통해 가이드업계 정보를 얻고 서울에서 운전을 하면서 지리도 많이 익힐 수 있었으며, 무엇보다 중국어를 계속 쓸 수 있어서 좋았습니다.

이후 '관광통역안내사 교류센터' 카페 모임에 참석할 기회가 생겼고 모임을 통해 여러 선배님을 알게 되었는데, 젊을 때 안주하지 말고 최대한 빨리 제대로 된 가이드 일을 시작하라는 조언을 받았습니다. 그리고 너무나 감사하게도 실제로도 도움을 주셔서 몇 번의 베트남 단체 시팅 경험을 하면서 패키지 투어에 대한 전체적인 진행 방식에 대해서 알 수 있었습니다. 그 후에 카페운영자 선배님을 통해 대만여행사에 면접을 보고 들어가 약 2년 반 정도 대만 인바운드 패키지 투어를 진행하였습니다. 투어 일정은 대부분 4박 5일 일정으로 진행되며 여행업계 전반적으로 성수기와 비수기로 나뉘어 차이가 크게 나지만, 대만 관광객은 비교적 1년 내내 꾸준히 들어와서 한 달에 평균적으로 3단체 정도 진행할 수 있었습니다.

04 관광통역안내사에게 가장 중요하다고 생각되는 점은 무엇인가요?

아무래도 외국인을 상대하는 일이기에 외국어는 기본이며, 가이드라는 직업 특성상 친절하고 체력도 좋아야 하는데 이 부분들은 가이드들 모두가 공감하는 기본적인 자질일 것입니다. 제가 개인적인 경험을 통해서 가장 중요하다고 생각되는 점은 '본인 자신을 알라'입니다. 본인의 장점, 자신만의 스타일을 잘 파악하고 이것을 투어 진행 시에도 잘 녹여내야 스스로도 자신감이 생기고 편안하게 잘 진행할 수 있다고 생각합니다.

저는 과거 견습 기간을 통해 여러 선배님의 방식을 보고 장점들을 본받아 그대로 흡수해 따라하고 싶었습니다. 그러나 스스로 소화하기에도 벅차고 자기 것이 아니다 보니 진행에 있어서 자연스럽지 못했습니다. 물론 카리스마 넘치고, 매우 유식하고, 엄청 활달하고, 말을 잘하는 등의 다양한 장점들이 있으면 좋겠지만, 제가 생각하기에는 우선 자신만의 장점을 제일 중심에 두고 투어를 진행하면서 부족한 부분들은 경험을 통해서 조금씩 채워가는 것이 좋은 것 같습니다. 그래야 스스로도 자연스럽고 자신감이 생기며, 이런 가이드를 보는 손님들은 더욱 진정성을 느끼며 편하게 투어를 즐길 수 있을 것입니다.

05 업무를 진행하면서 가장 기억에 남았던 에피소드에 대해 말씀해 주세요.

가이드들이 투어를 하며 돈을 버는 것도 중요하지만 항상 현장에서 일하다 보니 매 단체마다 사고 없이 무사히 투어를 마치는 것이 가장 우선일 것입니다. 그렇기에 가이드가 가장 가고 싶지 않은 장소 중 하나가 병원 응급실입니다. 아직 많지 않은 경력이지만 저도 결국 손님을 모시고 응급실을 갔다 오는 경험을 하게 되었습니다.

비교적 최근인 약 2년 전쯤에 받았던 단체여서 기억이 생생한데 그날은 쇼핑이 완전히 깨지고 점심을 먹기 위해 통인시장으로 갔습니다. 당일은 일요일로 셋째 주 일요일은 통인시장이 휴무라는 것을 확인하지 못하고 가서 결국 다른 식당으로 가야 했습니다. 그래서 다시 이동하기 위해 기사님께 전화를 하고 있는데 '쿵'하는 소리가 들렸습니다. 저희 손님 중 90세 할아버지가 계셨는데 지팡이를 헛디뎌 땅바닥에 쓰러지신 것이었습니다. 팔에 출혈이 많이 났고 피부가 얇아서 뼈까지 보였습니다. 너무나 놀랐지만 우선 지혈을 시키며 119를 부르고 회사에 보고했습니다. 그러는 와중에 기사님과 다시 예약한 식당에서는 또 언제 오느냐고 전화가 계속 오는 상황이라 정말 정신이 없었습니다. 일단 대장 인솔 하에 다른 손님들은 식당으로 가서 식사를 하게 하고 저는 할아버지 가족분들과 함께 병원에 갔습니다. 응급실에 도착한 후 팔 부분 봉합 치료를 받았는데, 다행히 다른 곳은 문제가 없었지만 할아버지의 심장박동 수가 너무 낮아서 링거 주사를 맞으며 병원에서 대기하였습니다. 할아버지께서 연세가 많으셔서 가족분들과 저 또한 걱정이 많이 되었으나, 여행사 부장님이 병원으로 와주셔서 저는 다시 손님들이 있는 곳으로 가서 투어를 마저 진행해야 했습니다.

다행히 할아버지의 심박수가 회복되어 퇴원 후 호텔로 가서 휴식을 취하셨고, 다른 손님들도 같이 걱정해주며 일정에 약간 차질이 있었던 부분도 이해해주셨습니다. 그리고 호텔로 들어가 가족들이 식사를 못 하셨다길래 치킨을 시켜 나눠주었고, 가족분들도 저에게 계속 진심으로 고맙고 미안하다며 따로 팁을 챙겨주셨습니다. 그렇게 정신없었던 하루가 지나가고 다음 날 대만으로 돌아가기 전에 다른 손님들도 이번 투어가 너무 좋았으며, 제가 진정성 있고 친절하게 잘 대해줬다고 많은 팁을 챙겨주시며 감사를 표현했습니다. 뿌듯했지만 너무나 힘들고 정신없었던 첫 응급실 경험이었습니다. 정말 돈보다 건강하고 무탈하게 투어를 마치는 것이 최고임을 다시 한 번 느꼈습니다.

06 업무를 진행하면서 만났던 최고와 최악의 고객에 대해 말씀해 주세요.

가이드에게 최고의 단체라면 아무래도 쇼핑도 대박이 나고 손님들도 유쾌하여 순탄하게 진행된 투어일 것입니다. 저는 그 단체를 설날에 받았습니다. 처음으로 설날에 투어를 진행하게 되서 여러 가지 변수에 일정을 진행하는 데 조금 애를 먹었으나, 정말 가족처럼 함께 명절을 보낸다는 마음으로 최선을 다해 서비스하였습니다. 저녁에 스키 리조트에 도착했을 때는 주변에 음식점이 아무것도 없어서 손님께 버스에서 설명했던 한국에서 설날에 꼭 먹는 '떡국'과, 또 한국에 오면 먹어보고 싶다고 했던 '떡볶이'를 편의점에 가서 간단히 조리하여 방마다 돌렸습니다. 그리고 다음날 가족 단위로 왔던 세 팀을 모시고 스키를 가르쳤는데 다들 처음 스키를 타는 것이라 정말 세심하게 알려 주었습니다. 손님들도 고생한다며 음료를 챙겨주셨고, 정말 열심히 해서인지 아니면 진짜 가족 같은 마음으로 느꼈던 것인지 쇼핑점에서도 다들 즐겁게 마치고 나왔습니다. 5일이 순식간에 지나갔고 떠나보내고 나서도 매우 보람찼던 투어였습니다. 그래서인지 저는 또다시 명절 설날이 기다려집니다.

가이드에게 최악의 단체라면 아무래도 쇼핑도 형편없고 손님들 태도나 반응이 아주 쌀쌀맞을 때일 것 같습니다. 저는 이 단체를 예상치 못하게도 추석 때 경험을 하였는데, 다들 한국에 이미 많이 왔었고 가장 많이는 1년에 2~3번씩 20번 넘게 왔던 손님도 있었습니다. 그래서인지 제가 차에서 하는 이야기들을 잘 듣지도 않고 관광지에 관심도 없고 어디를 가든 마트만 찾아다녔습니다. 추석 명절에 쉬지도 못하고 나와 정말 힘 빠지는 와중에 이러한 손님들이 얄미웠습니다. 원래 셋째 날 저녁에는 항상 개인 에피소드를 이야기해주고 노래도 불러주는데 이번에는 도저히 진행을 할 수가 없었습니다. 그래도 나름 추석이어서 기분을 내보려고 추석 명절에 한국에서 먹는 것이라고 설명을 해주고 근처 떡집에서 송편을 사 와서 손님들에게 나눠 주었습니다. 이마저도 먹지 않는 손님도 있었지만, 추석 명절이라는 희망을 버리지 않고 최선을 다했습니다. 그리고 투어 쇼핑 날 저는 어느 정도 마음을 비우고 갔고 역시나 반응이 매우 냉랭했으나, 할아버지 한 분이 전에 한국에 와서 구매해간 건강식품이 효과가 좋았다며 사주시는 덕택에 아주 민망한 결과는 피할 수 있었습니다. 그래도 쇼핑을 떠나서 손님들의 냉랭한 반응에 제가 할 수 있는 것이 거의 없다고 느끼게 한 이 단체는 저에게 최악의 추석을 선물해 주었습니다.

07 관광통역안내사 업무를 진행하면서 가장 어려웠던 점은 무엇이었나요?

현재 제가 가이드 업무를 하면서 가장 어려운 점은 기사님과 같은 방을 쓰는 것입니다. 기사님과 투어 협업을 하기 위해서 최대한 잘 지내야 하기에 기사님께 최대한 맞추고 잘하려 하지만 기사님들마다 잠버릇, 수면시간, 흡연, 음주습관 등이 다 다르기 때문에 맞추기가 어렵습니다. 거기에 아직 제가 나이가 어리다 보니 아들뻘인 저에게 기사님들이 자연스럽게 무례한 반말과 행동을 하시는 것은 아직도 대응하기가 쉽지 않습니다.

그리고 또 하나의 힘든 점은 대만 단체의 경우 투어 일정을 미리 알 수가 없고 거의 하루 이틀 전에 통보하는 식이라 항상 준비하고 있어야 하며, 자기 스케줄을 잡기가 쉽지 않다는 것입니다. 이를 제외하고는 어떤 일을 하든지 다 힘든 점은 있을 테니 업무 중에 발생하는 상황은 충분히 감수할 수 있습니다.

지금은 인터넷과 기술 발달로 교통도 편리해졌고 다양한 정보들을 얻을 수 있어 여행하기가 매우 편리해졌으며, 실제로 많은 사람들이 해외여행을 다니고 있습니다. 그러면서 여행업계는 점점 몸집이 커지고 있지만 여행하기가 편리해질수록 저희 가이드들의 역할 또한 과거와 비교하면 점점 줄어들고 있다고 느낍니다. 여행객들의 수준은 높아지며 관광에 대한 다양한 요구들이 쏟아져 나오고 있지만, 여행사 안에서의 가이드 처우 및 일하는 환경은 크게 개선되거나 달라진 것이 없기에 쉽게 도태되기 쉬운 상황인 것 같습니다.

그렇기 때문에 단순히 가이드라는 일에 대한 환상을 가지고 조금 쉽게 생각하여 그냥 해보고 싶어서 준비하신다면, 나중에 버티기가 쉽지 않을 수도 있습니다. 다만 진짜 여행업에 뜻이 있고 '관광통역안내사' 일에 대한 열망이 있어 마음 깊은 곳에서 끌린다면 도전해 보시길 바랍니다. 분명 새로운 사람들을 만나고 여러 장소를 다니며 다양한 경험도 쌓고, 한국으로 관광하러 온 외국인 손님들에게 외국어로 한국을 알리고 서비스한다는 점에서 보람도 있고 팔색조 같은 매력이 있는 직업입니다. 자신이 좋아하고 매력 있는 이성을 얻기 위해서는 엄청난 노력이 필요하듯, 관광통역안내사도 다양한 매력이 있는 일이지만 이 일을 완전히 안정적인 자신의 업으로 만들기까지는 엄청난 노력과 시간이 필요합니다. 또 지금은 외국어 하나 보다도 몇 개 국어의 자격증을 가지고 있거나 자신만의 특색이 있다면 더욱 경쟁력이 있을 것입니다. 그리고 혼자서 다 하겠다는 마음보다는 동료의식을 가지고 낮은 자세로 다양한 선후배 동료들을 만나 서로 도움을 줄 수 있는 사이를 만드는 것이 더 멀리 갈 수도 있고, 자신의 능력을 더욱 잘 발휘할 수 있을 것이라고 생각합니다.

이 매력 있는 일이 가슴 깊숙한 곳에서부터 끌린다면 우선 시험을 신청하시고 간절한 마음으로 도전해 보시기 바랍니다. 그리고 한 단계 한 단계 나아갈 때마다 안주하지 말고 끊임없이 배워나가며 스스로 될 수 있는 최고의 자신이 된다면, 어느 샌가 분명히 자신이 원하고 생각했던 즐겁고 보람 있는 관광통역안내사 일을 하고 있을 것입니다.

2

영어 관광통역안내사

1) 합격자 동향

구 분	필 기				면 접			
	대상(명)	응시(명)	합격(명)	합격률(%)	대상(명)	응시(명)	합격(명)	합격률(%)
2011년 정기	440	352	224	63.6%	308	262	156	59.5%
2012년 정기	522	410	231	56.3%	331	278	166	59.7%
2013년 정기	774	593	395	66.6%	507	440	238	54.1%
2014년 정기	937	784	578	73.7%	747	629	379	60.3%
2015년 정기	1,082	908	507	55.8%	746	614	344	56.0%
2016년 정기	1,260	1,032	660	64.0%	906	758	464	61.2%
2017년	1,476	1,114	739	66.3%	1,066	858	529	61.7%
2018년	1,518	1,218	670	55.0%	976	778	512	65.8%
2019년	1,610	1,225	857	70.0%	1,103	922	678	73.5%
2020년	1,284	1,018	807	79.3%	1,060	884	617	69.8%

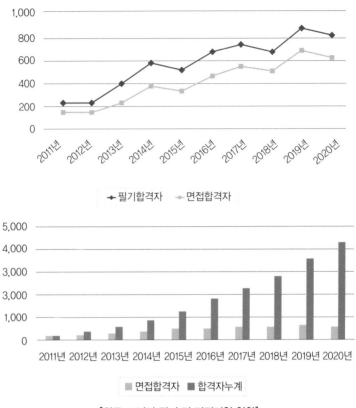

[최근 10년간 필기 및 면접시험 현황]

지난 10년간 영어 관광통역안내사 자격증 필기시험의 합격률은 최소 55.0%에서 최대 79.3%까지의 범위이며, 면접시험의 합격률은 최소 54.1%에서 최대 73.5%까지의 범위입니다. 시험응시자와 합격자 수를 분석해보면 매년 꾸준히 증가하고 있다는 것을 알 수 있습니다. 2017년 이후에는 매년 500명 이상의 최종합격자가 배출되고 있으며, 최근 10년간 누적 최종합격자는 총 4,083명에 달하고 있습니다.

이는 한국을 방문하는 영어권 외래 관광객들의 수가 꾸준히 늘어나고 있고, 관광통역안내사라는 직업에 관심을 가지는 사람들이 증가하고 있으며, 퇴직을 앞두거나 퇴직을 한 50~60대 시험응시자와 취업 문제를 타개하려는 20대 시험응시자가 꾸준히 늘고 있어서라고 판단됩니다. 또한 다른 언어의 관광통역안내사들 중 추가로 영어 자격증을 취득하고자 응시하는 분들도 많아지고 있습니다. 이러한 현상은 앞으로도 계속하여 나타날 것이라고 예상되는데, 관광통역안내사로의 취업에 있어서 더더욱 치열한 경쟁이 있을 것으로 보입니다.

2) 영어 관광통역안내사의 구성

현재 영어 관광통역안내사들은 95% 이상 한국인으로 구성되어 있습니다. 남녀 비율에 대해서는 어떤 통계에도 나오지 않지만, 제 주위의 영어 관광통역안내사들의 분포를 보아 약 3 : 7 또는 4 : 6 정도로 여성 관광통역안내사들이 더 많은 비중을 차지하고 있다고 판단됩니다.

연령대를 보면 20대에서부터 60대까지 다양하게 분포되어 있으며, 30~40대의 비중이 가장 높습니다. 대부분 대졸 이상으로 고학력자인 분들이 많이 계십니다.

관광통역안내사 자격증을 취득하고도 실제 이 분야에서 종사하는 비율은 다른 언어권에 비해 높지 않습니다. 특히 20~30대의 경우 자격시험에 합격하고도 4대 보험이 가입되지 않고 미래도 불안정한 직업인 관광통역안내사로서 일하지 않는 경우가 많이 있습니다. 이는 자격증을 취업을 위한 스펙 쌓기의 목적으로 취득했기 때문입니다.

영어 관광통역안내사들은 스스로 말하기를 개인주의 성향이 높다고 합니다. 경험이 적은 신입 가이드는 선배단체에 첨승(견습)의 기회를 얻기가 쉽지 않습니다. 따라서 선배, 동료들과 좋은 관계를 유지할 수 있도록 해야 합니다.

3) 영어 관광통역안내사의 취업 현황

영어 관광통역안내사의 근무형태는 크게 시티투어/원데이투어(One-day Tour), 인바운드, 드라이빙 가이드, 크루즈 투어 분야로 나눌 수 있습니다.

❶ 시티투어/원데이투어

고객을 모시고 일정표에 따라 종일 투어, 반나절 투어 또는 나이트 투어(Night Tour)를 진행하는 것을 말합니다. 대부분 하루 일비 Base의 수익구조이며, 여행상품에 따라 쇼핑센터가 한두 개 있을 수 있고 쇼핑실적이 나오면 약간의 수수료를 받습니다. 처음 관광통역안내사가 되면 아직 관광지에 대한 정보도 부족하고 관광객을 다룰 수 있는 기술이 약하기 때문에 대부분 관광통역안내사들은 먼저 시티투어 여행사에 취직하여 하나하나 배우면서 일을 하는 경우가 많습니다. 현재 영어 관광통역안내사가 가장 많이 근무하는 형태입니다. 대표적인 시티투어 여행사로는 코스모진투어, VIP트래블, 서울시티투어, 아이러브서울투어, 서울앤투어 등이 있습니다.

❷ 인바운드 투어

영어권에서 '인바운드'라고 하면 시티투어/원데이투어가 아닌 패키지 형태의 투어를 말합니다. 주로 필리핀단체, 싱가포르단체, 말레이시아 무슬림 단체가 대부분이며, 시티투어/원데이투어 여행사에서 어느 정도 경력이 쌓였다고 판단되는 관광통역안내사들이 스스로 인바운드로 전환하여 일하는 경우가 많이 있습니다. 다만 인바운드는 여행사에서 진행하는 단체량이 많이 없거나 비수기와 성수기를 많이 타기에, 어느 한 여행사의 소속으로 있지 않고 프리랜서 개념으로 여러 여행사의 단체를 진행하는 경우가 대다수입니다. 따라서 여러 여행사와 연계하기 위해서는 많은 인맥과 정보가 필요합니다.

❸ 드라이빙 가이드

필리핀, 말레이시아, 싱가포르와 같은 동남아 고객이 주로 많이 있고, 미주 및 유럽도 적지는 않습니다. 최근에는 중국어 및 영어 자격증을 모두 가지고 있는 드라이빙 가이드들이 점차 많아져 자신들의 경쟁력을 높이고 있습니다.

❹ 크루즈 투어

크루즈는 대형선박으로 입국하는 형태인데 현재는 많이 들어오지 않고 있습니다. 영어권 크루즈는 시티투어/원데이투어 가이드가 아닌 인바운드나 드라이빙을 수행하는 가이드들이 대부분 진행하고 있습니다.

❺ 기타 근무형태

그밖에 인천공항에서 우리나라를 경유하는 외국 환승객들을 대상으로 서울 시내 투어를 진행하는 환승투어, 고객을 모시고 대중교통 및 도보로서 시내를 돌아보는 워킹투어, 단시간에 몇 군데 먹거리를 즐기는 푸드투어 등 다양한 여행상품을 진행하는 관광통역안내사들이 계십니다.

또한 인스타그램, 페이스북 등 본인의 SNS에 자신을 홍보하거나, 투어 중 개플랫폼을 통해 자신이 만든 여행상품을 올려 투어를 진행하는 관광통역안내사들도 계십니다.

4) 영어 관광통역안내사의 특수성

영어 관광통역안내사의 경우 타 언어권 관광통역안내사와는 다른 영어 관광통역안내사만이 가지고 있는 특징이 있습니다.

❶ 문화의 다양성

해마다 다양한 국가에서 다양한 인종의 관광객들이 한국을 방문하고 있습니다. 이러다 보니 한 명의 영어 관광통역안내사들이 일 년에 만나는 관광객들이 적게는 몇 십 국가 몇 백 명에서 많게는 백 개 국가 이상에 천 명이 넘는 경우도 있습니다. 관광객 중에 영어를 제2외국어로 사용하는 동양권 관광객이나 영어를 모국어로 하는 미국이나 호주 관광객, 모국어는 아니지만 유창한 영어를 사용하는 유럽 관광객도 계십니다. 관광객 중에 무슬림이 있으면 알코올을 마시지 않고 돼지고기나 돼지고기 성분이 들어간 음식을 먹지 않기에 음식에도 신경 써야 하며, 동서양 관계 없이 기본적인 예절문화 정도는 미리 파악하고 있어야 실수를 하지 않습니다. 또한 관광객들이 구사하는 영어의 발음과 수준이 다양해서 때로는 이해하기 어려울 수도 있고, 반대로 관광통역안내사가 유창한 미국식 발음으로 말을 하면 관광객이 못 알아듣고 컴플레인을 하는 일도 있습니다. 그러므로 관광통역안내사는 투어를 진행할 때 투어마다 다른 인종, 다른 문화를 가진 관광객들이라는 것을 인식하고 이에 대한 지식을 쌓고 이해하는 일이 필요할 것입니다. 이러한 문제는 스스로 찾아서 공부하는 수밖에 없습니다.

❷ 전문성

영어 관광통역안내사의 또 다른 특징은 전문성에 있습니다. 영어권 관광객들의 여행상품은 관광지를 찾아다니는 단순한 관광보다는 비즈니스를 위한 비즈니스 관광이 많이 있습니다. 한국을 방문하는 목적이 특수한 데에 있다는 것이지요. 예를 들면 태권도 순례, 동양 건축물 투어, 현대중공업 방문,

불교 투어 등과 같은 여행상품이 있는데, 관광통역안내사들은 관련 분야에 대한 깊은 지식을 가지고 있어야 합니다. 실제 관광객들 대부분은 해당 분야에서 몇 십 년을 종사한 분들이 많이 있기에 어설픈 지식을 가지고 설명하려다 오히려 망신을 당할 수도 있습니다. 뭘 설명하려고 하면 "가이드, 설명 안 해도 돼! 우리 다 알아. 그냥 현장을 보러온 것뿐이야."라고 말하여 관광통역안내사를 난처하게 만들기도 하지요. 실제 일부 관광객들은 오랫동안 해당 분야에서 일해 오신 분들이라 그 정도 수준을 맞추기 위해서는 관광통역안내사는 최대한 깊이 있는 공부를 해야 합니다. 그래서 영어 관광통역안내사들은 다양한 분야에 관한 콘텐츠를 알고 있어야 합니다. 특히 DMZ 방문이 매우 많기에 한국전쟁과 북한의 실상, 현재 남북한 관계 등에 대한 전문적인 지식을 가지고 있어야 합니다.

❸ 투어의 다양성

보통 4박 5일 정도 진행하는 패키지 투어와는 달리, 영어권에는 온종일 진행하거나 반나절만 하는 시티투어에서부터 해외입양아들의 한국 방문과 같이 한 달 이상 진행되는 여행상품까지 다양한 투어의 형태가 있습니다. 시티투어, 프라이빗 투어와 같은 개별여행이 많고 도자기 투어, 공무 단체, 신혼여행, 안보투어(DMZ + JSA), 문화투어, 역사투어, 식도락 투어, 스키투어와 같이 다양한 투어들이 많이 있습니다. 팔방미인이 되어야겠지요?

5) 영어권 관광객들의 특성

영어를 모국어로 하는 서양 문화권 관광객뿐만 아니라 북유럽, 남미, 아프리카, 중동국가 및 동양 문화권 관광객 등 다양한 인종 · 종교 · 문화를 가진 관광객들을 상대해야 합니다. 특히 말레이시아, 필리핀, 싱가포르와 같은 동남아 관광객들이 영어 관광통역안내사의 주된 고객들입니다.

❶ 서양 문화권 관광객들은 패키지 단체보다 비즈니스 투어가 많기에 FIT 비중이 높습니다.

❷ 서양권 관광객들은 동양적인 풍경에 많은 관심을 나타냅니다.

❸ 서양권 관광객들은 개인주의의 성향이 있으므로 그러한 문화를 이해해야 합니다. 특히 나이 등 개인 인적사항을 질문하는 것은 결례가 될 수 있습니다.

❹ 서양권 관광객들은 관광통역안내사의 해설에 꽤 진지하면서도, 영화와 드라마에서 보던 것처럼 농담도 잘합니다.

❺ 관광객 중에는 군인, 의사, 건축사, 회계사, 교수, 공무원같이 전문 직업인들이 많이 포함된 경우가 많습니다.

❻ 한국을 방문하는 여행의 목적이 비교적 분명합니다(예 비즈니스 + 관광, 특수 목적의 관광).

❼ 시티투어/원데이투어의 경우 쇼핑센터가 거의 없거나 한두 개 있지만, 쇼핑센터에서 상품 구매로까지 이뤄지는 비율은 그리 높지 않습니다. 그나마 동양권 손님은 한국의 질 좋은 화장품과 건강식품에 관심이 조금 있습니다.

❽ 우리나라를 처음 방문하는 관광객들은 깨끗한 도시미관, 한국인의 철저한 개인위생에 대해 많은 감탄을 합니다.

❾ 우리나라의 경제발전에 대하여 감탄하는 관광객들이 많이 계십니다.

❿ 필리핀, 말레이시아와 같은 동양 문화권 사람들은 워낙 놀고 떠드는 것을 좋아하므로 안내와 엔터테인먼트를 적절히 섞으면 성공할 확률이 높아집니다. 잘하려면 어느 정도 노래와 춤을 출 줄 알아야겠지요?

⓫ 동남아 손님들은 가이드의 서비스에 만족하면 대체로 팁이 잘 나옵니다.

6) 영어권 관광객 현황

구 분	2014년	2015년	2016년	2017년	2018년	2019년
총 입국자	13,908,927	12,961,458	16,965,284	13,066,901	15,095,806	17,880,503
중 동	155,219	168,384	193,593	217,538	237,715	266,431
미주/남미	974,021	974,153	1,116,157	1,117,107	1,242,792	1,445,516
유 럽	848,530	806,438	942,672	936,054	1,003,620	1,124,314
오세아니아	177,934	168,064	190,547	189,557	193,431	220,157
아프리카	44,053	44,525	57,326	49,316	53,719	62,171
필리핀	434,951	403,622	556,745	448,702	460,168	516,503

(자료 : 통계청, 단위 : 명)

사드 배치 이전에는 중국인 관광객의 지속적인 증가로 인해 총 입국자 대비 영어권 관광객의 전체 비중은 높지는 않았지만, 꾸준히 15~23%의 비중을 차지하고 있었습니다. 그러나 실제로 영어를 사용하는 영어권 관광객만을 파악하기는 매우 어렵습니다. 예를 들어 홍콩이나 대만에서도 모국어인 광동어나 중국어를 사용하는 투어로 들어오지 않고 영어를 사용하는 투어로 들어올 때도 있습니다. 그런데도 지역만 보면 홍콩이나 대만에서 들어왔기 때문에 영어권으로 계산하지 않고 중화권 관광객으로 계산을 하게 되는 거죠.

실제 영어를 사용하는 관광객은 서양권 관광객보단 아시아권 관광객이 더 많이 내한하고 있습니다. 특히 필리핀단체는 거의 100% 영어를 사용하고 홍콩, 마카오, 대만, 싱가포르 · 말레이시아 무슬림 등에서도 영어를 사용하는 단체가 있기에 영어권 관광객으로 판단할 수 있습니다. 그러므로 실제 영어권 관광객은 표에 나타난 숫자보다 훨씬 더 많게 됩니다. 또한 프랑스, 독일, 스페인과 같은 나라는 해당 언어의 관광통역안내사가 진행하지만 우리나라에 그리 많지는 않기에 영어 관광통역안내사가 투어를 진행하는 경우가 많습니다. 그래서 유럽의 모든 국가는 영어권 관광객으로 판단하였습니다. 표를 보시면 영어를 사용하는 미주, 유럽 관광객들도 해마다 꾸준히 늘어나기 때문에 앞으로 영어 관광통역안내사들의 수요도 증가할 것으로 판단됩니다.

7) 영어권 관광객들의 주요 관광지

아시아권 관광객들이 가장 좋아하는 관광지는 남이섬, 서양권 관광객들이 가장 좋아하는 관광지는 서울 시내, DMZ입니다. 영어권 관광객들의 여행상품은 너무나 다양하므로 여기에서는 시티투어/원데이투어 및 몇 가지 인기 있는 여행상품만을 소개하고자 합니다. 아래 기재된 여행상품은 현재 시티투어 여행사에서 진행하고 있는 여행상품으로 영어뿐만 아니라 중국어, 일본어도 비슷한 일정으로 서비스하고 있습니다. 그 중 특히 영어권 관광객들이 아래 여행상품들을 많이 이용하기에 여기에서 이들 여행상품을 소개하려고 합니다.

❶ DMZ & 판문점 투어

영어권(특히 서양권) 관광객들에게 가장 인기가 많고 관심이 높은 우리나라 투어 중 가장 대표적인 여행상품이라고 말할 수 있습니다. 오랫동안 인기를 끌어왔고 앞으로도 계속 인기를 유지해나갈 투어입니다. 그러나 2019년 하반기 경기도 북부에서 발생한 아프리카돼지열병으로 인해 오랫동안 DMZ를 방문할 수 없는 상황이 되었습니다. 이에 아프리카돼지열병 해결 완료 전까지는 대체 프로그램으로 강화도 안보관광, 임진각, 용산 전쟁기념관으로 변경되어 운영되고 있습니다.

- 08:00 호텔 → 오전 반일 DMZ 관광 → 중식 → 사격체험 → 호텔(8시간)
- 08:00 호텔 → 임진각 → 자유의 다리 → 통일촌(차창관광) → 제3땅굴

→ 도라전망대 → 도라산역 → 임진각 → 쇼핑센터 → 동대문시장 → 광장시장 → 청계천 → 호텔(8시간)

- 08:00 호텔 → 임진각 → 자유의 다리 → 제3땅굴 → DMZ 상영관/전시관 → 도라전망대 → 도라산역 → 통일촌(차창관광) → 중식 → 인사동 → 쇼핑센터 → 호텔(9시간)

- 08:00 호텔 → 오전 반일 DMZ 관광 → 임진각 → 중식 → 통일대교 → 캠프 보니파스 → JSA 경내 관광(자유의 집, 본회담장, 제3초소, 돌아오지 않는 다리) → 캠프 보니파스 → 호텔(9시간)

❷ 전일 투어(Full-day Tour)

- 09:00 호텔 → 수원화성 → 화성열차 → 화성행궁 → 중식 → 한국민속촌 → 호텔(8시간)

- 09:00 호텔 → 청와대(차창관광) → 경복궁 → 국립민속박물관 → 조계사 → 중식 → 쇼핑센터 → 사우나 → 호텔(8시간)

- 09:00 호텔 → 남대문시장 → 면세점 → 인사동 → 쇼핑센터 → 중식 → 쇼핑센터 → 동대문시장 → 쇼핑센터 → 용산전자상가 → 호텔(8시간 30분)

- 09:00 호텔 → 이천 도예촌 → 중식 → 신륵사 → 목아박물관 → 도자기체험 → 호텔(8시간 30분)

- 09:00 호텔 → 송도국제도시 → 인천상륙작전기념관 → 차이나타운 → 중식 → 자유공원 → 신포시장 → 수도국산달동네박물관 → 월미도 → 쇼핑센터 → 호텔(8시간)

- 08:30 호텔 → 북촌문화센터 → 북촌4경 → 가회동 31번지 → 종묘 → 창덕궁 → 쇼핑센터 → 중식 → 수원화성 연무대 → 화성열차 → 수원행궁 → 호텔(9시간)

- 08:30 호텔 → 서울역, 남대문, 덕수궁(차창관광) → 청계천 → 청와대 정문 → 경복궁, 국립민속박물관 → 쇼핑센터 → 중식 → 북악스카이웨이전망대 → 창덕궁 → 북촌문화센터 → 인사동전통거리 → 쇼핑센터 → 남대문시장 → 호텔(9시간)
- 09:00 호텔 → 롯데월드 → 자유중식(롯데월드) → 롯데면세점 → 한강유람선 → 쇼핑센터 → 청계천 → N서울타워 → 호텔(9시간)

❸ 나이트 투어(Night Tour)

- 19:00 호텔 → 공연(난타쇼/드로잉쇼/미소/판타스틱 등) → 호텔(3시간)
- 18:00 호텔 → 남산한옥마을 → N서울타워 → 명동 → 청계천 → 호텔(4시간)
- 18:00 호텔 → 동대문시장 → 광장시장 → 청계천 → 호텔(4시간)
- 18:00 호텔 → 덕수궁 → 서울광장 → 동대문시장 → 호텔(4시간)
- 17:30 호텔 → N서울타워 → 명동 → 남대문시장 → 호텔(4시간)
- 17:30 호텔 → 석식 → 한강유람선 → 롯데호텔 경유 → N서울타워 → 호텔(5시간 30분)

❹ 드라마 투어(Drama Tour)

- 08:00 호텔 → 아침고요수목원 → 남이섬 → 중식 → 쁘띠프랑스 → 면세점 → 호텔(9시간)
- 09:00 호텔 → 쁘띠프랑스 → 중식 → N서울타워 → 남산한옥마을 → 면세점 → K Live 극장 → 호텔(9시간)
- 09:00 호텔 → 용인 MBC 드라미아 → 중식 → 한국민속촌 → 수원화성 → 호텔(9시간)
- 08:00 호텔 → 제이드가든 → 중식 → 청담동 카페 → 신사동 → 면세점 → 호텔(9시간 30분)

❺ 지역 투어(Provincial Tour)

- 08:00 호텔 → 공주국립박물관 → 무령왕릉 → 백마강(낙화암, 백화정) → 고란사 → 부여부소산성 → 서울 호텔(10시간)
- 08:00 호텔 → 안동 부용대 → 안동 하회마을 → 병산서원 → 봉정사 → 서울 호텔(10시간)
- 08:00 호텔 → 설악산 → 권금성 → 신흥사 → 낙산사 → 낙산해수욕 → 대포항 → 서울 호텔(11시간)
- 07:00 호텔 → 진안 마이산탑사 → 중식 → 풍년제과 → 경기전 → 전동성당 → 전주한옥마을 → 서울 호텔(12시간)
- 07:30 호텔 → 서울역 KTX → 부산역 도착 → 해동용궁사 → 중식 → 해운대 → 아쿠아리움 → APEC 누리마루 → 자갈치시장 → 석식 → 부산역 KTX → 서울역 도착 → 서울 호텔(15시간)
- 경주 + 부산투어(1박 2일)
  - 1일 : 서울 → 석굴암 → 불국사 → 호텔
  - 2일 : 호텔 → 경주역사박물관 → 안압지 → 민속공예품박물관 → 첨성대 → 대릉원 → 서울 호텔

❻ 스키투어(Ski Tour)

- 08:00 호텔 → 스키리조트 → 쇼핑센터 → 호텔(10시간)
- 스키 + 온천투어(1박 2일)
  - 1일 : 서울 → 스키리조트 → 호텔
  - 2일 : 호텔 → 스키리조트 → 온천 → 서울 호텔
- 설악 + 온천 + 스키투어(2박 3일)
  - 1일 : 서울 → 설악산국립공원(권금성/신흥사)
  - 2일 : 호텔 → 온천 → 낙산사 → 낙산해수욕장 → 콘도
  - 3일 : 콘도 → 스키리조트 → 서울 호텔

[시티투어/원데이투어 브로슈어]

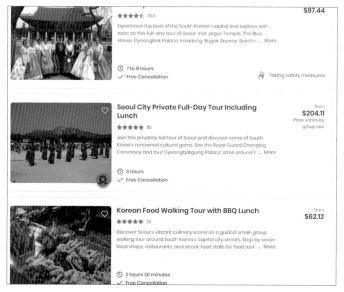

[투어 중개플랫폼에 올라와 있는 시티투어/원데이투어]

≫ 현직 영어 관광통역안내사 인터뷰

박성(Seong Park) _

- (현) 영어 관광통역안내사, 6년차 가이드
  (2016년~), 시티투어 위주
- (현) 네이버카페 "관광통역안내사 교류센터"
  영어권 운영진
- (현) 네이버카페 "해피케이투어" 정회원
- E-Mail : sharingdream@naver.com

"
많이 체득하고
많이 시도하라!
"

01 관광통역안내사라는 직업을 가지게 된 계기는 무엇이었나요?

저는 제 특기인 영어 회화와 제 관심사인 역사와 사회과학, 그리고 사람에게 섬김의 자세로 다가갈 수 있는 저의 성품을 고려하여 관광통역안내사에 관한 관심이 일찍부터 높았습니다. 그러나 여행사에 들어가기는 쉽지 않은 일이었고, 가이드가 되는 것은 더욱더 어려운 일이었습니다. 그럼에도 제가 여행사에 취직하여 관광통역안내사가 될 수 있었던 이유는 정부에서 해외 취업을 지원하는 프로그램들이 있었고, 채용박람회에서 실무자와 면접을 볼 수 있었기 때문입니다. 기회를 잘 활용하면서도 운이 좋아야 한다고 생각합니다.

02 관광통역안내사 자격증 시험은 어떻게 준비하셨나요?

필기시험은 대략 2달 정도 공부했습니다. 국사는 이미 9급 공무원 시험을 준비한 적이 있었기 때문에 복습하는 느낌으로 공부하였습니다. 도서관에서 하루에 몇 시간씩 거의 매일 공부했고 과목마다 교재를 완독하고 문제집을 풀었습니다. 면접시험은 한국관광공사 홈페이지와 대한민국 구석구석 홈페이지를 많이 참고했습니다.

03 현재 어떤 일을 하고 계신가요? 구체적으로 알려주세요.

지금은 코로나로 인해 잠시 다른 일을 하고 있지만 코로나 이전에는 C여행사에서 시티투어, DMZ투어, FIT 등을 담당하는 메인 가이드였습니다. 제가 진행하는 투어는 오전, 오후, 혹은 야간(나이트) 일정이 있으며 보통 반일 혹은 전일 동안 이루어지지만, 지방 출장 시에는 때때로 1박 2일간 진행되기도 합니다. 2박 3일에서 9박 10일 이상 긴 일정과 대비되는 짧은 일정을 소화하며, 호텔 투숙객과 비즈니스 출장 외국인들이 주요 고객 대상입니다.

시티투어는 일정이 짧은 만큼 손님과 깊은 관계를 형성하기에는 시간이 부족할 때가 있고 상품이 박리다매인 경우가 많아서 손님에게 다가가고 응대하는 방식이 다른 투어와 차이점이 많습니다. 짧은 시간 안에 강한 인상을 주고, 너무 심오하지도 그렇다고 가볍지도 않지만 재미가 있으며, 평균적인 사람을 위한 평이하지 않은 내용으로 영화보다는 유튜브 같은 스타일과 재미가 필요합니다.

DMZ투어는 한반도의 비무장지대를 방문하는 투어로서, 남북한 사이의 군사분계선에 근접하게 다가가서 남북한 대치상태를 피부로 경험할 수 있는 우리나라에만 있는 유일한 투어입니다. 관광통역안내사의 해설 능력이 DMZ투어의 만족도에 상당히 영향을 끼치며, 가이드는 문화, 역사, 사회, 국제정세 등을 포괄적으로 잘 알아야 합니다. 또한 남침 땅굴에 내려갔다가 다시 오르는 과정에서는 체력도 뒷받침되어야 합니다.

FIT는 정해진 시간과 예산 안에 손님과 의논하고 합의하면서 손님과 가이드가 함께 투어 내용을 설계하는 경우가 많습니다. 적재적소에 최선의 요소들이 비교적 부드러운 흐름 속에 이어지도록 가이드가 잘 조율해야 합니다. 어디를 간다는 것에 집중하기보다는 무엇을 하거나 어떠한 느낌을 받도록 투어를 창의적으로 설계할 수 있어야 합니다.

04 **관광통역안내사에게 가장 중요하다고 생각되는 점은 무엇인가요?**

성공적인 가이드에게는 각자 나름의 장점이 있고 그 장점들이 참 다양하다는 것을 느낍니다. 그러나 롱런하는 가이드의 공통점은 건강과 체력입니다. 건강과 체력은 단순히 젊음과 근성만으로 이루어지지 않고 체계적인 관리와 꾸준한 노력이 필요합니다. 20대 초반 가이드가 3년차에 허리 디스크로 경력이 단절되는 사례도 목격하였습니다. 그리고 60세가 넘어서도 일을 원기 왕성하게 잘하시는 가이드님도 만나보았습니다.

가이드 업무는 대체로 이것저것 많은 것을 알면서도 할 줄 알면 유리합니다. 그렇지만 가이드는 자신만의 전문분야와 노하우가 있어야 "그 가이드는 (이거)다!"라고 주변에 알려지고 인정받습니다. 경력 초창기에 꾸준히 준비하여 3년차 정도 되면 본인에게 맞고 본인이 자부심을 느낄 수 있는 '수식어'를 훈장처럼 달 수 있어야 한다고 봅니다.

어느 손님께서 호텔에서 잠을 자다가 일어나면서 기지개를 피다가 어깨가 빠졌던 일이 있었습니다. 워낙 높은 분의 자제분이었기에 호텔에서는 초비상이 걸렸습니다. 호텔은 가이드의 출입을 막으면서 자체적으로 사태를 수습하려 했지만 구급차를 부르는 것 외에 달리 방도가 없었습니다. 제가 병원에 가서 의료통역과 접수처리 및 복약하는 방법 등을 도와주었고, 환자와 가족이 안심할 수 있도록 덕담을 나누었습니다. 크게 보면 일반적이지 않은 경우이지만, 관광객이 환자가 되는 것은 가이드에게는 흔한 경험인 만큼 나름의 프로토콜을 마련하는 것이 중요하다고 생각합니다.

제가 만난 손님 중에 최악은 없었던 것 같습니다. 대체로 어려운 돌발상황이 투어의 진행을 방해하거나 손님과 가이드 사이의 신뢰 형성을 저해시키기는 하지만, 때로는 어려움을 극복하는 것이 더 깊은 추억과 신뢰를 만들기도 합니다. 그래도 대략 천 명 중의 한 명꼴로 모든 합리적인 논리와 이해관계를 초월할 정도로 이해 불가인 손님들이 종종 있습니다. 배움의 기회 중 하나로서 받아들이고 슬기롭게 극복해야 합니다.
최고의 고객은 저를 최고의 가이드로 인정하면 그 사람이 저에게는 최고의 고객입니다.

저는 어렸을 적에 미국에 오래 머무르면서 발음과 사고방식이 미국적이라는 말을 많이 들어왔습니다. 그래서 기업체의 한국인 담당자들과 논의를 할 때 저에 대한 신뢰와 소통이 어려울 때가 가끔 있었습니다.
영어를 잘하는 것은 때로는 플러스보다는 마이너스 요인이 더 큰 경우가 종종 있습니다. 상대방에게는 너무 어렵고 고차원적인 설명으로 받아들여질 수 있기도 하고, 한국에서 영어라는 교과목은 종종 질투와 위축감 등 불편한 감정을 무의식적으로 일으키기도 합니다. 사람에 관한 판단도, 불편한 감정도 모두 일시적이고 가변적입니다. 친절한 미소를 잃지 않고 개방적이고 유연한 마음을 가지도록 루틴을 유지하고 몸 상태를 조절하는 것이 중요하다고 생각합니다.

최근 느끼는 어려움 중에 가장 주의를 기울이는 것은 매너리즘입니다. 비슷한 상황에서 비슷한 말을 수백 수천 번 반복하면 말과 표정에서 조금씩 생기가 빠지는 것 같습니다. 매너리즘에 빠지지 않기 위해 새로운 콘텐츠를 발굴하고 새로운 레퍼토리를 개발해야 합니다.

08 관광통역안내사를 준비하고자 하는 후배들에게 하고 싶은 말씀이 있다면?

다음 4가지가 있으면 위태롭지 않고 만족스러운 경력을 설계할 수 있는 것 같습니다. 자신을 이해하고 통제하는 평정심, 타인을 헤아리는 눈, 돈의 흐름을 포착하는 육감, 그리고 유의미하게 잘 짜인 인맥과 정보망. 20대 때 재능과 운으로 크게 성공하더라도 나중에 앞에서 말한 4가지가 없으면 많은 것을 잃을 수도 있습니다. 많이 알고, 많은 것을 가지는 것 그 이상으로 많이 체득하고, 많이 시도해야만 4가지를 얻을 수 있습니다. 그러나 많이 누리고, 많이 해 보려면 그만큼 많은 사람들과 유의미하게 교류하면서 신뢰 · 소통 · 존중이 뒷받침되어야 합니다. 후배 가이드님들은 4가지가 없는 가이드가 되지 않기를 바랍니다.

≫ 현직 영어 관광통역안내사 인터뷰

복태순(Thomson Bok) _

- (현) 중국어 관광통역안내사, 7년차 가이드
  (2015년~), 패키지 & 드라이빙 위주
- (현) 영어 관광통역안내사, 5년차 가이드
  (2017년~), 패키지 & 드라이빙 위주
- (현) 네이버카페 "관광통역안내사 교류센터"
  운영진
- (현) 네이버카페 "해피케이투어" 운영진
- E-Mail : feibok24@naver.com
- Facebook : @feibok24

"
고객은 여행 중,
나는 그들을 이해하고
돕는 자
"

중국에서 9년 동안 생활한 것을 경험으로 중국어 관광통역안내사가 먼저 되었습니다. 가이드라는 직업 전에는 회사원으로 근무도 해봤고, 자동차 판매영업사원도 해봤었죠. 제가 가이드가 된다고 하자 모두가 잘 어울릴 것 같다고 얘기해줬습니다. 그래도 나름 모나지 않게 둥글둥글하게 살아왔는데 그런 이미지 때문인지 좋은 말씀들을 해주시더군요. 가이드 시험을 준비하면서 가이드란 직업이 민간외교관이라고 불린다는 걸 처음 알았습니다. 한국의 매력과 문화를 알린다는 점에서 상당히 흥미로운 직업임을 깨닫게 되었습니다. 그리고 매일 똑같은 곳으로 출근하고 똑같은 시간에 퇴근하는 생활보다는 가이드로서의 생활이 제게 더 적합해 보였습니다. 그렇게 중국어 관광통역시험에 합격하였고, 가이드 일을 하면서 영어 관광통역안내사 자격증도 따고 싶다는 갈망이 계속 있었습니다. 때마침 중국과 사드라는 문제가 터지면서 중국어권 시장이 쇠퇴하였으나 저에게는 그 갈망을 현실로 이룰 기회가 되었습니다. 그래서 거의 모든 것을 멈춘 채 가이드학원에 다니며 준비를 하여 영어 관광통역안내사 자격증을 취득하였습니다. "하나의 외국어를 알게 되면 더 넓은 세상을 볼 수 있다."라고 평소 생각했었는데, 영어 가이드 자격증을 따게 되어 중화권과는 또 다른 세계의 손님들을 접하게 되었고 그들과 이야기를 나누는 것이 정말 재미있습니다.

중국어 자격증은 다른 본업에 종사하면서 준비했습니다. 필기는 회사를 마치고 또는 영업차 외출하고 나서 시간이 조금 남으면 도서관이든 커피숍이든 앉을 공간만 있으면 어디든 열심히 공부하였습니다. 우선 이론 책은 정독보다는 속독하였고, 문제를 풀 때는 오픈북으로 풀면서 다시금 이론을 복습하는 과정을 가졌습니다. 그 후에는 기출문제와 모의고사를 계속 풀어보면서 오답 노트를 만들었고 결국 필기에 통과하였습니다. 면접은 준비할 양이 너무 많아서 학원의 도움을 받았습니다. 그리고 면접학원에 다니면서도 면접스터디를 꾸준히 하였던 것이 시험에 합격할 수 있었던 데 큰 도움이 되었습니다. 영어 자격증을 추가로 취득할 때는 필기시험이 필요 없었으나 저의 영어 실력이 형편없다는 걸 알기에 다시 학원의 도움을 받았습니다. 중국어 자격증을 취득하였을 때와 같이 스터디를 열심히 하였고, 영어 스피킹은 전화 영어로 연습을 하였습니다. 한번 해봤던 것이라 그런지 영어를 준비할 때는 조금은 수월하였고 자신감도 있었습니다. 그 자신감으로 면접장에 임하여 결국 합격을 하였고 지금은 중국어와 영어 가이드를 병행하고 있습니다.

03 현재 어떤 일을 하고 계신가요? 구체적으로 알려주세요.

코로나로 인해 현재는 다른 일을 하고 있지만 코로나 이전에는 프리랜서로 중국어 가이드와 영어 가이드 업무를 수행하였습니다. 다른 선배님 소개로 말레이시아 무슬림 단체를 맡은 적도 있고 싱가폴, 말레이시아, 중국단체, 대만단체를 맡아서 해 본 적도 있습니다. 드라이빙 가이드를 하면서는 더 많은 국적의 손님들과 시간을 함께하였고요. 영어 가이드 일이 중국어 가이드 일보다는 조금 더 많습니다. 영어 가이드로서는 주로 필리핀 패키지 단체를 맡아서 하고 있으며, 패키지 단체 일정 중간 중간에 드라이빙 가이드 일도 하고 있습니다. 패키지 단체는 주로 4박 5일의 일정이고 가는 관광지도 거의 비슷합니다. 다른 나라 패키지상품도 그러하듯이 쇼핑센터도 방문합니다. 쇼핑에 관한 스트레스도 있어 계속 연구를 하고 있습니다. 드라이빙 가이드 일을 하며 만나는 손님의 국적도 정말 다양합니다. 서울 시내만 돌아다니면서 관광지를 안내할 때도 있고 관광지보다는 서울의 유명한 쇼핑지역을 돌아다니면서 쇼핑만 하시는 손님들도 계시고요. 서울 근교에 당일치기로 여행을 다녀오기도 합니다. 다른 나라 회사에서 한국으로 회의나 출장을 오실 때 일을 나가기도 하지만 이때는 솔직히 가이드보다는 기사에 가깝다는 느낌이 듭니다. 하지만 이런저런 일을 해 보는 재미가 있습니다.

04 관광통역안내사에게 가장 중요하다고 생각되는 점은 무엇인가요?

가장 중요하다고 생각하는 부분은 다른 가이드들과의 교류입니다. 가이드란 직업은 프리랜서이고 어느 한 회사에서 꾸준히 일하고 있다고 해서 안주할 수 없습니다. 세상에 영원한 것은 없으니까요. 실제로 대부분의 일을 다른 선·후배 동기 가이드의 소개를 통해서 받게 됩니다. 그렇다고 단지 일을 많이 하기 위해서만 교류를 해야 한다는 소리로 들리지 않았으면 합니다. 우리는 모두 동업자입니다. 각자 가족과 연인, 친구가 있지만 우리의 상황을 가장 잘 이해하고 들어줄 수 있는 사람은 우리 가이드들입니다. 저도 다른 가이드들과의 소통과 교류를 통해 위안과 힘을 얻은 적도 많았습니다. 그리고 그 과정에서 가이드로서 필요한 여러 가지 정보도 나누었고, 그러다 보니 저라는 사람이 다른 가이드들에게 준 호감 덕분에 때에 따라서는 일도 소개받을 수 있었던 것 같습니다.

제가 다른 가이드들과의 교류가 가장 중요하다고는 했지만, 사실 건강의 중요성은 아무리 강조해도 지나치지 않다고 생각합니다. 가이드가 되시면 건강을 위해 할 수 있는 건 다 하시기 바랍니다. 건강식품, 운동, 틈틈이 취하는 휴식 등. 건강을 잃는 순간 모든 것이 한순간에 무용지물이 되니까요.

05 업무를 진행하면서 가장 기억에 남았던 에피소드에 대해 말씀해 주세요.

제가 지금까지 드라이빙 가이드를 하면서 가장 기억에 남았던 손님들은 5월과 6월입니다. 무슨 소리냐고요? 싱가포르 분들이셨습니다. 50대가 된 딸 2명과 70세가 넘은 어머니로 된 가족이었는데, 딸 2명이 5월과 6월에 태어나서 이름을 각각 MAY와 JUNE으로 지었더라고요. 손님들과 함께한 시간은 길지 않았습니다. 약 3일 정도를 같이 하였습니다. 처음 호텔에서 만났는데 둘째 따님은 하반신을 거의 못 쓰시는 상태였고, 첫째 따님은 특별한 신체적 장애는 없었지만 아주 깡마른 체구였습니다. 70이 넘으신 노모는 좀 비만이셨는데 다리도 퉁퉁 부어있어 지팡이가 없으면 제대로 걷지도 못하는 상태였습니다. 이 가족을 호텔에서 보는 순간 "이번 투어는 급하지 않고 여유 있게 천천히 다녀야겠다."라고 생각하였습니다. 하지만 제 차가 스타렉스여서 당장 차에 올라타는 것도 문제가 되었습니다. 둘째 딸은 팔의 힘으로만 걸어야 해서 팔에 딱 달라붙는 목발을 이용해서 다녔는데, 차에 탈 때도 팔의 힘만 이용해서 올라타야 했던 것입니다.

무언가 도움이 되어야겠다고 생각해서 주변에 차량탑승에 도움이 될 만한 높이를 한 것을 찾아 다녔습니다. 호텔이 충무로에 있어 인쇄 골목 쪽을 돌아다니다 보니 목재 깔판이 보였고, 마침 사용하기에 딱 알맞아 보였습니다. 그래서 인쇄소 사장님께 손님의 상황을 설명하고 구매하겠다고 하니 그냥 가져다 쓰라고 하시더군요. 차에 오르기 쉽도록 바닥에 깔판을 놓아드렸더니 한결 수월하게 차에 오르실 수 있었습니다. 그리고 목재 깔판은 차 뒤에 항상 싣고 다녔습니다. 모든 관광지에서 오르내릴 때 깔판을 바닥에 놓아드렸습니다. 사실 깔판이 있다고 해서 둘째 딸이 차량에 오르내리는 것이 아주 쉬워진 것은 아니었습니다. 여전히 자신의 온 힘을 팔에 집중해서 오르내리셨습니다. 뒤에서 몸을 들어드리고 싶었지만 여성분이신 데다가, 혼자서 꿋꿋하게 해내시며 오히려 도움이 필요하냐고 여쭤봐도 쿨하게 "할 수 있다."라고 하셔서 보고만 있었습니다.

경복궁에서는 하체가 불편한 둘째 딸과 지팡이가 있어야 그나마 천천히 걸으시는 노모가 있어 분명 휠체어 2대가 필요하였지만, 설령 2대를 대여한다고 해도 첫째 딸이 힘을 못 쓰는 상황이라 휠체어 2대를 밀 수 없는 상황이었습니다. 결국 저는 1대만 빌렸고 당연히 팔의 힘으로만 걸으시는 둘째 딸이 휠체어에 탈 줄 알았는데 노모를 위해 양보하시더군요. 그래서 저는 노모를 휠체어에 태우고 다녔습니다. 다른 손님들과는 신체적으로 다른 불편함을 느끼고 계셨지만 제 얘기도 잘 들어주시고 제게 한국과 관련된 여러 가지 질문도 하셨습니다. 짧은 3일이었지만 원 없이 즐기고 가신 것 같다는 느낌에 저도 덩달아 기분이 좋았고, 지금까지도 명절 때만 되면 SNS로 축복의 메시지를 제게 보내주시고 있답니다.

06 **업무를 진행하면서 만났던 최고와 최악의 고객에 대해 말씀해 주세요.**

최고의 손님도 싱가포르 손님들이었습니다. 부부와 스무 살 아들, 이렇게 세 분이 오셔 6일 동안 서울과 제주도에서 한 가족처럼 즐겁게 지냈습니다. 식대가 포함되어 있지 않았고 손님이 직접 원하시는 식사를 드시는 일정이었는데, 이때 저는 보통 가족들끼리 식사하면서 대화하시라고 따로 먹었습니다. 그런데 언제부턴가 어머님께서 "다시 얘기하는데 다음 식사 때부터는 우리랑 같이 먹어야 한다. 네가 벌써 먹었다고 하면 그럼 우리도 그냥 대충 먹고 말거다. 우린 며칠 동안 가족이나 마찬가지다."라고 하셨습니다. 고마웠습니다. 가이드가 돈을 받고 서비스를 해주는 것은 어쩌면 당연한 일인데, 본인들을 위해 수고한다고 생각하신 것인지 저를 많이 챙겨주셨습니다. 그리고 마지막 날 싱가포르로 돌아가실 때 아버님께서 팁을 주시면서 하신 말씀이 잊히지 않습니다. "이 세상은 너의 것이다!" 여러 가지로 해석될 수 있겠지만 저의 삶을 응원해주시고자 하는 마음이 진심으로 느껴졌습니다. 물론 지금도 페이스북으로 연락을 하며 지내고 있습니다. 나중에 싱가포르에 올 때 꼭 한국산 변기 커버를 사다 달라고 하셨는데 싱가포르에 가서 다시 만날 상상을 하니 기분이 절로 좋아집니다.

최악의 팀과 손님이라고 이야기할만한 경우는 없었던 것 같습니다. 다만 너무 아쉬웠던 경우는 몇 가지 있었습니다. 우선 카타르에서 오신 분들이셨는데, 아버지와 10대 아들딸들이 같이 왔는데 아들이 한국에 관심이 별로 없었습니다. 숙소에 누워서 게임을 하고 핸드폰 보는 것만 좋아해서 제주 일정 때에는 일정의 절반은 그냥 숙소에만 계셨고, 저도 그냥 차에서 대기만 했던 것 같습니다. 너무 아쉬웠습니다. 그렇게 손님들이 얼마 주어지지도 않은 시간을 즐기지 못하는 걸 보면 왠지 모르게 죄책감이 들면서 미안해집니다. 제가 가이드로서 재미있는 곳과 흥미로운 것들을 소개해주지 못했다는 마음이 드니까요. 어쨌든 그 아들을 고속버스 터미널 지하상가에 데리고 가니 왜 이런 데를 이제야 왔냐며 아주 좋아하더군요. 정말 여러 사람의 성향을 파악해서 그에 맞는 서비스를 제공하는 것은 어려운 일이라는 것을 다시 한 번 느꼈습니다.

그리고 한번은 에버랜드에서 일어난 일이 있었습니다. 저는 만약을 대비해서 손님들께 첫째 날에 제 연락처를 알려드리는데, 손님 한 분이 약속 시각보다 1시간 40분이나 늦게 와 버린 것입니다. 차라리 미리 알려주었으면 그것에 맞게 대처를 해서 모두가 만족하는 투어를 할 수 있었을 것입니다. 기다리는 다른 손님들은 짜증이 났을 것이고, 저도 걱정을 하면서 1시간 40분이나 기다렸고, 기사님도 짜증이 났는데 정작 1시간 40분이나 늦게 온 손님은 그냥 "길을 잃었다."라는 한마디만 해서 솔직히 화가 좀 났습니다. 그러나 버스에서 "나는 기다리는 것에 특화된 가이드이니 천천히 오라."고 장난도 치면서 분위기 좋게 투어를 마무리했던 것 같습니다. 그리고 그 가족이 내년에 또 오겠다고 해서, 가이드 중에 1시간 40분 동안 기다릴 수 있는 가이드는 나밖에 없으니 다음에 다시 오시라고 하며 마무리 지었습니다.

07 관광통역안내사 업무를 진행하면서 가장 어려웠던 점은 무엇이었나요?

체력과 건강입니다. 특히 드라이빙 가이드를 하면서 피곤하면 운전하기가 참 힘이 듭니다. 예를 들어 남이섬이 있는 가평지역에 가서 관광을 한다고 하면, 관광지에서 손님들 사진도 찍어드려야 하고 손님들 이야기도 들어드려야 합니다. 서울로 돌아오는 길에는 손님들은 눈을 감고 쉴 수 있지만 저는 두 눈을 똑바로 뜬 채로 안전운전을 해야 하기 때문에 힘이 들었던 적이 많습니다. 그럴 때마다 껌과 땅콩으로 졸음을 쫓아보기도 하고 손님들께 양해를 구하여 30초 정도 갓길에 세워 잠깐 스트레칭도 한 적이 있습니다. 투어를 진행하게 되면 체력적으로 힘들다고 느낀 적이 많아서 지금도 체력과 건강을 위한 보완방법을 항상 생각하고 있습니다.

08 관광통역안내사를 준비하고자 하는 후배들에게 하고 싶은 말씀이 있다면?

관광통역안내사는 프리랜서입니다. 회사에 다니는 정직원처럼 복지가 보험이 되는 직종이 아닙니다. 수입도 불안정합니다. 내가 왜 관광통역안내사를 하고 싶은지 잘 생각해봤으면 좋겠습니다. 각종 커뮤니티의 지인들을 통해서 관광통역안내사란 직업이 무슨 일을 하는지를 어느 정도 알아본 후에 나와 맞는 직업인지 아닌지를 잘 판단해보고 선택하시는 것이 좋습니다. 관광통역안내사가 된다고 해서 모든 일이 일사천리로 풀리는 것은 아닙니다. 오히려 자격증을 취득하는 것보다 일을 구하는 것이 더 힘들다고 봐야 합니다. 일을 구하기 위해서는 본인의 장점이라고 생각했던 것들을 잠시 내려놓고 겸손한 자세로 남에게 어필할 필요가 있습니다. 뛰는 놈 위에 나는 놈 있듯이 본인의 장점이 실제로는 남들보다 뛰어난 것이 아닐 수도 있고, 본인의 장점으로만 훌륭한 가이드가 되는 것은 아니기 때문입니다. 우선 가이드라는 직업에 대해 잘 알아보십시오. 그리고 마음을 결정하였다면 열심히 공부하셔서 자격증을 취득하시고, 취득한 후에는 항상 겸손한 자세로 여러 가이드와 교류하시길 바랍니다.

≫ 현직 영어 관광통역안내사 인터뷰

배경옥(Sadie) _

- (현) 영어 관광통역안내사, 4년차 가이드
  (2018년~), 시티투어 위주
- (현) 네이버카페 "관광통역안내사 교류센터"
  우수회원
- (현) 네이버카페 "해피케이투어" 정회원
- E–Mail : sadie21@naver.com

> " 늦은 나이라고
> 포기하지 마세요! "

저는 입시학원 영어 강사였습니다. 미국 영화나 드라마를 보면서 느끼는 생생한 영어를 좋아했지만 실제 하는 일은 교과서와 문법, 단어를 아이들에게 주입해 좋은 성적을 내는 일이었지요. 그렇게 40살이 넘었고 한 시간 단위로 빽빽하게 짜인 일정표와 아이들에게 성적을 강요하는 일에 자꾸 회의감이 들게 되었습니다. 사람들을 만나서 이야기하는 것을 좋아하고 지식을 전달하는 재능도 있는데 다른 직업을 찾을 순 없을까 고민하게 되었고 그러던 중 관광통역안내사라는 직업을 알게 되었습니다. 그리고 더 늦기 전에 시험에 도전하기로 했습니다.

전 학원 강사로 일을 하고 있어서 천천히 일 년 정도 준비를 하였습니다. 관광통역안내사에 관심이 생겨 검색하던 중 한 인터넷카페에서 스터디를 모집하는 글을 보고 참가하였습니다. 연령대도 비슷하고 다들 의욕이 넘치는 데다 성격도 잘 맞아서 같이 공부할 수 있었지요. 베스트셀러라는 교재를 과목별로 사고 매주 수요일 오전에 필기 90분, 면접 대비 90분씩 스터디 모임을 진행하였습니다. 필기 이후엔 3시간 모두 면접에 집중하였고요. 과목별로 한 Chapter씩 각자 읽고 단원별 예상문제를 풀어오고, 만나서는 틀린 문제를 확인하고 이해가 안 되는 부분을 서로 설명해 주었습니다. 비중이 가장 큰 국사는 제 중학생 아들이 보던 역사 문제집을 별도로 보았습니다. 그렇게 한 번 마치고 난 뒤 단원별 문제와 기출문제만 반복해서 두 번 정도 풀었습니다. 오답을 정리해둔 걸 복습한 것이 많은 도움이 되었습니다.

7월엔 거의 20년 만에 토익을 보았습니다. 시험을 따로 준비하진 않았지만 신토익이 많이 바뀌었다고 하여 토익학원 사이트에 회원 가입을 하였고, 일주일 정도 무료보기 강의만 몇 가지 듣고 모의고사만 한 번 보고 바로 시험을 봤습니다. 직업이 보습학원 영어 강사라서 무난한 점수를 받았습니다. 고등부를 가르친 경험이 도움이 된 것 같습니다.

면접시험을 준비하면서 처음엔 완전한 문장을 만들어 외우는 데 주력했으나 필기 이후엔 키워드 정리로 방향을 잡았습니다. 필기를 준비하면서 머릿속에 내용이 어느 정도 정리된 상태라 가능했던 것 같습니다. 핵심 단어만 정리한 노트를 만들고, 키워드만 보고 영어 문장으로 말해보려고 연습하였습니다. 나중엔 제목만 보고도 키워드가 떠오를 수 있을 정도로 노력하였고요. 필기 이후엔 실제 면접처럼 바른 자세로 앉아 말하는 것에도 신경을 썼습니다. 시중에 나와 있는 면접 교재도 참고하였는데 관광공사에서 발행한 〈Travel Guide Korea〉라는 가이드북이 많은 도움이 되었습니다. 최신정보가 간략하게 잘 정리되어 있었습니다. 그 외에 영어로 한국을 설명한 책 〈This is Korea〉도 읽었고 여행박람회에서 구해온 지자체별 영문 관광안내서들도 많은 도움이 되었습니다.

자격증을 준비하는 동안 시간을 잘 쪼개 썼습니다. 입시학원 영어 강사였던지라 학생들 시험 기간엔 4~6주간 주말에도 보강 수업을 하느라 바빴거든요. 필기 때는 제가 가르치는 학생들의 중간고사 기간이라 오전에 필기시험보고 학원으로 가서 밤 열 시까지 보강 수업을 하였습니다. 면접은 일요일 4시였는데 기말고사 기간이라 토요일 오전에 마지막으로 스터디를 갔다가 오후 내내 수업하고, 다음 날인 면접 당일도 오전에 학원 수업하고 오후에 얼른 면접을 보고 와서 밤에 다시 학생들 보강 수업을 하여야 했습니다. 혼자였으면 절대 끝까지 가지 못했을 테지만 스터디 멤버들이 잘 이끌어 주어서 합격할 수 있었습니다.

03 현재 어떤 일을 하고 계신가요? 구체적으로 알려주세요.

코로나로 인해 현재 다른 일을 하지만 코로나 이전에는 시티투어 회사에서 가이드로 활동하였습니다. 월 평균 18~21일 정도 일을 배정받았고요. 정해진 일정대로 움직이는 일일 패키지 프로그램이기 때문에 출퇴근 시간이나 일의 변동성은 적은 편입니다.

OTA 회사인 www.viator.com, www.getyourguide.de, www.klook.com 등의 사이트에서 손님이 예약을 하면 회사로부터 그날 예약한 손님들의 정보를 받습니다. 제가 가장 많이 했던 투어는 DMZ 프로그램인데 제3땅굴, 도라산 전망대, 도라산역, 임진각 공원을 가는 프로그램입니다. 아침 7:30~8:20 사이에 서울 시내 7~10군데의 호텔을 돌면서 손님들을 픽업하고 투어를 시작합니다. 아침에 처음 만나서 서로 모르는 다국적 손님들을 한 그룹으로 만들어 군사지역과 비무장지대를 가는 투어라서 안전과 시간약속에 관한 주의사항을 주지시켜야 합니다. 가는 동안 손님들에게 한국전쟁과 이후의 정치적인 상황, 이슈들을 설명하고 각 관광지에 대한 설명을 합니다. 관광지 관람을 모두 마치고 서울로 돌아와 시청역에 손님들을 모두 내려주고 그날의 투어를 종료합니다. 그 외에 서울시내 투어와 남이섬, 한국민속촌 투어 등을 하는데 투어 시간은 종류에 따라 4~9시간 정도 소요됩니다.

04 관광통역안내사에게 가장 중요하다고 생각되는 점은 무엇인가요?

일단 언어능력이 첫 번째입니다. 같이 일했던 가이드 중에 일방적으로 본인의 설명만 하고 손님들과 의사소통이 안 되거나 영어 실력이 부족하여 손님의 질문을 이해하지 못해서 컴플레인이 나오는 경우를 보았습니다. 어려운 단어를 쓰는 것, 좋은 발음을 하는 것은 중요하지 않습니다. 최대한 쉬운 언어로 손님들과 의사소통을 할 수 있어야 합니다. 투어를 신청하시는 분들은 다국적입니다. 영어권 국가에서 오시는 분들 외에도 유럽, 아시아, 아프리카, 남아메리카에서도 오십니다. 그분들도 영어를 외국어로 배우신 분들이라 정말 다양한 영어 악센트를 듣게 됩니다. 어려운 말을 하는 것보다 일반적인 정보를 전달하고 손님이 궁금해 하는 점을 잘 이해하고 설명할 수 있다면 손님에게 만족할 만한 투어를 선물할 수 있을 것입니다.

두 번째는 상식입니다. 손님들은 다양한 관심사를 가지고 질문을 합니다. 한국의 국민소득, 생활수준, 아파트 가격, 최저시급, 방탄소년단이 자주 가던 식당, 의료보험, 노숙자, 교육 체계, 역사, 홍대에서 가장 유명한 클럽, 한국 드라마, 일본과의 관계나 북한과의 관계 등 정말 여러 분야의 다양한 질문들이 나옵니다. 저는 여러 분야에 관심을 두고 헤드라인 뉴스를 자주 보는 것으로 어느 정도 해결하였습니다.

또한 전체 상황을 파악하는 능력과 유연성도 필요합니다. 정해진 시간에 투어를 끝내는 것도 손님들과의 약속이지만 성수기엔 손님이 많아서 대기 시간이 생기기도 하고 그에 따라 투어 시간이 촉박해지기도 합니다. 그럴 때에는 투어 순서를 조정하는 등의 방법으로 최대한 손님들의 시간을 확보해야 합니다. 그리고 똑같은 투어를 해도 어떤 날은 손님들이 더 자세한 이야기를 듣고 싶어 하거나 질문이 많기도 하고, 어떤 때는 사진을 찍고 본인들이 오롯이 즐길 수 있는 시간을 갖기를 원하는 날도 있습니다. 결국 그날 만난 고객의 요구를 잘 파악하여야 한다는 겁니다.

05 업무를 진행하면서 가장 기억에 남았던 에피소드에 대해 말씀해 주세요.

2018년 10월 말쯤 미군 장교의 부인이 DMZ투어를 예약하셨습니다. 그분의 친구들이 미국에서 오셨거든요. 그분들을 모시고 통일촌 직판장을 갔는데 장교 부인께서 통일촌에서 파는 늙은 호박을 보고 너무 좋아하시는 겁니다. 호박이 잘 익어서 색도 곱고 모양도 찌그러진 데 없이 동그랗고 예뻤는데, 신데렐라에 나오는 마차 모양이라서 그걸 미국에선 '프린세스 펌킨'이라고 한답니다. 유년 시절 좋아했던 신데렐라 이야기가 생각난다고 소녀 같이 행복한 미소를 띠며 그 큰 호박을 사서 평택에 있는 캠프 험프리스까지 들고 가셨습니다. 꽤 무거운데 기차 타고 잘 가셨을까? 너무 궁금했지요.

그 미군 부인을 다음 해 봄에 북촌에서 만났습니다. 그분과 제가 동시에 '어디서 봤더라?' 하며 쳐다보다가 프린세스 펌킨이 기억났습니다. 저는 다른 영화에 나온 같은 배우를 몰라볼 만큼 사람의 얼굴을 잘 기억하지 못하는데, 그분은 아주 세련되고 여성스러운 외모와 말투, 특히 호박 때문에 잊을 수가 없었습니다. 이번에 딸과 사위가 미국에서 놀러와서 DMZ투어를 예약하고 싶은데 제가 작년에 드렸던 명함을 잃어버려서 연락을 못 하셨다고, 너무 속상했다고 하시며 여기서 이렇게 만났다고 정말 반가워하셨답니다. 다시 드린 제 명함을 보고 사무실로 예약하여 가이드를 저로 해달라고 지정해 주셨습니다. 다행히 회사에서 배려해 주셔서 그분의 딸과 투어를 다녀왔습니다. 엄마랑 똑 닮은 야무지고 예의 바른 미국 아가씨였습니다. 엄마 덕분에 좋은 가이드를 만나서 재미있고 즐겁게 투어를 할 수 있었다고 인사도 해 주셨습니다.

그리고 다시 가을, 한 미국 여성분께 전화가 왔습니다. 평택의 캠프 험프리스에 사는 미군 가족이었습니다. 친구에게 소개받았다 하시며 이번에 미국에서 부모님이 오시는데 저와 시내 투어를 할 수 있냐고 문의하셨습니다. 그 친구분이 바로 Stacy, 프린세스 펌킨을 사셨던 그 분이었고 전화 주셨던 Tammy는 옆집 이웃이었습니다. 인연은 이렇게 이어지기도 하나 봅니다.

06 업무를 진행하면서 만났던 최고와 최악의 고객에 대해 말씀해 주세요.

대부분이 예의 바른 최고의 손님들이었습니다만, 그 중 기억에 남는 손님을 꼽자면 딸과 함께 오신 82세 호주 손님이 있었는데 한국전 참전용사이셨습니다. 오전에 DMZ투어를 마친 후 전쟁기념관으로 가는 길에 본인의 참전 이야기를 들려주시며, UN군 전사자명단에서 동료의 이름을 발견하고 눈물을 흘리셨습니다. 한국전쟁은 우리에게서만 계속되는 것이 아니었습니다. 아버지가 참전용사였던 미국 자매도 있었습니다. 어릴 때 아버지에게 들었던 한국을 보러 방문하신 것이지요. 그분들이 한국에 대해 좋은 기억을 가지고 가실 수 있도록 좀 더 노력했던 기억이 납니다.

최악의 손님은 한 명은 술에 취한 채로, 다른 한 명은 술이 덜 깬 채로 오셨던 분들입니다. 토요일 아침 이태원에서 픽업한 남자 손님은 아침 6시까지 술을 마시다 왔다고 하셨습니다. 오전 7:30에 픽업하자마자 버스에서 주무시기 시작했는데, 임진각을 향해 달려가는 자유로에서 깨어나자마자 화장실을 찾았습니다. 버스에 화장실도 없냐는 불평과 함께... 자유로 휴게소까지 20여 분 남았다고 설명을 해드렸지만, 너무 급해서 버스에서 볼일을 볼 수도 있다고 협박 아닌 사정을 하셔서 기사님이 갓길에 잠깐 세우셨습니다. 결국 노상 방뇨 후 다시 버스에 올라탔습니다.

다음 사건도 DMZ투어였습니다. 임진각에서 휴식시간 후에 손님들이 다 버스에 타셨는데 딱 한 사람만 보이지 않았습니다. DMZ투어를 위해서는 손님들의 명단을 일일이 모두 작성하고 임진각에서 명단과 함께 매표하여야 합니다. 군사지역에 들어가기 때문에 명단과 손님 인원수가 일치하지 않으면 절대 들어갈 수 없기 때문입니다. 한 명이라도 다르면 전체 손님들이 움직일 수 없으므로 저는 임진각을 여기저기 뛰어다니며 마지막 손님을 찾았습니다. 같은 시간 다른 버스는 통일대교 검문소에서 명단과 인원이 맞지 않아 임진각으로 되돌아오고 있었습니다. 저희 손님이 다른 버스에 올라서 주무시고 있었던 것입니다. 저희 버스는 빨간색, 다른 버스는 하얀색. 버스 색과 가이드 얼굴을 기억하지 못할 만큼 숙취가 심했던 것입니다. 결국 한 손님의 부주의로 버스 두 대의 80명이 넘는 손님들의 투어가 30분 가량 지연되었습니다. 다시는 겪고 싶지 않은 사건들이었습니다.

07 **관광통역안내사 업무를 진행하면서 가장 어려웠던 점은 무엇이었나요?**

예전에 실내에서 강의만 하던 저는 밖에 비가 오는지 눈이 오는지, 추운지 더운지 잘 모르고 살았습니다. 그런데 야외에서 투어를 진행하다 보니 체력이 부족하더군요. 투어를 마치고 집에 오면 다리도 붓고 목도 아파 녹초가 되는데 다음날 또 투어를 나가야 하니 많이 힘들었습니다. 특히 미세먼지가 많은 날은 오후부터 목이 잠기고 아팠습니다. 그래도 가이드 일을 하기 전보다 많이 걷게 되면서 지금은 오히려 더 건강해졌답니다.

또한 매우 급하게 투어 지시서를 받아서 답사할 시간도 없는 일도 있었습니다. 처음 가보는 장소이거나 혹은 너무 오래전에 가서 기억이 가물가물한 곳에 투어 진행을 해야 하는데, 가이드로서 손님들에게 헤매는 모습을 보일 수는 없었습니다. 그래서 전날 홈페이지나 검색을 통해 전체 지도를 스마트폰에 저장하고 유튜브 검색을 해서 동선을 빠르게 익혔습니다. 물론 선배 가이드님들께 조언도 구했고요. 그렇게 제이드가든, 아침고요수목원, 남이섬, 남산타워, 남산골 한옥마을 등에서 당황하지 않을 수 있었습니다.

08 **관광통역안내사를 준비하고자 하는 후배들에게 하고 싶은 말씀이 있다면?**

저는 43살에 시작해서 가이드 업계에 처음 진입하는 나이가 적지 않았습니다. 구직하고자 여러 군데에 이력서를 넣었지만 한 달이 되도록 아무 데도 연락이 없었습니다. 잡코리아 지원 내역을 보니 40대 지원자는 저 한 명이더군요. 나이가 많아서 그러나보다 좌절하던 차에 한 여행사에서 면접을 보러 오라는 연락을 받았습니다. 그래서 열심히 면접을 준비하였습니다. 다른 회사에 입사한 분들께 얻은 정보를 토대로 경복궁과 DMZ를 영어로 설명할 수 있게 연습하였고, 교육과 모임을 통해 알게 된 선배 가이드님으로부터 조언도 받았습니다.

면접 당일 저 진짜 열심히 할 준비가 되어있다고, 당장 내일부터라도 할 수 있다고 적극적으로 대답하여 합격하였습니다. 그리고 진짜 열심히 하였습니다. 같이 합격해서 첨승하는 가이드들 대부분이 20~30대라서 노력하는 것 외에는 이길 수 있는 것이 없었습니다. 남북정상회담 이후 늘어난 관심 때문에 손님들의 끊임없는 질문에 답하기 위해 CNN 뉴스와 아리랑 뉴스를 매일 읽고 공부하였습니다. 결국 같은 해에 입사한 동기 중 저만 정식 계약서를 쓰고 입사하게 되었습니다. 누구에게나 열린 기회 같지만 생각보다 잡기 어려운 기회이기도 합니다. 노력하면 그만한 결과가 따라오기도 하니 저처럼 늦은 나이에 시작하시는 분이 있으시다면 나이 때문에 미리 포기하지 말라고 말씀드리고 싶습니다.

≫ 현직 영어 관광통역안내사 인터뷰

정광영(Dean Jeong) _

- (현) 영어 관광통역안내사, 4년차 가이드 (2018년~), 인바운드 FIT & 시티투어 위주
- (현) 네이버카페 "관광통역안내사 교류센터" 우수회원
- (현) 네이버카페 "해피케이투어" 정회원
- E-Mail : peace1429@naver.com
- Instagram : @deanjeong84

> **" 준비된 자만이 기회를 얻는다! "**

처음에는 호주에서 영주권 취득을 목표로 무턱대고 덤볐다가 무산된 후, 이게 쉬운 일이 아니라는 것을 깨닫고 한국으로 귀국하게 되었습니다. 30대의 나이에 직업을 새로 찾기란 쉬운 일도 아니었고 그렇다고 마냥 손 놓고 기다릴 수도 없는 처지였습니다. 무슨 일을 해야 할까 고심하던 중 한국어 강사를 준비하기로 마음먹고 동영상 강의를 찾아보던 중 우연히 관광통역안내사라는 직업을 알게 되었습니다. 예전에 한 번 유명한 관광지에 놀러 갔을 때 그 관광지에 대한 기본적인 지식과 재미있는 일화 같은 것을 주위 사람들에게 알려주며 스스럼없이 잘 어울렸던 것과, 당시 투어가이드의 유머와 재치로 인해 그날 매우 좋은 여행을 하였던 것을 기억해냈습니다.

평소 남과 대화하는 것도 좋아하고 처음 만나는 사람과도 금방 친해질 수 있는 사교적인 성격이기에 이 직업을 선택하면 다른 사람들에게 뭔가 좋은 기운을 줄 수 있고, 저 또한 돈도 벌고 행복함을 느낄 수만 있다면 그것만큼 좋은 직업이 어디 있겠냐 싶었습니다. 그래서 관광통역안내사라는 직업에 흥미를 느꼈고 바로 진로를 결정하게 되었습니다.

저는 자격증 시험을 독학으로 준비했습니다. 필기시험의 경우는 마냥 쉽게만 생각했었는데 문제들이 생각보다 상당히 어려워서 도서관에서 기출문제 위주로 풀면서 공부하였습니다. 시간 있을 때마다 유튜브로 관련 자료들과 한국사 강의 영상을 보면서 시험 준비에 대한 감을 잃지 않으려고 노력하였습니다. 자원이나 법규 같은 과목들도 외워야 할 양이 너무 많아서 반복 또 반복하는 방법밖에는 없겠다 싶어서 시간을 그만큼 할애하였고, 그 덕에 합격이라는 좋은 결과를 가져온 것 같습니다.

문제는 면접시험이었는데, 스터디 그룹을 만들어서 공부할까도 생각했었지만 당시 서울이 아닌 지방에 살고 있어서 쉽지가 않았습니다. 면접을 준비하면서 만들어 본 예상 질문이 너무 방대하다 보니 그에 따른 불안함이 컸던 것도 사실입니다. 어디서부터 어떻게 시작해야 할지도 모르는 상태에서 처음에는 혼자서 기출문제 위주로 공부를 많이 하였고, 틈틈이 유튜브로 그 주제에 알맞은 보충 설명을 덧붙이며 최신 뉴스나 관련된 재미있는 일화 같은 것도 놓치지 않고 보려고 많은 노력을 기울였습니다. 시험 당일도 아주 불안해하였고 면접 순서도 거의 마지막이라 더 많은 잡념이 오고 갔지만 그래도 자신감만큼은 잃지 않으려고 노력하였고, 결국 합격이라는 좋은 결과를 가져올 수 있었습니다.

03 현재 어떤 일을 하고 계신가요? 구체적으로 알려주세요.

코로나로 인해 현재는 잠시 다른 일을 하고 있습니다. 코로나 이전에는 인바운드 여행사에서 패키지 단체를 주로 진행하였고, 단체와 단체 사이에 시간이 되면 규모가 작은 시티투어 여행사에서 FIT 고객을 대상으로 업무를 진행하였습니다. 시티투어는 호텔에서 관광객들을 픽업한 후 대표적인 관광지에서 관광을 마치고 다시 호텔로 데려다주는 시스템이어서 One-day Tour가 대부분입니다. 여러 가지 일정 중에서 관광객들이 마음에 드는 일정을 고른 후에 관광을 진행하는 식이며, 매번 다른 관광객들을 만나야 하고 FIT 특성상 보통 2명에서 6명의 관광객을 모시고 투어를 진행합니다. 반면 인바운드 투어는 관광객을 공항에서 픽업한 후 보통 4박 5일 정해진 일정대로 투어를 진행하는 시스템입니다. 서울, 부산, 제주 등 관광지가 더 방대해지면 일정도 길어지고 공항에서 세금환급하는 것도 도와줘야 하며, 늦지 않게 비행기 탑승이 가능하도록 도와줘야 하므로 더 긴장해야 하는 것도 사실입니다.

특히 FIT 투어 같은 경우는 간혹 정해진 일정대로 움직이지 않을 때도 있습니다. 정해진 일정이 가령 서울타워라고 했을 때 관광객들이 이미 가본 적이 있으면 다른 관광지로 변경해서 가는 경우도 가끔 있으므로, 그에 따른 다른 관광지도 염두에 두고 있어야 당황하지 않고 원활하게 투어를 진행할 수 있을 것입니다

인바운드 패키지투어 같은 경우는 인원수가 그만큼 많기 때문에 단체 내에 어느 특정한 가족만 챙기기에는 무리가 있습니다. 한 가족 한 가족 세세히 신경써야 하며, 가족마다 성격들이 다르므로 모든 고객을 내 편으로 만들 수 있는 능력도 있어야 합니다. 즉 고객들의 다양한 성격을 원만하게 포용할 수 있는 자세와 마음가짐이 중요합니다.

고객 한 분 한 분을 진심 어린 마음으로 대하는 것이 가장 중요하다고 생각합니다. 투어를 진행하다 보면 나와는 다른 성격을 가진 사람들을 여럿 만나게 됩니다. 물론 좋은 인품을 가진 분들만 있으면 좋겠지만 성격이 까칠한 분들도 종종 만나게 됩니다. 그렇다고 그분들만 제외한 채 투어를 진행할 수도 없는 노릇이기 때문에 저 같은 경우에는 고객들에게 말도 더 자주 걸고 재밌는 농담도 하며 친해지려고 노력합니다. 그분들도 제가 본인들을 위해 노력하는 것을 알기에 투어도 무리 없이 진행할 수 있었던 것 같습니다. 입장을 바꿔서 여러분들이 관광객의 입장으로 해외여행을 나간다고 생각했을 때 사람마다 생각하는 가이드의 이미지가 있을 것입니다. 그 이미지에 가장 가깝게 부합하는 것이 제 가이드로서의 목표이고 그렇게 되도록 노력할 것입니다.

투어를 진행할 때 제가 계획해 놓은 일정대로 잘 흘러갔으면 좋겠지만 항상 제 생각대로 되지는 않는 것 같습니다. 어느 겨울, 한 고객이 발목을 접질린 후 갑자기 머리가 어지럽다면서 의식을 잃어가고 있었습니다. 처음 겪는 일이라 우왕좌왕하고 있을 때 근처에 계시던 선배 가이드님께서 그 광경을 보셨고 능숙하게 제 고객을 바닥에 앉힌 후에 물을 먹이고 숨을 들이 마시고 내뱉게 하는 것을 몇 차례 시키며 고객을 진정시켰습니다. 그 모습을 보면서 갑자기 돌발상황이 발생했을 때 가이드는 어떻게 대처해야 하는지에 대한 방법을 알고 있어야 한다는 것을 다시금 깨닫게 되었습니다.

2019년 12월 말 말레이시아 단체를 배정받고 공항에 픽업을 나갔었는데 관광객의 3분의 1은 어린아이들이었고 고객 중 한 분은 몸이 불편하여 휠체어를 타고 계셨습니다. 겨울이라 날씨도 춥고 일정상 야외 관광지가 많은 터라 휠체어를 탄 고객에게는 쉽지 않았을 여정이었을 것입니다. 하지만 다른 일행들보다 더 일찍 미팅시간에 맞게 도착하고, 식당에 엘리베이터가 없을 때는 제가 미리 이런저런 방법을 찾기도 전에 저한테 미리 포장을 부탁한다고 말씀해 주는 게 너무나 고마웠습니다. 알고 보니 이분은 한국을 3번째 방문하는 것이라고 하더군요. 그런데도 모든 관광지마다 다른 일행들과 함께하려 하셨고 누구보다 뒤처지지 않으려고 노력하시는 모습을 보면서 무조건 다른 일행들보다 늦을 것이라고 예상했던 저 자신을 부끄럽게 만든 순간이었지 않았나 생각합니다.

투어를 진행하던 중 단체 내의 한 일행이 유독 우리나라를 다른 나라와 비교하는 말씀을 많이 하셨습니다. "이곳 관광지는 별로 볼 게 없다."라거나 "그렇게 큰 기대를 하지 않아도 된다."라는 말씀을 관광지마다 다른 고객들에게 하셔서 정말로 맥이 빠지는 순간이었습니다. 그리고 그 패키지 투어에는 쇼핑도 포함되어 있었는데, 쇼핑센터에서 다른 고객들이 상담하려고 기다리고 있는데 손짓으로 그 방에서 나오라고 하면서 "명동에서 더 많은 시간을 보내야 한다."라고 말해 저를 당혹하게 하였습니다. 그 고객은 한국 방문이 처음은 아니라고 말씀하시더군요. 그래도 저는 어떠한 내색도 하지 않고 좋게 끝내야겠다는 생각이 먼저였기에 무사히 마무리되도록 마음을 잘 컨트롤해야 했던 단체였습니다.

07 관광통역안내사 업무를 진행하면서 가장 어려웠던 점은 무엇이었나요?

투어를 진행하다 보면 관광객들이 질문을 많이 하시는데 이전까지 전혀 생각지도 못했던 질문들을 자주 하시기도 합니다. 특히 어떤 전문 분야에 관심이 많으신 분들, 가령 건설업에 종사하시는 분들은 저 건물들은 언제 지어졌고 가격이 얼마이고 페인트칠은 얼마나 자주 하는지 묻기도 하고, 나무나 꽃에 관심이 많은 분들은 나무의 이름과 품종 그리고 원산지가 어디인지 세세하게 물어보곤 합니다. 그럴 때마다 제대로 답변을 못 해주거나 스마트폰으로 한참을 검색해서 알려주기도 하지만, 우리의 고객들은 다양한 분야에 종사하시는 분들이 많기에 우리 관광통역안내사들도 그 분야의 기본 상식을 알면 분명 투어에 도움이 될 것입니다. 그래서 저는 요즘 실생활에 관련된 뉴스나 상식에 대해 많이 알아가려고 노력하고 있습니다.

"준비된 자만이 기회를 얻는다!" 어디서나 흔히 들리고 또 자주 쓰는 말입니다. 특히 관광통역안내사라는 직업 특성상 더 현실적으로 와 닿는 말이라고 생각합니다. '경험하면서 차근차근 배우면 되겠지!', '선배 가이드께서 잘 가르쳐 주시겠지!'라는 생각을 저 또한 가졌었습니다. 하지만 현실은 생각과 매우 다르더군요. 지금 당장 투어 배정을 받게 되면 바로 실전에 투입되어야 합니다. 관광객들에게 바로바로 설명할 수 있어야 하고 질문에 따른 대답도 명쾌히 할 수 있어야 합니다. 고객들은 충분한 여행비를 내고 투어에 참가하였기 때문에 그에 따른 충분한 대가를 바랍니다. 그래서 만약 여러분들이 관광통역안내사가 된다면 시간이 있을 때마다 관광지 답사도 많이 다니면서 관광지, 멘트, 역사 및 문화에 관한 공부도 많이 해야 할 것입니다. 저 또한 매번 투어를 진행할 때마다 부족함을 느끼면서 더 배우려고 노력하고 있습니다. 관광객들에게 올바른 지식을 전해주고 그들이 충분한 만족감을 느끼고 돌아갈 수 있도록, 그리고 관광통역안내사로 인해 우리나라 이미지가 더 좋아지고 부각될 수 있도록 부단히 노력하고 항상 성실함과 겸손함을 유지하는 관광통역안내사가 되셨으면 좋겠습니다. 감사합니다.

3

일본어 관광통역안내사

1) 합격자 동향

구 분	필 기				면 접			
	대상(명)	응시(명)	합격(명)	합격률(%)	대상(명)	응시(명)	합격(명)	합격률(%)
2011년 정기	829	756	488	64.6%	589	556	357	64.2%
2012년 정기	759	661	388	58.7%	527	492	278	56.5%
2013년 정기	698	587	378	64.4%	519	468	244	52.1%
2014년 정기	594	525	329	62.7%	482	426	266	62.4%
2015년 정기	447	381	173	45.4%	289	241	137	56.8%
2016년 정기	449	381	216	56.7%	286	246	153	62.2%
2017년	543	444	235	52.9%	326	285	186	65.3%
2018년	646	550	262	47.6%	358	314	208	66.2%
2019년	650	528	322	61.0%	412	373	269	72.1%
2020년	387	328	234	71.3%	320	272	204	75.0%

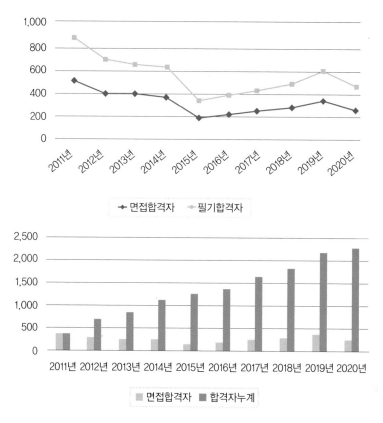

[최근 10년간 필기 및 면접시험 현황]

지난 10년간 일본어 관광통역안내사 자격증 필기시험의 합격률은 최소 45.4%에서 최대 71.3%까지의 범위이며, 면접시험의 합격률은 최소 52.1%에서 최대 75.0%까지입니다. 시험응시자와 합격자 수를 분석해보면 2011년부터 계속 감소하다가 2015년에 최저점을 찍고 이후 조금씩 증가하다가 2020년에 다시 감소한 것을 알 수 있습니다. 최근 10년간 누적 최종합격자는 총 2,302명에 달하고 있습니다.

2) 일본어 관광통역안내사의 구성

현재 일본어 관광통역안내사들은 95% 이상 한국인으로 구성되어 있습니다. 남녀 비율에 대해서는 어떤 통계에도 나오지 않지만, 제 주위 일본어 관광통역안내사들의 분포를 보아 약 2 : 8 또는 1 : 9 정도로 여성 관광통역안내사들이 훨씬 많은 비중을 차지하고 있다고 판단됩니다.

연령대를 보면 40~50대가 가장 많으며 대부분 오랫동안 관광통역안내사로서 업무를 해오신 분들이 많습니다. 현재 영어나 중국어 또는 마인어를 배워 새롭게 다른 언어의 자격증에 도전하시는 분들도 많이 계십니다.

3) 일본어 관광통역안내사의 취업 현황

일본에서 한국으로 여행 오는 인바운드 시장이 좋지 못해, 막상 자격증을 취득하고 나서도 여행사 취업이 쉽지 않습니다. 관광객 수로는 중국에 이어 2위임에도 불구하고 단체보다는 FIT로 한국을 많이 방문하기 때문에 가이드가 필요치 않은 경우가 많이 있습니다.

코네스트, 서울나비와 같은 중개플랫폼에 여행상품을 올리고 일본 관광객을 받는 관광통역안내사도 계십니다. 많은 일본 관광객들이 한국 정보에 대한 신뢰성이 높은 아메바 블로그를 통해 한국의 정보를 많이 얻는데, 이 블로그에 자신의 투어 사진 등을 올려 관광객을 받는 분도 계시고, 인스타, 트위터 등 자신의 SNS를 통해 영업하는 관광통역안내사도 계십니다.

4) 일본의 기초정보

◆**공식명칭** : 일본국(日本国), Japan

◆**국기** : 일본의 국기는 공식적으로 '일장기(日章旗)'라고 불리며, 일본어로는 '닛쇼키(日章旗)' 또는 '히노마루노하타(日の丸の旗)', 줄여서 '히노마루(日の丸)'라고도 함. 일본 국기는 하얀색 바탕에 태양을 상징하는 붉은색 원이 가운데 그려져 있는 것으로, 정설은 없지만 이는 '태양의 원'을 의미하는 것으로 알려져 있음. 가로 : 세로의 비율은 3 : 2

◆**위치** : 아시아의 동북쪽, 태평양의 서쪽에 위치한 섬나라로써 4개의 주된 섬과 주위의 3,000~4,000여 개의 작은 섬으로 구성됨

◆**면적** : 377,970㎢(세계 61위, 한반도의 약 1.7배, 2017년 국토교통부 FAO 기준)

◆**인구** : 1억 2천6백만 명(세계 11위, 2021년 통계청 KOSIS 기준)

◆**수도** : 도쿄(Tokyo)

◆**정체** : 입헌군주제, 내각책임제

◆**언어** : 일본어

◆**종교** : 神道(Shintoism) 52.3%, 불교 42.2%, 기독교 1.1%, 그 밖의 신흥종교(두 가지 이상의 종교를 가진 사람이 많음)

◆**인종** : 일본족

◆**시차** : 한국과 같음

◆**전압** : 110V/50Hz, 110V/60Hz, 우리나라와 플러그 모양이 다름

◆**GDP** : 5조 817억 달러(세계 3위, 2019년 통계청 KOSIS 기준)

◆**1인당 GDP** : 40,246 달러(세계 23위, 2019년 통계청 KOSIS 기준)

◆**수출** : 6,400억 달러(2020년 일본무역진흥기구)

◆**수입** : 6,331억 달러(2020년 일본무역진흥기구)

◆**경제성장률** : 0.65%(2019년)

◆ **한국과의 관계** : 1965년 6월 22일 '한-일 양국의 국교 관계에 관한 조약(기본조약)'을 조인함으로써 수교함. 일본은 한국에서 석유제품, 액정제품, 반도체, 철강판, 무선통신기기 등을 수입하며 한국으로 반도체, 반도체 제조 장비, 철판, 기초 유분 등 부품 소재 등을 수출

◆ **예 절**

- 일본인의 예절 교육에서 가장 중요한 것은 "남에게 폐를 끼치지 말라."입니다. 일본인들이 흔히 자기 아이들을 야단칠 때 "못된 짓이야!"라고 하며, 대부분 가정에서 자녀들에게 존댓말을 사용합니다.
- 술을 마실 때는 스스로 따르지 않고 서로 따라 주며, 상대방의 술잔을 확인하여 잔이 다 비워지기 전에 술을 채워야 하는 것이 예의입니다. 또한 술잔을 돌리는 법이 없습니다.
- 차를 마실 때는 왼손으로 밑을 받치고 오른손으로 찻잔을 듭니다.
- 식사를 할 때는 한 접시에 한 가지 요리만 담으며, 각자 개인 접시에 덜어 먹습니다.
- 밥을 먹을 때는 두 손으로 밥공기를 들어 올려 왼손에 밥공기를 들고 젓가락으로 밥을 한 번 먹은 다음, 밥공기를 상 위에 놓고 국그릇을 들고 국을 한 모금 마십니다.
  - 숟가락은 쓰지 않고 젓가락을 국그릇 안에 넣어 건더기가 입에 들어가는 것을 막습니다.
  - 밥을 먹을 때 다 먹지 않고 조금 남겨두면 밥을 더 먹고 싶다는 뜻이 됩니다.
- 생선회를 먹을 때는 작은 접시를 받치고 입으로 가져갑니다. 튀김을 먹을 때는 양념장을 상 위에 놓고 먹어도 되고 양념장이 바닥에 떨어지지 않게 손에 들고 먹어도 됩니다.

- 음식을 남기는 것은 음식을 준비한 사람에게 실례라 생각하므로, 음식을 주문할 때는 한꺼번에 많이 시키지 말고 조금씩 추가로 주문하면서 먹습니다.
- 일본의 제사 풍습에 사체를 화장하여 긴 대나무 젓가락으로 남은 뼈를 유골함에 옮기는 풍습이 있으므로 음식이나 물건을 젓가락으로 건네주는 건 상당히 실례되는 행동입니다. 또한 젓가락을 음식, 특히 밥에 꽂아놓지 않습니다.
- 일본 비즈니스 문화에서 선물을 주고받는 것은 중요한 풍습이라고 할 수 있습니다.
- 비즈니스를 전개하면서 약속을 지키는 것은 철칙입니다.
- 공공장소에서 코를 푸는 행위는 무례한 행동입니다. 또한 일본인은 문자 그대로 '코 똥'으로 번역되는 '하나쿠소'를 위해 손수건을 사용하지 않습니다.
- 다른 사람에게 인사하거나 감사해 할 때 신분이 낮은 사람이 다른 사람보다 적절하게 고개를 숙이지 않으면 모욕적일 수 있습니다.

◆ 음 식

일본 요리는 섬이라는 지리적 특성으로 인해 요리 재료로 생선이나 어패류가 많이 사용되었습니다. 또한, 육류를 먹기 시작한 것도 19세기 후반부터여서 이전에는 미소(된장), 낫토(발효 콩), 쇼유(간장), 두부 등의 콩 요리로 영양소를 섭취했습니다. 신선하고 정갈한 맛이 특징인 일본 음식은 개운한 맛을 좋아하는 우리나라 사람들의 기호에도 맞아 기성세대는 물론 신세대의 외식문화에도 큰 몫을 차지하고 있습니다. 사계절이 분명하므로 제철 음식이 발달하였으며, 재료 자체의 담백한 맛을 중요시합니다. 음식 자체는 물론 식기의 시각적인 면도 중요시하여 색과 모양을 보기 좋게 다소곳이 담는 것이 일본 요리의 특징입니다.

5) 일본 관광객들의 특성

지금 일본은 각종 혐한에도 불구하고 한류 붐은 여전히 식지 않고 있습니다. 일본에서는 현재 한류가 4차 붐까지 일어나고 있는데 시기별로 구분해보자면 먼저 1차 한류는 2000년대 초반 드라마 〈겨울연가〉의 흥행으로 많은 관광객이 한국을 찾았던 시기였습니다. 특히 많은 중년 주부들이 욘사마에게 빠져서 한국을 찾았습니다.

2차 한류는 2010~2011년경부터 보아, 동방신기, 카라 등 많은 한국 가수와 K-POP이 일본에 널리 알려지는 시기였습니다.

3차 한류는 몇 년 전부터 BTS, 트와이스 등 K-POP 가수들의 인기가 높아지고 더불어 유튜브가 전 세계적으로 활성화되면서, 1차 한류 시기에 한국 드라마에 빠진 주부들의 중·고등학교 자녀들이 일으켰습니다. 이들은 부모가 한국을 좋아하기 때문에 자연스럽게 한국을 좋아하고 한류에 빠지게 된 경우입니다. 사실 이 시기는 독도 문제로 인해 한·일간의 국제관계가 아주 좋지 못했고, 일본 내에서 혐한이 생기면서 한국을 노골적으로 싫어하는 사람들이 많이 생겨난 시기이기도 합니다. 그래서 1차 한류에 열광했던 일본인들은 '샤이한류'가 되면서 본인이 한국과 한류를 좋아한다는 것을 숨기게 됩니다. 그러나 젊은이들은 부모와는 다르게 본인이 한국과 한류를 좋아한다는 것을 숨기지 않고 겉으로 드러내며 한국 패션, 한국 메이크업을 따라 하기 시작합니다. 이 시기에 한류에 빠진 많은 젊은 일본인들이 가족들을 데리고 한국에 와서 카카오프렌즈, 라인프렌즈, 한류 연예인의 기념품 등을 많이 사가기도 하였습니다. 또한 한류의 영향력이 K-Food, K-Culture 등 광범위하게 넓어지게 됩니다.

4차 한류는 2020년 이후 코로나로 인해 사람들이 밖으로 외출을 하지 않거나 자가격리를 하면서 〈넷플릭스〉를 통해 '킹덤', '스위트홈'과 같은 한국 드라마나 영화를 보면서 한국에 대하여 급격히 관심이 높아지는 시기입니다. 넷플릭스뿐만 아니라 SBS, TVN 등의 공중파 드라마 등 한국 드라마에 관심이 없었던 일본인들도 한국 드라마에 빠지게 되면서 팬층이 형성됩니다.

이제는 드라마를 좋아하는 부류가 주부층에만 국한되는 것이 아니라 남성 회사원을 비롯하여 층의 범위가 굉장히 넓어지게 됩니다. 일본 4차 한류는 드라마 〈사랑의 불시착〉, 〈이태원 클라쓰〉와 방탄소년단(BTS)이 이끌고 있습니다.

❶ 단체여행보다는 FIT 비중이 계속 높아지고 있습니다.

❷ 예전에는 40~50대 주부의 비율이 높았는데, 최근에는 어린 학생들의 비율이 폭발적으로 높아지고 있습니다.

❸ 전 일정 패키지 투어보다는 에어텔(항공 + 호텔)을 이용하는 관광객들이 많습니다.

❹ 패키지 투어의 경우 자유일정이 있는 패키지 투어가 저렴하므로 이를 이용해 한국에 입국한 후, 자유일정에는 인터넷 여행사를 이용하여 관광 · 공연관람 · 체험활동을 하는 관광객들이 많습니다. 이 또한 일본어 관광통역안내사들의 수익을 악화시키는 요인이기도 합니다.

❺ 한국관광의 목적은 쇼핑, 식도락, 한국문화 체험 등 한류를 느끼고 싶어 하는 것이 대부분입니다.

❻ 손님 중에는 여러 번 한국을 방문한 한국통들이 많아 한국에 대해 아주 잘 알고 있습니다.

❼ 스스로 여행계획을 수립하여 찾아다니고 다양한 곳을 방문하는 경향이 있습니다.

❽ 손님들의 예의가 좋고 행동이 매우 깔끔합니다.

❾ 관광통역안내사의 말을 잘 따르고 시간을 매우 잘 지킵니다.

❿ 겸손하고 친절합니다. 절대로 무리한 부탁을 하지 않습니다.

⓫ 너무 얌전하고 조용하여 어떤 때에는 반응이 없어서 심심하기조차 합니다.

⓬ 손님들은 리액션이 굉장히 좋은 편입니다. 긍정적인 표현이나 감사 표현을 잘하는 편입니다.

⓭ '한국에서 여행하는 동안 일본 관광객들은 최고이지만 일본으로 돌아간 다음엔 최악이다.'라는 평가를 하기도 합니다. 그 이유는 관광통역안내사와 공항에서 마지막 헤어질 때 "여행이 너무 즐거워서 고맙습니다."라는 감사의 말을 해놓고는 일본으로 귀국 후 한국여행 중에 있었던 작은 불만사항에 대해 컴플레인하는 경우가 많았기 때문입니다. 그러나 실제 이런 경우는 극히 일부입니다. 손님 대부분은 예의가 바르고 진심으로 감사할 줄 알지만, 간혹 투어 중에 불편했던 점을 가이드 앞에서 표현하지 못하고 일본으로 귀국한 다음에 여행사를 상대로 컴플레인을 하는 경우가 있기는 합니다.

⓮ 쇼핑능력은 그리 높지 않습니다. 이는 현재 일본의 경기불황과 관련이 있습니다. 그래서 가이드는 쇼핑보다는 옵션에 신경을 많이 씁니다(때밀이, 사격 등). 해외여행 경험이 많은 일본인 관광객은 단순한 소비행위인 쇼핑보다는 맛집, 스파, 체험 관광, 서울 외 지방 관광지 등 다양한 형태의 관광을 즐기는 성향을 보입니다.

⑮ 소비형태가 가격대비 품질을 많이 따지는 합리적인 생각을 하고 있습니다. 최근은 과거와는 달리 사치품을 사는 시대는 지났지만, 아직도 남에게 보여주기 위한 사치품을 구매하려는 사람도 있어서 짝퉁(모조품, 복제품)을 사려는 경우가 더러 있습니다(짝퉁 물건을 소개, 판매하는 행위는 불법으로 법적 처벌을 받음). 최근 몇 년 전부터 귀국하는 공항에서 짝퉁 단속을 강화하여 예전과 비교하면 짝퉁 쇼핑을 하는 일본 손님이 많이 줄었습니다.

⑯ 과거에는 남대문시장이나 인사동에서 김, 건어물, 김치, 한국기념품 등 저가상품을 많이 구매하였는데, 최근에는 한류를 대표할만한 연예인 기념품 등을 많이 구매해 갑니다.

⑰ 최근에는 K-메이크업, K-스타일이 유행하면서 화장품이나 의류, 가방 등을 쇼핑하는 일본 관광객이 많이 늘었습니다. 서울과 서울 근교의 대형 지하쇼핑몰을 찾는 일본 관광객을 쉽게 볼 수 있고, 한류스타 관련 상품을 사기 위해 명동이나 위드드라마, 라인프렌즈 등을 찾기도 합니다.

⑱ 지리적으로 가깝고 저가항공도 많이 있기에 리피터 고객(한번 한국을 찾은 손님이 재방문 하는 경우)이 많으므로 손님과 한번 신뢰를 쌓아놓으면 계속해서 그 가이드를 찾는 경우가 대다수입니다. 이는 일본어 관광통역 안내사의 장점입니다.

6) 일본 관광객 현황

구 분	2013년	2014년	2015년	2016년	2017년	2018년	2019년
총 입국자	11,866,055	13,908,927	12,961,458	16,965,284	13,066,901	15,095,806	17,880,503
일본	2,747,750	2,280,434	1,837,782	2,297,893	2,311,447	2,984,527	3,303,088
점유율	23.2%	16.4%	14.2%	13.5%	17.7%	19.8%	18.5%

(자료 : 통계청, 단위 : 명)

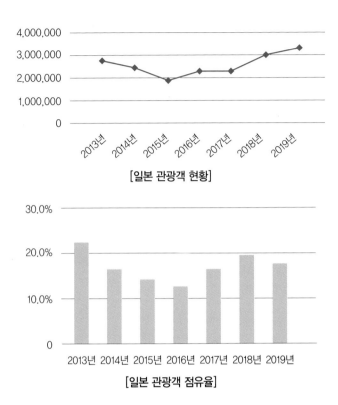

[일본 관광객 현황]

[일본 관광객 점유율]

우리나라를 방문하는 외래 관광객들이 2012년 천만 명, 2018년 천5백만 명을 돌파하고 매년 큰 폭으로 늘어남에도 불구하고 일본 관광객들은 정치 · 경제적인 이유로 2010년부터는 방한 외국 관광객 대비 점유율이 계속 감소하다가, 2015년을 기점으로 조금씩 방문객 수와 점유율이 오르고 있습니다.

❶ 환율변동(엔저현상)

2011년 10월 100엔 한화 1,575.99원이었던 환율이 그 뒤로 4년여 간 계속적으로 하락하여 2015년 1월 100엔 한화 885.1원까지 떨어지게 되었습니다. 그 뒤로 조금 회복되긴 했지만 엔저현상으로 인해 상대적으로 여행비가 증가하여 여행하고자 하는 일본인들이 감소하게 되었습니다(주 : 제3장 4절 '관광통역안내사의 불안요소' 참조).

❷ 혐한 의식

일본 우파들로부터 시작된 반한(反韓), 혐한(嫌韓)의식이 최근 일본의 각종 매스컴을 통해 더욱더 확대됨에 따라 많은 일본인 역시 한국에 대하여 부정적인 의식을 가지는 경우가 많아졌습니다(주 : 제3장 4절 '관광통역안내사의 불안요소' 참조).

❸ 경기불황

일본의 장기적인 경기불황으로 인해 해외로 여행하고자 하는 여유가 많이 없어졌습니다. 그러나 현재 코로나 시대에도 4차 한류가 진행되는 만큼 코로나가 끝나고 양국 간의 여행이 자유로워지면 많은 일본 관광객들이 한국을 방문할 것이라고 예상됩니다.

7) 일본 관광객들만의 특별한 관광지

한국을 방문하는 상당수 일본 관광객들은 예전에 한국을 많이 방문하였기에 일반적인 관광지를 보는 것은 새롭지 않다고 생각합니다. 그래서 특별한 것을 보고 싶어 하고 특별한 음식을 먹고 싶어 합니다. 특히 한류의 영향으로 패션, 메이크업, 한복, 음식 등에 대단한 관심을 가지고 있습니다. 다른 언어권 관광객과는 달리 일본 관광객들만의 특별한 관광지를 소개하자면 다음과 같습니다.

❶ **드라마 촬영지 투어** : 일본 TV에서 방영했던 한국의 드라마를 통해 알게 된 촬영지를 투어하는 상품이 인기입니다. **예** 〈겨울연가〉, 〈가을동화〉, 〈풀하우스〉, 〈이산〉, 〈상속자들〉 등의 촬영지

❷ 용인에 있는 MBC 드라마 세트장인 '드라미아'를 방문하는 손님들이 많이 계십니다.
- 〈선덕여왕〉, 〈동이〉, 〈이산〉, 〈주몽〉, 〈무신〉, 〈해를 품은 달〉 등 수많은 MBC 드라마의 촬영지입니다.
- 요즘은 드라마 세트장을 직접 찾는 관광객은 많이 줄었습니다. 드라미아는 만족도가 높은 관광지입니다.

❸ 오후 늦게부터 시작하는 나이트 투어에도 관심이 많습니다. 주로 선택 관광으로 진행되는데 여러 가지 나이트 투어 중 두 가지를 소개하자면 '서울타워-한증막/찜질방-난타쇼', '동대문 도소매점 투어'가 있습니다.

❹ 유네스코 투어를 매우 좋아합니다. 그래서 서울시에 있는 종묘, 창덕궁, 조선왕릉, 수원화성 등과 같은 우리나라 유네스코 세계유산을 많이 찾습니다.

❺ 일본인들은 우리나라 사극으로 역사를 많이 접하기 때문에 경복궁과 같은 역사적인 장소를 방문하기 좋아합니다.

❻ 찜질방뿐만 아니라 때밀이 체험은 아직도 일본 관광객들이 선호하는 코스입니다.

❼ 드라마 촬영지뿐만 아니라 연예인들이 직접 경영하거나 가족들이 경영하는 식당, 카페를 찾아가는 관광객들이 많습니다.

❽ 우리나라 K-POP 스타의 콘서트나 공연을 보기 위한 목적의 손님들도 많이 계십니다.

❾ 풍수지리나 점에 관한 관심이 비교적 높아서 점을 보러오거나 기를 받을 수 있는 명당자리를 찾아다니는 관광객들도 있습니다.

⑩ **역사투어** : 우리나라와의 근·현대 역사에 관심이 많은 FIT 관광객이나, 민단 학생들, 독립운동가 후손 등의 손님들은 서대문형무소, 재암리교회, 나눔의 집(위안부 할머니 생활공간)을 방문하여 과거 역사에 대해 알려고 합니다. 다만 일반적인 관광상품에는 포함된 경우가 거의 없습니다.

⑪ 일본에서 유명한 한류의 시초인 배용준씨가 집필한 〈한국의 아름다움을 찾아 떠난 여행(시드페이퍼, 2009)〉을 읽고 책에서 소개한 관광지를 찾아가는 손님들도 있습니다.

≫ 현직 일본어 관광통역안내사 인터뷰

박수현(수 짱) _

- (현) 일본어 관광통역안내사, 13년차 가이드(2009년~), FIT & 프라이빗 위주
- (현) 세종관광가이드통역학원 면접 및 실무교육 일본어 강사
- (현) 관광인 멘토단 온라인 멘토
- E–Mail : suhyeon32@naver.com
- Instagram : @suhyon77

> **"**
> **관광통역안내사**
> **로서의 직업의식이**
> **매우 중요합니다!**
> **"**

저는 20대에 모 학원에서 일본어 수업을 받고 운 좋게 일본인 대상 여행사 투어에 첨승을 2주 정도 받았던 경험이 있었습니다. 그때는 관광통역안내사라는 직업에 대해 깊이 생각하지 않았고 그 뒤로도 가이드 활동은 하지 않고 회사생활을 하였는데, 나이가 서른을 넘어가면서 회사를 이직하는 과정에서 이직이 쉽지 않았습니다. 이때 과거에 첨승을 받았던 기억이 떠올라 이력서를 들고 무작정 당시 유명하다는 C여행사를 찾아갔습니다. 그 여행사는 영어가 메인이긴 하였으나, 운 좋게도 일본어 관광통역안내사도 필요하였기 때문에 한 달간의 첨승을 마친 후 여행사에 정식으로 들어가게 되었습니다. 여기에서 신입 가이드에게 하고 싶은 말은 취업을 위해 여행사에 이력서를 넣고 마냥 기다리는 것이 아니라, 적극적으로 여기저기 문을 두드리는 용기가 필요하다는 것입니다.

관광통역안내사 자격증을 따기 위해 1년 동안 일과 병행하며 시험 준비를 하였습니다. 1차 필기시험부터 2차 면접시험까지 공부해야 할 양은 너무 많았고, 특히 면접시험 때 어떠한 질문을 받게 될지도 몰라서 심적 부담감과 조급함을 느끼며 공부하였던 것 같습니다. 이 시험을 경험하셨거나 준비하고 계신 분 중에 많은 분들이 아마 저와 같을 거라 생각됩니다. 저는 시험 전날 너무 긴장한 탓에 밤을 새우고 면접시험을 보게 되었지만, 시험을 준비하고 계신 분들은 시험 한 달 전부터 일찍 자고 일찍 일어나는 습관을 지니면서 컨디션 관리를 잘하시길 바랍니다.

2차 면접은 10분 이내에 5~8개 정도의 질문을 받게 되는데, 언어 전달력과 전반적인 지식도 중요하지만 면접자의 태도와 인상이 크게 좌우되는 시험입니다. 면접실에 입실하고 퇴실하실 때 인사와 아이컨택을 잘하시고, 모르는 문제가 나와도 당황하거나 포기하지 마시고 끝까지 최선을 다하는 모습을 보여주시면 가이드에게 필요한 근성을 어필하실 수 있을 것입니다. 그리고 독학으로 공부하시는 분들은 꼭 스터디그룹에 참여하여 준비하시길 바랍니다. 말하기 연습은 혼자서 하는 것보다 많은 사람과 함께 연습하는 것이 습관 교정에도 도움이 되고, 여러 주제에 대해 함께 고민하여 좋은 해답을 찾아가는 든든한 조력자 역할을 합니다.

03 현재 어떤 일을 하고 계신가요? 구체적으로 알려주세요.

현재 세종관광가이드통역학원에서 일본어 면접 대비와 실무반 강사를 하고 있습니다. 매주 강의실에서 강의도 하고 때로는 관광지 현장에 실습을 나가는데, 코로나로 인해 많은 불편을 느끼고는 있습니다. 코로나 이전에는 시티투어 여행사에서 약 4~5년 정도 활동하다가 이후에 프리랜서로 전향하여 여러 여행사, 기업체, MICE 단체, 개인 프라이빗 손님을 대상으로 다양한 투어를 진행하였습니다.

04 관광통역안내사에게 가장 중요하다고 생각되는 점은 무엇인가요?

관광통역안내사의 정체성에 대한 것인데, 자신이 어떻게 고객들을 대해야 하는지에 대한 철저한 직업의식이 가장 중요하다고 생각합니다. 물론 지식, 정보, 체력, 언어능력 등도 필요하지만 고객이 한국을 선택한 것이기 때문에, "한국을 선택한 것이 정말 잘한 일이다."라는 생각이 들게끔 책임감을 느끼며 한국을 대표하는 민간외교관으로서 손님을 잘 안내하는 것이 가장 중요하다고 생각합니다.

05 업무를 진행하면서 가장 기억에 남았던 에피소드에 대해 말씀해 주세요.

약 7~8년 전 일본 고등학교 여학생 단체를 진행하였던 적이 있습니다. 한국의 고등학교와 자매결연을 해서 행사도 하고 관광지를 도는 일정이었습니다. 일정에 따라 인사동을 방문하였고 그곳에서 자유시간을 줬는데, 한 여학생이 한국의 번데기가 신기하다며 친구들하고 같이 맛보다가 지갑을 잃어버린 것입니다. 집합장소에 집합한 후 다음 장소로 이동하려고 할 때 지갑을 잃어버렸다는 것을 알게 되어서 일단은 장소를 이동한 후, 저녁을 먹을 때 그 학생과 함께 인사동에 와서 지갑을 찾아보았지만 결국 찾지 못하였습니다. 그래서 근처 경찰서에 분실신고를 하긴 하였으나 마음이 매우 무거운 상태로 돌아왔습니다. 다음날 자매결연을 하였던 한국의 고등학교에서 행사하는 도중에 혹시나 해서 인사동 관광안내소에 연락을 해봤더니, 전날 "어느 한국 사람이 지갑을 주워서 안내소에 맡기고 갔다."라는 말을 들었습니다. 잃어버린 줄로만 알았던 지갑을 찾게 된 것이지요. 행사 도중에 학생들에게 이 일에 대해 말했더니 학생들이 고함을 지르며 "한국 너무 좋아.", "한국이 이런 나라인지 몰랐어.", "한국이 더욱 좋아졌어."라고 말하면서 기뻐하는 모습을 보았을 때 너무나 기분이 좋았고 보람을 느꼈습니다.

06 업무를 진행하면서 만났던 최고와 최악의 고객에 대해 말씀해 주세요.

대부분 좋은 손님들에 대한 기억들뿐입니다. 보통 일본 관광객 하면 "앞에서는 웃고 고맙다고 하지만 뒤에서는 뒤통수친다."라는 말을 많이 하지만 저의 경우는 그런 경험이 별로 없었습니다. 다들 좋은 손님들이었습니다. 계속해서 저를 찾으시는 단골손님도 많고 심지어 워낙 친하게 지내다 보니 손님과 친구의 경계가 모호해진 분들도 많이 계십니다. 제 손님 중에 한 분이 유방암에 걸려 2년 정도 못 본 적이 있었습니다. 완치하고 김포공항에서 만나서 포옹하는데 건강이 회복되고 다시 만날 수 있어서 너무 기뻤던 일들이 생각나네요. 저는 '손님들에게도 배울 수 있는 게 너무 많다.'라고 생각합니다. 그런 좋은 분들을 많이 만날 수 있는 것은 관광통역안내사로서의 좋은 점이라고 생각합니다. 대부분은 너무 착하고 매너가 있으신 분들을 많이 만났고 투어가 즐거웠습니다.

최악이라기보다는 역사적으로 민감한 부분에 대해서 자꾸 일본 관점에서 이야기하는 손님들이 일부 계십니다. 이러면 손님들에게 화를 낼 수도 없고, 그렇다고 그분들의 말에 동조할 수도 없는 곤란할 때가 있습니다. 몇 년 전 방영했던 드라마 〈미스터 션샤인〉을 보고서 '일본사람들은 근·현대 역사에 대해 잘 모르고 있구나.'라는 것을 많이 느꼈습니다. 그래서 손님들이 듣기 힘들어하지 않는 선에서 '관광통역안내사로서 차근차근 설명해주면 좋겠다.'

라는 마음이 생기게 되었습니다. 사실 현재도 일본 손님이 역사적인 주제를 가지고 다가올 때 어떻게 대답을 해야 하는지에 대해 고민을 많이 하고 있습니다. 정확한 역사적 사실을 일본 손님들에게 널리 알려야 되겠다는 책임감과 사명감이 있습니다.

07 관광통역안내사 업무를 진행하면서 가장 어려웠던 점은 무엇이었나요?

그동안 남북한 또는 한일 간 국제정세나 세계적인 질병으로 인해 일을 쉬어야 하는 경우가 많았는데 북한 미사일 발사, 메르스 발생에 이어 이번에는 여행업을 완전히 정지시켜버린 코로나까지... 이런 일이 한 번씩 일어날 때마다 몇 달씩 심지어 1년 넘게 일을 쉬어야 한다는 점이 우리 관광통역안내사에게 가장 어려운 점이라고 생각합니다. 그래서 가이드는 일할 때 경제개념이 있어야 한다고 생각합니다. 성수기에 가이드 일을 할 때 저축해놓고, 비수기나 일을 쉬게 되면 저축해둔 돈을 써야 합니다. 특히 저는 프리랜서 가이드이다 보니 비수기와 성수기의 일이 일정하지 않아서 이러한 어려움을 더욱 많이 느꼈던 것 같습니다.

08 관광통역안내사를 준비하고자 하는 후배들에게 하고 싶은 말씀이 있다면?

관광통역안내사는 손님과 같이 다니면서 관광지 투어만 하면 끝나는 사람이 아닙니다. 나라를 대표하는 민간외교관입니다. 즉 한국의 얼굴이라고 말씀드릴 수 있습니다. 가벼운 마음보다는 항상 책임감을 느끼고 일을 하였으면 합니다.

가이드에게는 3가지 무기가 있는데 바로 정보, 경험, 인맥입니다. 특히 인맥적인 부문에서는 인맥을 넓히는 활동을 해야 합니다. 주위에 적을 만들지 말고 언제 누가 나한테 도움을 줄지 모르니 주위 분들과 항상 좋은 관계를 유지하여야 합니다. 저 또한 제 주위에 계시는 한 사람 한 사람을 소중히 여기고 좋은 관계를 유지하려고 하고 있습니다. 그래서 버스 기사님으로부터 많은 일거리를 받기도 하였습니다. 여러분들도 좋은 인맥을 얻기 위해서 여러분 스스로가 좋은 인맥이 되도록 노력하여야 할 것입니다. 감사합니다.

4 동남아권 관광통역안내사

[동남아지역의 국가]

　　동남아지역의 관광객들은 중국, 일본 등에 비해 그 인원수가 현격히 적으
나 국가 경제개발에 따라 방한 관광객들도 계속 증가하고 있고, 앞으로도 꾸
준히 증가할 것으로 예상되기 때문에 관심을 가져볼 만한 지역입니다. 동남
아지역은 최근 중산층 인구가 크게 늘면서 새롭게 신흥 관광시장으로 주목받
고 있습니다. 동남아는 빈익빈 부익부의 사회구조로 인구의 약 15~20% 정
도가 국외 여행이 가능한 부류입니다. 동남아인들은 건강과 아름다움을 추구
하는 소비성향을 가지고 있어 한국에 오면 건강식품이나 화장품, 재미있는

체험과 맛있는 음식에 관심이 많습니다. 중국의 경우 한·중 사드 문제로 인해 관광객도 많이 줄어 들었고, 일본은 한일관계의 악화로 인해 관광객 유치에 어려움을 겪고 있어 정부에서는 동남아지역에 많은 관심을 두고 있습니다.

2019년 기준으로 한국을 방문한 외래 관광객 1,788만 명 중에서 태국어를 사용하는 태국이 58만 명으로 전체 7위, 영어를 사용하는 필리핀이 51만 명으로 전체 8위, 베트남어를 사용하는 베트남이 62만 4,000명으로 전체 6위를 차지하였습니다. 그밖에 인도네시아, 말레이시아 관광객들도 꾸준히 증가하고 있습니다. 이는 한국 드라마와 영화, K-POP의 영향으로 한국에 관한 관심이 무척 높아져 한국여행으로까지 이어지게 된 것이라고 볼 수 있습니다.

'제2의 요우커'로 불리는 무슬림 관광객을 잡기 위해 각 지자체의 홍보 활동이 대단히 분주한 적도 있었습니다. 또한 급속히 성장하는 베트남에 대해서도 꾸준히 관심을 두고 있습니다. 지자체마다 동남아 현지로 직접 날아가 '무역 관광박람회'에 참가하여 관광객 및 관광산업 투자유치를 위한 활동을 전개하거나, 해외 마케팅을 통해 많은 동남아 관광객을 유치하려고 큰 노력을 기울인 바 있습니다. 코로나 시대가 끝나면 동남아 시장에 대한 지자체의 관광 홍보·마케팅은 계속 진행될 것이라고 생각합니다.

관광통역안내사에 대한 꿈이 있다면 꾸준히 늘어나는 신흥 관광시장인 동남아지역에 관심을 가져볼 필요가 있습니다. 그러나 어떤 언어를 선택할지에 대해서는 본인이 많은 조사와 연구가 필요합니다. 현재 주류가 되는 국가의 언어를 선택할 것인지, 아니면 앞으로 뜰 수 있는 국가의 언어를 선택할 것인지 충분히 고려해야 할 것입니다.

1) 합격자 동향

구분	마인어			베트남어			태국어		
	응시 (명)	합격 (명)	합격률 (%)	응시 (명)	합격 (명)	합격률 (%)	응시 (명)	합격 (명)	합격률 (%)
2011년 특별	–	–	–	–	–	–	–	–	–
2011년 정기	–	–	–	4	2	50.0%	11	1	9.1%
2012년 특별	3	0	0%	6	0	0%	27	9	33.3%
2012년 정기	5	0	0%	9	1	11.1%	32	7	21.9%
2013년 특별	5	2	40.0%	10	2	20.0%	20	1	5.0%
2013년 정기	14	6	42.9%	12	3	25.0%	26	13	50.0%
2014년 특별	17	10	58.8%	34	10	29.4%	38	22	57.9%
2014년 정기	38	18	47.4%	30	6	20.0%	41	14	34.1%
2015년 특별	49	19	38.8%	34	5	14.7%	42	10	23.8%
2015년 정기	53	16	30.2%	44	4	9.1%	34	8	23.5%
2016년 특별	77	20	26.0%	41	2	4.9%	52	2	3.9%
2016년 정기	72	42	58.3%	56	4	7.1%	52	18	34.6%
2017년	112	70	62.5%	85	34	40.0%	70	35	50.0%
2018년	82	36	43.9%	104	31	29.8%	68	31	45.6%
2019년	75	43	57.3%	128	46	35.9%	53	29	54.7%
2020년	64	50	78.1%	133	67	50.4%	26	17	65.4%

[최근 10년간 필기시험 현황]

구 분	마인어			베트남어			태국어		
	응시 (명)	합격 (명)	합격률 (%)	응시 (명)	합격 (명)	합격률 (%)	응시 (명)	합격 (명)	합격률 (%)
2011년 특별	–	–	–	–	–	–	–	–	–
2011년 정기	1	1	100%	2	1	50%	4	4	100%
2012년 특별	–	–	–	1	1	100%	9	4	44.5%
2012년 정기	–	–	–	1	0	0%	10	7	70.0%
2013년 특별	2	2	100%	3	2	66.7%	3	1	33.3%
2013년 정기	6	4	66.7%	5	2	40.0%	14	7	50.0%
2014년 특별	12	8	66.7%	10	8	80.0%	25	17	68.0%
2014년 정기	23	13	56.5%	8	7	87.5%	21	18	85.7%
2015년 특별	23	8	34.8%	5	3	60.0%	10	10	100%
2015년 정기	34	27	79.4%	6	2	33.3%	9	7	77.7%
2016년 특별	45	25	55.6%	5	3	60.0%	2	1	50.0%
2016년 정기	72	41	56.9%	5	2	40.0%	20	14	70.0%
2017년	124	83	66.9%	43	22	51.2%	40	28	70.0%
2018년	83	42	50.6%	65	30	46.2%	41	13	31.7%
2019년	79	41	51.9%	91	56	61.5%	43	13	30.2%
2020년	74	46	62.2%	108	61	56.5%	29	13	44.8%

[최근 10년간 면접시험 현황]

현재 한국산업인력공단에서 시행하고 있는 관광통역안내사 자격시험의 동남아지역의 언어는 마인어(말레이시아−인도네시아), 베트남어, 태국어의 3가지 언어만 있습니다. 2016년까지는 매년 특별시험과 정기시험으로 연간 2회를 실시하였으나, 2017년부터는 연간 1회로 줄어들게 되었습니다.

지난 10년간 동남아권 관광통역안내사 자격시험의 필기 및 면접시험 현황을 보면 2013년까지는 각 동남아 언어권별로 합격자가 많아야 10명 이하였는데, 2014년 이후로 합격자 수가 많아졌음을 알 수 있습니다. 그러나 동남아권 합격자의 수가 중국어, 일본어, 영어 합격자보다 월등히 적은 것은 아직은 여행시장이 크지 않음을 나타냅니다. 그러나 앞으로 동남아권 국가의 소득증가와 더불어 한류의 영향으로 한국을 방문하는 관광객의 수가 늘면서 동남아권 자격시험 합격자도 계속해서 늘어날 것으로 예상됩니다. 특히 베트남어는 2017년 이후 면접시험 합격자가 가파르게 늘고 있어 현재 가장 큰 주목을 받고 있습니다.

동남아지역 언어 최근 10년간 최종합격자 수
◆ 마인어 최근 10년간 최종합격자 : 341명
◆ 베트남어 최근 10년간 최종합격자 : 200명
◆ 태국어 최근 10년간 최종합격자 : 157명

2) 인도네시아

❶ 기초정보

◆**공식명칭** : 인도네시아 공화국, Republic of Indonesia
◆**국기** : 인도네시아인은 '상 메라 푸티(Sang Merah Putih)'라고 부르며, 빨간색과 흰색은 전통적인 국민색으로 빨간색은 용기와 자유, 흰색은 결백과 고귀함을 상징

- ◆ **위치** : 인도차이나에서 오스트레일리아까지 이어지고 인도양과 태평양 사이에 위치한 세계 최대의 열도인 말레이 제도 대부분에 걸쳐 있음
- ◆ **면적** : 1,916,820㎢(세계 14위, 한반도의 약 9배, 2017년 국토교통부 FAO 기준)
- ◆ **인구** : 2억 7천6백만 명(세계 4위, 2021년 통계청 KOSIS 기준)
- ◆ **수도** : 자카르타(Jakarta)
- ◆ **정체** : 대통령중심제
- ◆ **언어** : 인도네시아어
- ◆ **종교** : 이슬람교 87%, 개신교 7%, 카톨릭 3%, 힌두교 2%, 불교 1%
- ◆ **인종** : 자바인 45%, 순다인 14%, 마두라인, 미낭인 등
- ◆ **시차** : 한국보다 2시간 느림
- ◆ **전압** : 220V, 50Hz, 우리나라와 플러그 모양이 같음
- ◆ **GDP** : 1조 1,192억 달러(세계 16위, 2019년 통계청 KOSIS 기준)
- ◆ **1인당 GDP** : 4,136 달러(세계 96위, 2019년 통계청 KOSIS 기준)
- ◆ **수출** : 1,655억 달러(2019년 IMF 기준)
- ◆ **수입** : 1,499억 달러(2019년 IMF 기준)
- ◆ **경제성장률** : 5.02%(2019년)
- ◆ **한국과의 관계** : 1973년 수교. 인도네시아는 한국에서 전기 · 전자제품, 건설중장비, 섬유, 열연강판, 합성수지 등을 수입하며, 한국으로 천연가스, 원목, 유류, 커피, 천연고무 등을 수출함
- ◆ **예 절**
  - 이슬람인들은 왼손을 부정한 손이라고 여기어 식사할 때나 물건을 주고받을 때는 반드시 오른손을 써야 합니다. 자신의 머리를 단장할 때도 꼭 오른손만 사용합니다.
  - 친한 사람의 등을 치거나 함부로 사람의 머리를 만져서는 안 됩니다.

– 어린아이의 머리를 쓰다듬어서는 안 됩니다. 머리를 쓰다듬으면 아이의 영혼이 빠져나간다고 생각하기 때문입니다.

– 만나고 헤어질 때는 남녀 구별 없이 악수합니다.

– 무슬림과 함께 식사할 때는 돼지고기를 먹지 않도록 하고, 권해서도 안 됩니다.

– 힌두교 사원이나 성지 등에는 허리띠를 두르고 들어가야 합니다.

– 인도네시아 사람들은 술에 취한 모습을 좋지 않게 생각하므로 술에 취하지 않도록 조심합니다. 특히 이슬람교도인들은 술을 마시지 않기 때문에 술을 권하거나 술잔을 돌려서는 안 됩니다.

– 다른 사람들이 체면을 지키는 것을 중요시합니다. 공공장소에서 사람들을 부끄럽게 하거나 모욕하는 행위 등은 매우 무례한 것으로 봅니다.

◆ 음 식

인도네시아 음식 문화는 그리 발달한 편은 아니지만 중국, 인도, 말레이시아, 태국 등 주변 국가의 영향을 받아 다양한 음식 문화를 자랑합니다. 인도네시아 음식은 쌀을 주식으로 볶거나 튀기는 등의 다양한 조리법이 발달하였으며, 육류·해산물·채소 등 재료가 풍부하고 향신료가 다채롭게 발달하였습니다.

❷ 인도네시아 관광객 현황

구 분	2014년	2015년	2016년	2017년	2018년	2019년
총 입국자	13,908,927	12,961,458	16,965,284	13,066,901	15,095,806	17,880,503
인도네시아	208,329	193,590	295,461	230,837	249,067	280,146
말레이시아	244,520	223,350	311,254	307,641	382,929	409,254
베트남	141,504	162,765	251,402	324,740	457,818	624,640
태 국	466,783	371,769	470,107	498,511	558,912	580,191

(자료 : 통계청, 단위 : 명)

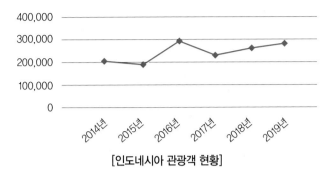

[인도네시아 관광객 현황]

최근 5년 동안의 현황을 보면 약간의 증감은 있으나 매년 20~30만 명의 관광객들이 꾸준히 방문하고 있습니다.

❸ 인도네시아 단체의 특성

- 인도네시아 단체는 인도네시아어를 사용하는 단체와 영어를 사용하는 단체로 구분됩니다. 대략 2012~2013년 이전에는 인도네시아어를 사용하는 단체가 60%, 영어를 사용하는 단체가 40% 정도였으나, 현재는 대부분 마인어(말레이시아-인도네시아)를 사용하는 단체입니다.
- 여름철 7, 8월은 무더운 계절이라 내한하는 단체가 많지 않은 비수기이며, 인도네시아 최대 명절인 라마단 기간과 연말은 많은 관광객이 들어오는 가장 큰 성수기입니다.
- 관광통역안내사는 대부분 한국인이며, 다문화가족 출신의 관광통역안내사는 거의 없습니다.
- 단체의 형태는 대부분 패키지 단체이며 FIT 단체는 그리 많지 않습니다. 아직 양국 간 무비자협정이 체결되지 않아 한국여행 시 비자가 필요합니다.
- 손님들의 수준은 상당히 높으며, 착하고 순진한 편입니다.
- 손님들 대부분이 무슬림이기에 돼지고기가 들어간 음식을 먹지 않도록 주의해야 합니다.

3) 말레이시아

❶ 기초정보

◆**공식명칭** : 말레이시아, Malaysia

◆**국기** : 초승달과 별은 이슬람교, 파랑색은 국민의 단합을 뜻함. 별과 달의 노랑은 왕실 색깔이며 줄무늬는 연방을 이룬 13주와 연방 정부를 나타내고, 별의 14개 빛살은 13주와 연방정부의 조화와 통합을 의미함. 영국 동인도회사의 깃발을 참조하여 만든 것으로 미국과는 무관함

◆**위치** : 말레이 반도 남단과 보르네오 섬에 걸쳐 있음

◆**면적** : 330,345㎢(세계 66위, 한반도의 약 1.5배, 2017년 국토교통부 FAO 기준)

◆**인구** : 3천277만명(세계 45위, 2021년 통계청 KOSIS 기준)

◆**수도** : 쿠알라룸푸르(Kuala Lumpur) / **행정수도** : 푸트라자야

◆**정체** : 입헌군주제, 일당제, 의원내각제

◆**언어** : 말레이어, 상용어는 영어 · 중국어 · 인도 타밀어

◆**종교** : 이슬람(국교) 60%, 불교 19%, 기독교 9%, 힌두교 6%

◆**인종** : 말레이계 62%, 중국계 22%, 인도계 7%, 기타 1%, 외국인 8%

◆**시차** : 한국보다 1시간 느림

◆**전압** : 220V~240V, 우리나라와 플러그 모양이 다름

◆**GDP** : 3,647억 달러(세계 36위, 2019년 통계청 KOSIS 기준)

◆**1인당 GDP** : 1만 1,414 달러(세계 56위, 2019년 통계청 KOSIS 기준)

◆**수출** : 2,381억 달러(2019년 IMF 기준)

◆**수입** : 2,048억 달러(2019년 IMF 기준)

◆**경제성장률** : 4.50%(2019년)

◆ **한국과의 관계** : 1960년 2월 수교. 말레이시아는 한국에서 철강, 기계, 전기 · 전자제품 등을 수입하며, 한국으로 원목, 원유, 천연고무 등을 수출함

◆ **예 절**

  – 말레이시아는 국교가 이슬람교인 이슬람국가이기 때문에 왼손을 부정한 손이라고 생각합니다. 그래서 식사를 할 때나 물건을 주고받을 때는 반드시 오른손을 써야 합니다.

  – 어린아이의 머리를 쓰다듬어서는 안 됩니다. 머리를 쓰다듬으면 아이의 영혼이 빠져나간다고 생각하기 때문입니다.

  – 이슬람교도인들은 술을 마시지 않기 때문에 술을 권하거나 술잔을 돌려서는 안 됩니다.

  – 어떤 사람이나 물건을 가리킬 때는 손가락질을 하지 않습니다. 방향이나 사물을 가리킬 때는 손바닥이나 엄지로 방향이나 사물을 가리킵니다.

  – 말레이시아 여성에게 먼저 악수를 청해서는 안 됩니다. 또한, 외국인 여성이 말레이시아 남성에게 먼저 악수를 청하는 것도 실례입니다.

  – 정치를 화제로 삼거나, 특히 정부를 비판하는 말 등을 해서는 안 됩니다.

◆ **음 식**

  다민족, 다인종 국가답게 말레이시아의 음식은 다양하고 다채롭다고 말할 수 있습니다. 말레이시아의 전통 요리에 중국, 인도, 태국 등 주변 국가의 음식 문화와 유럽의 음식 문화까지 접목된 복합적인 음식 문화라 할 수 있습니다.

❷ 말레이시아 관광객 현황

구 분	2014년	2015년	2016년	2017년	2018년	2019년
총 입국자	13,908,927	12,961,458	16,965,284	13,066,901	15,095,806	17,880,503
인도네시아	208,329	193,590	295,461	230,837	249,067	280,146
말레이시아	244,520	223,350	311,254	307,641	382,929	409,254
베트남	141,504	162,765	251,402	324,740	457,818	624,640
태 국	466,783	371,769	470,107	498,511	558,912	580,191

(자료 : 통계청, 단위 : 명)

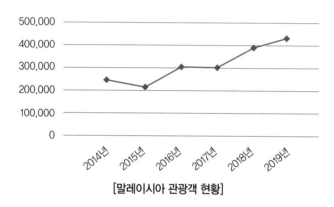

[말레이시아 관광객 현황]

2013년 연 20만 명을 넘은 후 최근 5년 동안 매년 꾸준히 15~35% 증가하고 있으며, 2016년 연 30만 명을 넘어섰습니다.

❸ 말레이시아 단체의 특성

- 말레이시아 단체는 영어를 사용하는 단체와 중국어를 사용하는 단체로 구분되는데, 현재는 영어를 사용하는 단체(무슬림) 50%, 중국어를 사용하는 단체(중국계 화교) 50%로 거의 비슷합니다. 중국화교 단체에 가끔씩 몇 명의 무슬림이 섞여오기도 합니다.
- 영어 관광통역안내사의 경우 대부분 한국인 관광통역안내사이며, 중국어는 다양한 국적의 관광통역안내사들이 활동하고 있습니다.

- 단체의 형태는 대부분 패키지 단체이며, 5박 6일 이상의 일정이 비교적 많습니다.
- 다양한 민족과 인종이 모여 이룬 다인종 사회로 손님들의 민족과 인종이 다양합니다.
- 무슬림들은 돼지고기를 먹지 않기에 항상 주의해야 합니다. 돼지고기 이외의 다른 고기를 먹을 때에도 반드시 할랄인증한 고기를 먹어야 하기 때문에 할랄인증 식당을 찾기가 쉽지 않습니다. 그래서 이태원 할랄인증 식당을 자주 가거나 일반 식당에서 할랄고기를 미리 준비하도록 해서 먹어야 하므로 관광통역안내사들은 특별히 신경 써야 할 부분입니다.
- 1일 5회의 예배를 해야 하므로 단체이동할 때 예배장소와 예배시간, 우두실에 대해 미리 파악해 놓아야 합니다.
- 같은 무슬림 국가인 인도네시아 관광객들보다 이슬람교의 원리원칙을 더 많이 따집니다.

4) 베트남 ★

❶ 기초정보

- ◆ **공식명칭** : 베트남 사회주의 공화국, The Socialist Republic of Vietnam
- ◆ **국기** : '금성홍기'라 부름. 1945년 9월 4일 베트남 민주공화국으로 독립할 때 처음 만들어졌으며 빨강색은 혁명을 위해 흘린 피와 조국의 정신, 노란별의 다섯 모서리는 노동자 · 농민 · 지식인 · 청년 · 군인의 단결을 뜻함
- ◆ **위치** : 인도차이나 반도 동부
- ◆ **면적** : 331,230㎢(세계 65위, 한반도의 약 1.5배, 2017년 국토교통부 FAO 기준)

◆**인구** : 9천8백1십만 명(세계 15위, 2021년 통계청 KOSIS 기준)

◆**수도** : 하노이(Hanoi)

◆**정체** : 사회주의공화제

◆**언어** : 베트남어

◆**종교** : 불교 12%, 기독교 7%, 까오다이교(유·불·도의 혼합 종교)

◆**인종** : 낀(베트남)족 86%, 타이·므엉·크레르 등 53개의 소수민족

◆**시차** : 한국보다 2시간 느림

◆**전압** : 220V, 50Hz, 우리나라와 플러그 모양이 다름

◆**GDP** : 2,619억 달러(세계 45위, 2019년 통계청 KOSIS 기준)

◆**1인당 GDP** : 2,715 달러(세계 109위, 2019년 통계청 KOSIS 기준)

◆**수출** : 1,909억 달러(2019년 IMF 기준)

◆**수입** : 2,143억 달러(2019년 IMF 기준)

◆**경제성장률** : 7.02%(2019년)

◆**한국과의 관계** : 1992년 수교. 베트남은 한국에서 시멘트, 비료, 섬유류, 종이류, 전기·전자제품 등을 수입하며, 한국으로 원목, 무연탄 등을 수출함

◆**예 절**

- 베트남의 전통 식사예절은 우리처럼 엄격합니다. 반찬을 먹을 때는 접시에 덜어 먹어야 하며 국물 종류는 큰 숟가락으로 자기 그릇에 떠서 먹어야 합니다. 음식을 먹을 때 소리를 내면 안 되고 탄 밥은 나쁜 일이 생긴다고 하여 먹지 않습니다.

- 다른 사람에게 음식을 건네받을 시에는 자신의 밥그릇을 내밀어 받습니다. 젓가락으로 받는 것은 상대를 무시하는 것이라 오해할 수 있으니 주의하시기 바랍니다.

- 예의를 중시하기 때문에 젊은 사람들은 공경의 의미로 노인들에게 먼저 인사합니다. 외국인들은 기본적인 수준에서의 미소와 공손함, 선한 의도의 표현, 나이 든 사람에 대한 존중의 태도를 보이면 대부분 문제가 발생하지 않습니다.
- 자존심이 매우 강하고 체면을 무척 중시하기 때문에 모욕을 주거나 무시하는 말, 행동은 삼가도록 합니다.
- 베트남에서는 목소리를 높여 다투거나 화를 내는 사람들을 많이 볼 수 없습니다. 이들은 유쾌하지 않은 주제는 그냥 회피하거나 진지하지 않게 이야기를 하곤 합니다.
- 선물을 주고받는 것을 좋아합니다. 특히 명절이나 결혼식 같은 특별한 날에는 선물을 주는 일이 더욱 중요합니다. 초대받아 방문하거나 생일축하 자리에 참석할 때는 과일, 꽃 등의 작은 선물을 준비하는 것이 좋습니다. 불교가 우세한 베트남에서는 선물을 주는 일이 다음 생을 위한 공덕을 쌓는 길이 된다고 믿습니다.
- 베트남 사람과 만나 인사 또는 악수할 때는 왼손은 쓰지 말아야 합니다. 왼손을 부정한 것으로 여기기 때문입니다.
- 상점에 들어가 구경을 할 때는 물건을 만지지 말고 먼저 보여 달라고 요청해야 합니다.

◆음 식

쌀을 주재료로 한 다양한 요리가 발달하였으며, 중국과 프랑스의 오랜 식민 생활로 동서양이 결합된 독특한 음식 문화를 볼 수 있습니다. 기름기가 덜하며 맵지 않고 담백하여 외국인의 입맛에도 잘 맞습니다.

❷ 베트남 관광객 현황

구 분	2014년	2015년	2016년	2017년	2018년	2019년
총 입국자	13,908,927	12,961,458	16,965,284	13,066,901	15,095,806	17,880,503
인도네시아	208,329	193,590	295,461	230,837	249,067	280,146
말레이시아	244,520	223,350	311,254	307,641	382,929	409,254
베트남	141,504	162,765	251,402	324,740	457,818	624,640
태 국	466,783	371,769	470,107	498,511	558,912	580,191

(자료 : 통계청, 단위 : 명)

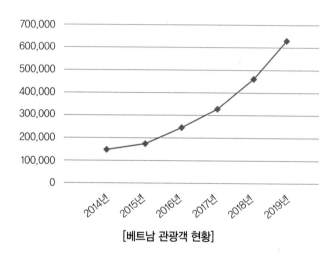

[베트남 관광객 현황]

　현재 동남아 국가 중에서 가장 급속한 관광객의 증가를 나타내고 있는 국가입니다. 관광통역안내사의 수입 면에서 첫 번째로 꼽아도 될, 가장 큰 주목을 받는 국가라고 여겨집니다.

❸ 베트남 단체의 특성

- 베트남어 관광통역안내사 중에 무자격자가 상당수 있으며, 다문화가족 출신의 여성분도 상당히 많습니다. 그래서 무자격 가이드 대부분은 시팅 가이드와 함께 투어를 진행합니다.

- 당연히 베트남 가이드가 인솔하지만, 소수의 여행사는 영어 관광통역안내사를 통해 단체를 진행하고 인솔자가 중간에서 베트남어로 통역을 해주기도 합니다.
- 다른 언어권에 비해 인솔자의 파워가 막강합니다.
- 한류를 느끼고 싶어 하고 인삼·적송과 같은 건강식품이나 화장품에 매우 관심이 있어 하기 때문에 쇼핑이 잘 나오는 단체가 많습니다.
- 3박 4일 일정이 많습니다(관광객 입장에서는 비행기에서 하루를 보내므로 3박 5일 코스).

5) 태국

❶ 기초정보

- **공식명칭** : 태국 왕국, Kingdom of Thailand
- **국기** : '트라이롱(Trairong)' 또는 국기라는 뜻의 '통 찻(Thong Chat)'이라고 부르기도 함. 빨강·하양·파랑이 5열로 이루어진 3색기이며, 이 중 빨간색은 국민, 하얀색은 건국전설과 관련 있는 흰코끼리(불교), 파란색은 국왕을 상징
- **위치** : 인도차이나 반도 중앙부
- **면적** : 513,120㎢(세계 49위, 한반도의 약 2.3배, 2017년 국토교통부 FAO 기준)
- **인구** : 6천9백9십만 명(세계 20위, 2021년 통계청 KOSIS 기준)
- **수도** : 방콕(Bangkok)
- **정체** : 입헌군주제, 양원제
- **언어** : 태국어
- **종교** : 불교 94.6%, 이슬람교 4.6%

◆ **인종** : 태국계 75%, 중국계 14%, 말레이계 11%

◆ **시차** : 한국보다 2시간 느림

◆ **전압** : 220V, 50Hz

◆ **GDP** : 5,436억 달러(세계 23위, 2019년 통계청 KOSIS 기준)

◆ **1인당 GDP** : 7,808 달러(세계 70위, 2019년 통계청 KOSIS 기준)

◆ **수출** : 2,453억 달러(2019년 IMF 기준)

◆ **수입** : 2,393억 달러(2019년 IMF 기준)

◆ **경제성장률** : 2.40%(2019년)

◆ **한국과의 관계** : 1958년 수교. 태국은 한국에서 철강, 비료, 섬유류, 엔진부품 등을 수입하며, 한국으로 사료, 당류, 컴퓨터부품 등을 수출함

◆ **예 절**

- 태국사람들은 서로 인사를 할 때 악수를 하는 것이 아니라 기도하는 자세와 같이 양손바닥을 합장한 자세로 목례를 합니다. "Wai"라는 말로 인사를 하며, 일반적으로 손아래 사람이 손윗사람에게 먼저 하고 손윗사람은 같은 자세로 이에 응답합니다.

- 모든 불상은 신성하므로 사진을 찍기 위해 불상에 올라간다거나 불상을 만지며 장난치는 등의 행동을 절대로 해서는 안 됩니다.

- 필요 이상으로 모르는 사람을 오래 쳐다보는 것은 무례한 행동으로 여겨집니다. 때로는 싸움을 거는 행동으로 받아들여질 수도 있습니다.

- 발로 물건을 가리키면 안 되며 왼손으로 물건을 건네서도 안 됩니다.

- 머리는 태국에서 신성하다고 믿어지기 때문에 함부로 손으로 만져서는 안 됩니다.

- 공공장소에서 남녀 간의 애정표현은 바람직하지 않습니다.

- 태국에서는 타인을 호칭할 때에는 '쿤 Khun'을 이름 앞에 넣어 부릅니다. 이는 서양에서 'Mr. / Ms. / Mrs.'를 사용하는 것과 같은 존칭입니다.

– 태국인들은 왕을 대단히 존경하므로 왕실을 모독해서는 안 됩니다.

◆ 음 식

태국음식은 다양한 재료와 허브, 향신료를 활용하는데 한국인의 입맛에도 잘 맞습니다. 주식은 우리와 마찬가지로 쌀이며, 태국음식의 맛은 시고, 달고, 짜고, 매운맛이 조화된 것으로 상당히 자극적입니다. 태국인들은 한 번에 많이 먹지 않고 중간 중간 허기를 달랩니다.

❷ 태국 관광객 현황

구 분	2014년	2015년	2016년	2017년	2018년	2019년
총 입국자	13,908,927	12,961,458	16,965,284	13,066,901	15,095,806	17,880,503
인도네시아	208,329	193,590	295,461	230,837	249,067	280,146
말레이시아	244,520	223,350	311,254	307,641	382,929	409,254
베트남	141,504	162,765	251,402	324,740	457,818	624,640
태 국	466,783	371,769	470,107	498,511	558,912	580,191

(자료 : 통계청, 단위 : 명)

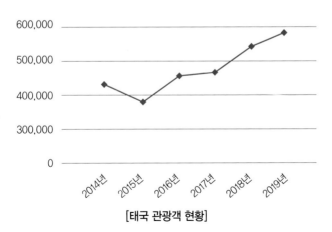

[태국 관광객 현황]

최근 5년 동안의 현황을 보면 약간의 증감은 있으나 매년 40~60만 명의 관광객들이 꾸준히 방문하고 있습니다.

❸ 태국 단체의 특성

- 관광통역 안내를 하는 가이드 중에는 무자격 쓰루가이드들이 상당히 많이 있습니다. 쓰루가이드는 태국인 가이드로서 태국 관광객을 이끌고 한국에 관광온 후에 본인이 직접 단체를 이끌고 행사를 진행하는 가이드를 말합니다. 한국에 거주하면서 단체를 하는 무자격 태국인 가이드도 많습니다. 자격증이 없으니 당연히 불법입니다.

- 쓰루가이드 및 무자격 태국인 가이드는 한국어도 부족하고 지리도 잘 몰라 관광경찰의 검문에 대비하기 위해 사진사 및 시팅가이드와 함께 투어를 진행합니다.

- 3박 4일 일정이 많습니다(관광객 입장에서는 비행기에서 하루를 보내므로 3박 5일 코스).

- 최근 여행비가 많이 내려와 저가 패키지 단체가 많이 늘었습니다.

- 한국에서 불법체류를 하기 위해 도망치는 관광객들이 많이 있습니다.

- 화장품 회사, 다단계 회사의 MICE 투어도 가끔 들어옵니다.

- 불교국가답게 여행 일정 중에 절이나 불교와 관련된 관광지가 많이 포함되어 있습니다.

- 꺼리는 음식은 없으나 본인들 입맛을 돋우기 위해 태국의 각종 소스를 가지고 옵니다.

Seoraksan National Park

≫ 현직 인도네시아어 관광통역안내사 인터뷰

조상현(Lucio Jo) _

- (현) 마인어 관광통역안내사, 영어 관광통역안내사, 9년차 가이드(2013년~), 패키지단체 위주
- (현) 네이버카페 "관광통역안내사 교류센터" 정회원
- E-Mail : goodfellajo@gmail.com
- Instagram : @goodfellajo

" 사람을 남기는 일을 하십시오 "

[아르바이트가 내 인생을 바꾸다.]

제 전공은 법학이었습니다. 입학할 당시에는 변호사의 꿈을 가지고 대학의 문을 두드렸었습니다. 성적도 제법 좋아 학교에서 성적 장학금도 타고 미국 교환학생으로 뽑히기도 했습니다.

미국으로 출발하기 전 2개월의 시간이 남아 용돈을 벌고자 인터넷에서 아르바이트를 찾던 중, 관광객들에게 사진을 찍어주는 아르바이트가 있는 것을 보고 호기심에 접하게 되었습니다. 관광객들이 한국을 여행하는 동안 서비스를 제공하고 사진을 찍어 파는 일이었는데, 제 적성에 아주 잘 맞았습니다. 관광객들과 영어로 대화도 하고 친구가 될 수 있었으며, 수입도 제법 쏠쏠했기 때문입니다. 교환학생을 다녀온 후에도 여름방학과 겨울방학 동안에 사진 찍는 아르바이트를 계속하였습니다. 그렇게 관광업의 재미에 빠져들었습니다. 그동안 자라오면서 열심히 공부해서 대학에 가고 취업해서 결혼하는 것만이 바람직한 삶이라고 알고 있었는데, 자신이 좋아하는 일을 하며 신나게 돈을 벌 수 있는 진로가 있다는 것을 알고 무척 기뻤습니다.

[글로벌한 세계, 다양한 언어]

그렇게 관광업을 알게 되었고 영어로 다양한 국적의 손님들과 친해질 수 있었습니다. 그때 친해진 인도네시아 친구가 있었는데, 그 친구를 통해 인도네시아라는 나라의 매력에 빠지게 되었습니다. 이후 학교를 휴학하고 인도네시아어를 배우기 위해 인도네시아의 수도 자카르타로 떠났습니다. 인도네시아를 배우고 온 뒤 영어와 인도네시아어를 활용하여 현재 관광통역안내사의 길로 접어들게 되었습니다.

자격증 취득 전에 여러 사람에게 많이 물어봤습니다. 현직에 일하고 있는 관광통역안내사 누나에게 물어보니 관광통역안내사 시험이 굉장히 어려운 시험이라고 말하더군요. 꼬박 2년을 도서관에 앉아서 공부만 해야 하며 본인도 5수만에 땄다는 이야기를 들으니 걱정도 되고 겁도 났습니다. 하지만 대학교 동아리에서 만난 선배가 언어 자격시험을 제외하고 필기시험을 단 한 달만 준비하고도 합격한 것을 보고 저도 자신감이 생겼습니다. "선배도 하는데 나도 할 수 있겠지."라고 생각하여 학원도 안 다니고 혼자서 학습을 하였습니다. 토익은 학교를 다니면서 따놓은 870점짜리 성적이 있어서 따로 영어공부는 하지 않았습니다. 학원은 다니지 않았지만 국사 범위가 너무 방대하고 혼자 정리하기가 어려워 인터넷 강의를 들었습니다. 고종훈 선생님의 한국사를 틈나는 대로 계속해서 2회 들었습니다. 다른 과목들(자원, 법규, 개론)은 서점에서 책 한 권을 사서 독학하였습니다. 필기시험 1주일 전부터는 기출문제와 예상문제를 계속 풀며 틀린 문제를 정리하였습니다. 국사는 다른 과목보다 배점이 두 배이기 때문에 국사를 확실하게 공부하는 것이 좋다고 생각합니다. 그렇게 필기시험에 붙고 면접 준비에 들어갔습니다. 면접 준비는 네이버 관광통역안내사 카페에 가입해서 선배님들이 작성하신 시험 후기 위주로 공부를 하였습니다. 하지만 면접에서는 뭐가 나올지 모르니 정말 광범위하게 준비하셔야 합니다. 저 같은 경우 공부한 데서 거의 나오지 않아 매우 당황스러웠습니다.

선배님들이 알려주신 비결을 말씀드리자면 '자신감'입니다. 실제로 일하다가도 관광객들이 한국에 대해 다양한 것을 물어보는 경우 그걸 모르더라도 모른다고 말하기보다는 유사한 것을 일단 유연하게 설명해 주고 나중에 찾아서 부연설명해 주면 되듯이, 2차 면접에서도 면접관이 물어본 질문에 "모르겠습니다."라고 답변하는 것보다 유사한 것 중 알고 있는 것을 설명하는 것이 합격의 비결입니다. 저는 운 좋게 한 달의 공부 끝에 필기와 면접을 단 한번에 통과하였습니다.

현재 코로나로 인해 다른 일을 하고 있습니다. 코로나 전에는 때로는 영어 가이드로서, 때로는 인도네시아어 가이드로서 관광통역안내사 일을 하였습니다. 처음에는 10명 내외의 소규모 단체 위주로 배정을 받아서 투어를 진행하다가 3년 차가 되니 20~30명 내외의 큰 단체를 맡아서 하고 있습니다. 주로 가는 여행지는 제주도, 설악산, 남이섬, 남산타워, 경복궁입니다. 투어를 진행하면서 손님들께 관광지를 소개하고 마지막 날에 인천공항에 가서 출국할 수 있도록 항공권 발권, 세금환급 등을 도와주는 것이 저의 일입니다. 하지만 패키지투어의 경우 다들 아시다시피 쇼핑이라는 무시하지 못할 사항도 있으므로 이 역시 각자의 노하우를 통해 차차 배워가야 합니다.

항상 입장을 바꿔서 초심을 유지하려고 노력합니다. 대다수의 관광객들은 해외여행을 가려고 국가를 선택할 때 이미 한 번 가본 국가는 두 번 이상 가지 않는 것이 일반적입니다. 그리고 그 단 한 번의 여행으로 그 나라의 이미지가 굳어집니다. 예를 들어 저 역시 여행을 굉장히 좋아해서 일이 없는 날에는 종종 여행을 다니곤 합니다. 뉴욕여행을 할 때였는데 관광지 자체는 굉장히 좋았지만, 미국인들이 식당에서나 길거리에서 인종차별적 발언을 한다거나 동양인을 무시하는 경험을 겪은 후에는 미국에 대한 이미지가 좋지 않게 되었습니다. 일하다 보면 저도 사람인지라 초심을 유지하기가 굉장히 어렵습니다. 겨울이나 극성수기에는 한 달에 이삼일 정도만 쉬고 계속 일만 하는 달도 있습니다. 그럴 땐 체력도 떨어지고 목소리도 잘 나오지 않습니다. 똑같은 관광지를 수년 동안 다니게 되면 매너리즘에 빠지게 되는건 어쩔 수 없습니다. 이때 저는 자기 최면을 항상 걸곤 합니다. "저분들은 한국에 단 한 번오신 분들이며 나의 모습을 통해 한국의 이미지를 형성한다." 이렇게 최면을 걸다 보면 옷맵시나 마음가짐에도 신경을 쓰게 되고 자연스레 다시 힘이 나게 됩니다.

저는 모든 관광을 마치고 인천공항으로 돌아가는 버스 안에서 항상 마지막 멘트로 "그동안 한국관광이 재미있었나요?", "재미있었다면 주위 친구분들이나 지인들에게도 한국여행을 추천해주시기 바랍니다."라고 마무리를 짓습니다. 이 마무리 멘트에 힘이 실리기 위해선 최선을 다해 노력해야겠죠? 이 글을 읽으시는 분들도 앞으로 관광통역안내사가 되실 텐데 초심을 항상 기억하셔서 한번 오셨던 관광객들이 다시 방문하거나 고국에 돌아간 뒤에도 지인에게 추천할 만한 여행지로 소개될 수 있도록 힘써주셨으면 하는 바람입니다.

05 업무를 수행하면서 가장 기억에 남았던 에피소드에 대해 말씀해 주세요.

[인도네시아 공중파 TV에 나오다.]

한 번은 인도네시아 관광객이 한국에 가족들과 놀러온 적이 있습니다. 알고 보니 인도네시아에서 굉장히 유명한 개그맨이자 MC였습니다. 7박 8일 일정이었고 6일차에 서울로 돌아왔습니다. 6일째 일정표에는 관광지가 몇 개밖에 없었고 회사방문이라고 쓰여 있었습니다. 평소에도 회사방문 일정이 많아 '일반적인 회사방문이겠지.'라고 생각했는데 알고보니 가수 태진아와 이루 부자를 만나는 일정이었습니다. 두 가수 부자와 인도네시아 연예인 사이에서 통역을 해주며 같이 밥도 먹고 즐겁게 지냈습니다. 그 후 그분들이 자국으로 돌아간 뒤 갑작스레 현지 친구들에게서 연락이 오더라고요. 제가 한국여행특집 공중파에 나온 걸 봤다는 겁니다. 그 후에도 한국에 오시는 관광객들 중 저를 알아봐 주시는 분도 종종 계셔서 신기한 경험이었습니다.

[뜻밖의 사건·사고가 발생하다.]

일을 하다 보면 항상 원하는 대로 일이 흘러가지 않습니다. 손님이 배탈이 나거나 아프기도 하고, 엄청난 교통체증과 천재지변 등으로 행사 진행이 어려울 때가 종종 있습니다. 관광업계에서 이미 경험이 많은 가이드가 되고나니 여러 가지 사건·사고를 겪게 됩니다. 그중 가장 기억에 남았던 사건은 스키장에서 있었던 일이었습니다. 가이드가 되고 첫 겨울을 맞이하여 스키시즌에 관광객들과 스키를 타기 위해 스키장에 갔습니다. 스키 대여부터 착용 및 타는 방법까지 알려준 후 한 명 한 명씩 지도하는데, 50대 아주머니께서 넘어지시며 손을 잘못 짚으시는 바람에 손목뼈가 부러졌습니다. 일단 리조트 내에 있는 의무실에 갔더니 "병원에 가서 X-ray를 찍어야 한다."라고 해서 사무실에 보고하고 택시를 타고 인근 병원에 간 적이 있습니다. 수술을 해야 하는 상황인데 손님께서는 자국에 돌아가신 뒤 본국에서 수술하겠다고 주장하셔서 깁스만 하고 나온 적이 있습니다. 처음 겪는 돌발 사건이라 상당히 당황했던 경험이었는데, 이런 사건 · 사고가 발생하였을 때 얼마나 자연스럽게 처리하고 행사를 계속 진행하느냐가 베테랑과 초보의 차이인 것 같습니다.

06 업무를 수행하면서 만났던 최고와 최악의 고객에 대해 말씀해 주세요.

24명이 모두 40~50대 아주머니들만 왔던 단체가 있었습니다. 계모임처럼 동네 아주머니들끼리 함께 온 단체였는데 남편들이 다들 기업의 임원이나 사장 정도 되는 VIP 손님이었습니다. 정말 그만큼 까다롭고 요구사항도 많았던 단체였습니다. 하지만 서비스 정신을 가지고 맞춰줄 건 맞춰주며 도가 넘는다고 판단되면 농담식으로 거절도 하였습니다. 그렇게 길고도 긴 6일이 모두 지나고 아주머니 한 분이 인천공항에서 조금씩 모았다며 봉투를 주셨는데, 한 분당 100달러씩 모은 총 2,400달러를 팁으로 주시며 그동안 고마웠다고 하셨습니다. 인연은 그렇게 끝나지 않고 정확히 1년 뒤 같은 인원으로 부산여행을 오셨는데 그때도 잊지 않고 저를 지명해 주셨습니다. 그때를 생각하면 노력은 결과를 배신하지 않는다는 말이 맞는 것 같아 항상 단체마다 열심히 노력하고 있습니다.

2014년 크리스마스 연휴의 한 단체였습니다. 시즌이 성수기이다 보니 비싼 여행비를 내고 오는 관광객들이라 이미 여러 국가를 다녀오신 분들이 많았습니다. 벼는 익을수록 고개를 숙인다고, 정말 교양 있으신 분들은 제 말에 경청도 잘 해주시고 관광지 가는 곳마다 질문도 하시며 그 상황을 즐기셨습니다. 그런데 한 부부는 첫날부터 가는 관광지마다 "아~ 이건 터키의 어디가 더 좋더라." 경복궁에서는 "태국의 왕궁이 더 화려하다." 심지어 가는 식당마다 "일본 음식이 더 맛있네.", "미국의 무슨 메뉴를 흉내낸 거네."라고 말하며 온통 불평불만으로 가득 찼습니다. 그렇게 단 하루도 빠지지 않고 매일 불평불만을 표현하였는데, 한국을 대표하고 한국을 소개하는 관광통역안내사인지라 최대한 싫은 티 안 내고 웃으며 일하려고 하였습니다. 그런데도 계속되는 불평불만과 한국에 대한 좋지 않은 말을 하는 것에 인내심이 한계에 다다르려던 참에, 같이 오신 다른 관광객들도 그 부부에게 진절머리가 났는지 "그럴 거면 왜 한국에 왔냐?"고 일침을 쏘아 주셨습니다. 그때 당시에는 매우 통쾌하였으나, 아직도 그 부부를 생각하면 진절머리가 납니다. 그 부부는 여태까지 제가 겪은 최악의 관광객이었습니다. 우리 관광통역안내사들은 수백 수천 명의 관광객을 접하다 보면 자기가 좋아하는 성격의 사람만 만날 수 없다는 것을 알고 있기에 투철한 프로정신을 가지고 사람들을 대하여야 한다고 다시 한 번 느꼈습니다.

07 관광통역안내사 업무를 수행하면서 가장 어려웠던 점은 무엇이었나요?

관광통역안내사는 어릴 때 흔히 말하는 '척척박사'가 되어야 한다는 점이 가장 어려웠습니다. 법학 지식부터 나무의 학명, 각종 다리의 이름과 길이, 역사, 정치, 군복무, 패션 등 언제 어디서 어떤 식으로 질문이 날아올지 모릅니다. 한국이란 나라에 처음 오신 관광객으로선 이것저것 궁금한 것이 당연하므로 그 궁금증을 충족시켜 드리기 위해서 많은 노력을 하였습니다. 가장 황당했던 질문 몇 가지만 소개해 드리자면 첫째, 인천공항에서 설악산 가는 길에 수십 개의 터널을 통과하는데, 가는 길에 뜬금없이 손님께서 이 터널의 이름과 길이를 알려달라고 하셔서 급히 찾아 알려드렸던 적이 있습니다. 둘째, 마포대교에 관해 설명하던 중 예전에 많은 사람이 자살하는 다리였는데 생명의 다리로 리모델링한 후 지금은 관광명소로 바뀌었다고 하니, 사람들이 "왜 다른 곳이 아닌 굳이 여기서 자살을 하느냐?"고 묻는 질문에 역시 말문이 막혔습니다. 이외에 나무나 식물의 이름을 묻는 말까지 가이드는 여러 방면에 다양한 지식을 가지고 있어야 그때그때 설명이 가능하다는 것을 깨달았습니다. 그래서 지금도 항상 쉬는 날엔 책도 읽고 뉴스와 신문을 보며 정보를 축적해나가고 있습니다.

사람을 남기는 일을 하십시오. 물론 일이라는 것이 돈을 벌기 위함이지만 가이드를 처음 시작하면 한 팀 한 팀이 정말 가족 같고 친구 같아 헤어지기 아쉽고 눈물을 흘리곤 합니다. 하지만 반 년, 일 년, 이 년이 지나다 보면 관광객을 맞이하고 헤어지는 일에 익숙해지면서 자신의 감정에 문을 닫게 됩니다. 그렇게 되면 관광객 한 명 한 명을 돈으로 보거나 "일정을 어떻게 하면 쉽고 빠르게 끝낼까?"하는 생각이 들기도 합니다. 하지만 그때마다 항상 '내가 외국에 나갔는데 가이드가 날 어떻게 대해줬으면 좋을까?'라는 생각을 해보시면 됩니다. 신입 관광통역안내사들은 단체나 개인 손님을 받고 일을 하실 텐데, 항상 관광객들에게 다시 한국에 오고 싶게끔 만드는 관광통역안내사가 되어주시길 바랍니다.

그리고 한 가지 더, 지금 우리가 연간 천만 관광객을 넘어선 이유에는 여러 가지가 있겠지만 그 가운데 한 가지는 이 업계에서 오랫동안 수고해 오신 선배 관광통역안내사들의 노고와 노력이 있었기에 가능했던 일이라는 것을 잊지 말아 주시기 바랍니다. 여러분의 한 팀 한 팀이, 한 명 한 명의 손님이 다시금 여러분의 미래의 손님이 되고, 여러분의 행동이 바로 대한한국의 이미지라는 것을 잊지 말아 주셨으면 합니다.

제2부 실무 After

제5장

관광통역안내사
역량 키우기

1

스키투어

스키투어는 겨울여행의 꽃이라고 말할 수 있습니다. 단체 패키지투어이든 일일투어이든 겨울에는 스키가 포함된 투어가 대부분입니다. 특히 대만, 홍콩, 베트남, 태국, 말레이시아, 인도네시아, 필리핀 등 동남아 지역에서 오는 관광객들에게 한국의 스키장은 매우 가보고 싶은 인기 있는 투어코스라고 말할 수 있습니다. 관광통역안내사에게도 스키투어는 매우 중요한 일정 중의 하나입니다. 그 이유를 말씀드리자면,

➜ 첫째, 다른 계절에 비해 벌어들이는 수입이 조금 높습니다.

➜ 둘째, 다른 계절에 비해 안전사고 발생확률이 매우 높습니다.

1) 스키투어로 인한 수익

일반적으로 일정표상에 스키투어가 포함되어 있으면 스키장비는 여행사에서 지급하고 관광객은 스키복, 스키장갑, 고글, 헬멧 등을 유료로 대여하거나 구매하게 됩니다. 물론 여행사 또는 단체마다 지시서 내용이 다를 수 있습니다. 예를 들면 스키장비와 스키복 두 가지는 여행사에서 지급하고 스키장갑, 고글, 헬멧은 관광객들이 구매 또는 대여하도록 지시서상에 기재되어

있는 경우도 있습니다. 먼저 일정표에 기재된 스키장에 가기 전에 스키장 근처에 있는 회사와 계약된 스키용품점에 들러 스키복, 고글, 헬멧을 대여하고, 스키장갑을 가져오지 않은 손님에게는 구매하도록 권장합니다. 이는 당연히 관광통역안내사의 수익증가와 더불어 안전사고와도 밀접한 관련이 있기 때문입니다. 스키용품점에서 대여한 스키복, 고글, 헬멧은 스키를 타던 중 만약 망가지거나 찢어지더라도 배상하지 않아도 됩니다. 관광통역안내사는 처음 스키를 타는 손님들이 많이 있기 때문에 스키용품점에서 손님들이 스키복이나 고글, 헬멧 등을 고를 때 도움을 주도록 합니다. 스키용품의 대여 및 구매가 끝나고 계산을 할 때는 손님들이 계산대에서 직접 계산하도록 합니다. 스키복, 고글과 헬멧의 대여비용은 외국 손님들이라고 해서 내국인 손님과 다르게 받지 않고 같은 금액을 받습니다. 다만 여행사 관광통역안내사들이 많은 외국 손님들을 데리고 방문하므로 내국인 손님에게 받는 비용보다 훨씬 저렴하게 관광통역안내사에게 공급하고 있으며, 그 차액에서 발생하는 수익은 여행사, 관광통역안내사, 인솔자가 여행사가 정해놓은 규정에 따라 일정 비율로 배분하도록 합니다. 비율은 여행사마다 조금씩 차이가 날 수 있습니다.

안전을 위해서 반드시 고글과 헬멧을 착용하도록 합니다.

스키장비는 보통 스키용품점이 아니라 스키장에서 대여합니다.

스키장갑 역시 안전을 위해 착용하도록 합니다.

2) 안전사고 발생의 위험

　스키투어가 일정에 있으면 관광통역안내사는 항상 긴장해야 합니다. 언제 어디서 안전사고가 발생할지 모르기 때문입니다. 그래서 스키용품은 철저하게 준비하도록 해야 합니다. 몇 년 전만 해도 손님들이 헬멧을 대여하지 않아도 관광통역안내사는 그에 대해 크게 언급하지 않았는데, 이제는 스키를 타는 모든 손님에게 반드시 고글과 헬멧을 대여하라고 말해야 합니다. 스키장갑이 없다면 구매하도록 하여야 합니다. 손님을 모시고 스키장에 가면 대부분 기초코스에서 연습하는데 그곳에서 많은 외국인 관광객들이 스키 연습을 하고 있는 것을 볼 수 있습니다. 대부분 스키를 처음 타보는 관광객들이고 심지어 눈을 처음 봤다는 관광객도 있습니다. 헬멧이나 고글도 착용하지 않고 스키를 탄다거나, 들뜬 마음에 사고의 위험성도 모르고 아무데서나 누워있거나 눈장난을 하는 모습을 많이 볼 수 있습니다. 이런 상황에서 스키용품을 제대로 착용을 하지 않고 제대로 된 스키교육을 받지 못한다면 사고의 위험성이 더욱 높아지게 될 것입니다.

　스키복은 방수·방풍 기능이 되는 스키 전용 복장이어야 합니다. 손님들 대부분이 스키 초보자이기에 스키를 타다가 수없이 넘어지는데, 만약 스키복을 입지 않았다면 입고 있는 옷이 젖을 수밖에 없습니다. 그런 상태로 장시간 추운 날씨에 노출되면 쉽게 감기에 걸릴 수 있습니다.

　고글은 자외선으로부터 눈을 보호할 뿐만 아니라 다른 스키어들과 부딪칠 때 눈을 온전히 보호할 수 있습니다. 가끔 손님 중에 선글라스를 끼고 스키를 타려고 하는 분도 계시는데 이때는 절대 선글라스를 착용하지 말고 스키 고글을 착용하도록 권유하여야 합니다.

　장갑은 반드시 방수·방풍 기능이 되는 스키 전용 장갑을 준비하도록 합니다. 미리 준비해 오는 손님들도 있지만, 만약 없다면 스키용품점에서 구매하도록 권유하여야 합니다.

　헬멧은 머리를 보호하는 매우 중요한 장비입니다. 손님들이 스키를 타다가 뒤로 크게 넘어져 머리를 땅에 부딪치거나 다른 스키어와 머리가 부딪치는 경우가 많은데 이때 머리에 충격을 완화해주는 작용을 합니다. 특히 어린이는 무조건 착용하도록 권유하여야 합니다. 저의 경우 50대 여자 손님 한 분이 스키장 식당 건물에서 계단을 걸어 내려오다가 뒤로 미끄러져 머리를 계단에 부딪치는 일이 있었습니다. 천만다행으로 헬멧을 쓰고 있었기에 망정이지 만약 헬멧을 쓰고 있지 않았다면 대형사고로 이어질 수 있었던 가슴 철렁했던 일도 겪었습니다.

초보자들이 많은 기초코스에서 사진처럼 여럿이 손을 잡고 내려가는 행위는 큰 위험을 초래합니다.

사진처럼 슬로프가 아닌 반드시 안전이 확보된 장소에서 기념사진을 찍도록 합니다.

　스키장에서는 항상 사고 위험에 노출되어 있다고 생각하여야 합니다. 그래서 항상 주의하여 손님들을 관찰하여야 합니다. 스키를 타는 도중 넘어지면 재빨리 일어나도록 하며 직하강은 금지하도록 합니다. 슬로프 중간지역으로는 스키를 타고 내려오고 슬로프 양옆 가장자리로는 걸어 올라가도록 손님들께 말해주어야 합니다. 그래야 서로 부딪치는 것을 방지할 수 있습니다.

3) 스키장에서의 절차

❶ 스키용품점에서 스키복, 헬멧, 고글을 대여한 후에 차를 타고 스키장으로 이동합니다.

❷ 스키장에 도착 후 티켓박스 또는 외국인단체 매표소에서 스키장비 티켓을 구매합니다. 스키장마다 스키장비 티켓 구매 장소가 다르기 때문에 기억하고 있어야 합니다.

❸ 스키장비 티켓을 가지고 스키장비 대여소로 이동한 후 손님들에게 티켓을 나눠줍니다.

❹ 각자 발 치수를 티켓에 기재합니다. 발 치수 측정하는 곳에서 발 크기를 잰 후에 수치 그대로 기재하거나, + 10㎜를 더하거나 또는 운동화 크기를 기재하기도 합니다. 스키장마다 기재하는 방법이 다르므로 스키장비 대여소에 먼저 문의하도록 합니다.

❺ 일렬로 줄을 선 후에 발 크기가 기재된 티켓을 스키장비 대여소에 제출합니다.

❻ 스키장비 대여소에서는 손님의 발 크기에 따라 부츠와 바인딩이 달린 스키 플레이트를 지급합니다. 폴대는 본인 신장 크기에 맞는 것을 본인이 고르면 됩니다.

❼ 스키부츠를 신도록 합니다. 가이드는 손님들이 스키부츠를 신는 것을 도와주어야 합니다. 대부분 처음이다 보니 발이 꽉 껴서 아프다고 하는 손님이 많습니다. 스키부츠를 다 신었으면 몇 걸음 걸어보라고 합니다. 그래도 발에 통증이 오면 한 치수 큰 것으로 교환합니다. 신발과 소지품은 사물함에 보관하도록 하며 열쇠는 잃어버리지 않게 잘 보관하도록 합니다.

❽ 이제 스키를 탈 준비가 되었습니다. 스키장에 도착한 후 스키장비를 이상 없이 다 착용하고 스키를 탈 준비가 될 때까지 상당한 시간이 소요됩니다.

❾ 스키장비를 들고 기초코스로 이동합니다. 보통 기초코스 슬로프 맨 위의 평평한 곳이 교육하기 가장 좋은 지점이며 그 장소가 여의치 않을 때 최대한 슬로프의 가장자리에 붙어서 스키교육을 진행합니다.

스키교육을 할 때 손님 인원이 적으면 한 줄, 많으면 두 줄로 서도록 합니다.

학원 실무교육 중 신입 중국어 관광통역안내사를 대상으로 스키교육을 진행하고 있는 모습입니다 (2019년).

❿ 가장 먼저 10여 분간 준비운동을 하여 몸이 충분히 스트레칭이 되도록 합니다.

⓫ 가이드는 폴대 잡는 방법, 부츠를 스키 바인딩에 결합·탈착하는 방법, 걷는 방법, 방향 전환하는 방법, 넘어지는 방법, 일어나는 방법, A자로 내려오는 방법, 멈추는 방법, 스키 타는 자세 등을 차례로 가르칩니다. 스키를 잘 타는 손님에게는 S자로 내려가기도 가르칩니다.

⓬ 교육이 끝나면 한 명씩 스키 타는 걸 도와줍니다. 이후에는 각자 스키를 연습합니다. 가이드는 스키를 타면서 주의해야 할 사항에 대해 강조 또 강조합니다.

⓭ 마지막으로 스키장에서 스키를 마친 후 모이는 시간과 장소를 알려주고 스키장비는 각자 스키장비 대여소에 반납하도록 합니다.

⓮ 차량으로 스키용품점으로 이동한 후에 스키복, 헬멧, 고글을 반납합니다. 이때 가장 주의하여야 할 점은 반납하는 스키복 안에 본인 소지품이 들어 있는지 반드시 확인하도록 하는 것입니다.

2

무슬림과 할랄의 이해

우리 관광통역안내사 중에서 마인어(말레이시아-인도네시아) 관광통역안
내사는 주로 인도네시아 단체를 진행하는데, 손님 대다수가 이슬람교를 믿는
무슬림입니다. 영어 관광통역안내사들도 무슬림 손님을 자주 접하게 되는
데, 주요 국가는 말레이시아, 중동 지역, 중앙아시아 지역의 관광객들이 있
습니다. 중국어 관광통역안내사들도 말레이시아 화교 단체를 진행하는데,
가끔 단체 안에 무슬림 손님 몇 명이 포함된 경우가 있습니다. 저는 여태껏
한 번도 투어를 같이 해본 적이 없지만, 중국 위구르 지역의 무슬림 단체를
진행하였다는 가이드도 계십니다. 이 장에서는 무슬림과 할랄에 대한 기본적
인 내용에 대하여 알아보도록 하겠습니다.

1) 이슬람교의 이해

❶ 이슬람교와 무슬림이란?

이슬람은 아랍어로 '복종' 또는 '순종'이라는 의미로 알라의 권능에 순종하
고 그 명령에 따른다는 뜻입니다. 이슬람은 무함마드를 예언자로 하고 유
일신을 믿는 종교로 기독교, 불교와 함께 세계 3대 종교의 하나입니다.
이슬람을 믿는 신자를 무슬림(Muslim)이라고 하며, 이슬람의 기본 경전
은 코란입니다.

알라는 아랍어로 '하나님', '신'이라는 뜻입니다. 유대교, 기독교, 이슬람 모두 하나의 신의 계시로 성립된 종교로 보는 이슬람의 관점에서 유일신을 지칭할 때 쓰이며, 코란을 한국어로 옮길 때 알라는 '하나님'으로 옮깁니다.

❷ 이슬람 지역이란?

지구상에는 무슬림이 적게는 15억 많게는 18억 정도 살고 있습니다. 이슬람 지역이란 무슬림이 많이 분포되어 있는 지역을 말합니다. 즉, 종교적으로 구분한 개념이지만 크게 지역적으로 보면 아라비아, 서남아시아, 동남아시아, 중앙아시아를 비롯하여 전 세계 각국의 이슬람 소규모 커뮤니티까지 포함할 수 있는 개념이기도 합니다.

❸ 중동 지역이란?

지리적 개념으로 영국을 중심으로 극동(Far East)과 근동(Near East) 지역의 중간쯤에 위치한 지역을 지칭합니다. 처음에는 페르시아 걸프 지역을 지칭했으나 오늘날에는 중앙아시아와 북아프리카 지역까지 포괄합니다.

❹ 아랍 지역은?

지역적으로 사우디아라비아 반도를 중점적으로 한 중동지역 중에서도 혈통이 아랍인이며, 모국어를 아랍어로 쓰고 자신의 뿌리를 아랍문화에서 찾는 사람들을 포함하는 개념입니다. 모든 아랍인을 무슬림으로 생각할 수도 있는데 실상 아랍인의 정의는 종교와는 무관합니다. 아랍인 중에는 기독교인도 있으며 소수이지만 유대인도 존재합니다. 무슬림은 종교적 배경에서, 중동 사람들은 지리적 위치에서 자신의 정체성을 찾는다면 아랍인은 문화에서 자신의 정체성을 찾는 사람들입니다.

2) 할랄과 하람

　무슬림에게 먹는 것은 종교적인 행위인 만큼 '어떤 음식을 먹는가?'는 매우 중요한 문제입니다. 이슬람교에서는 인간에게 허용된 음식과 금기된 음식을 명확하게 구분 지으며 모든 무슬림이 반드시 합법적인 음식을 섭취할 것을 권장하고 있습니다. 이슬람교에서 인간에게 허용되는 음식은 '할랄', 금지되는 음식은 '하람', 그리고 권장되지 않는 음식은 '마크루'라고 규정하고 있습니다.

　할랄은 식품, 제약, 관광, 의료, 화장품, 의류, 기자재, 책, 유통은 물론 전반적인 행동, 규율, 사회적 제도에 이르기까지 다양한 분야에 적용되는 말이며, 음식에 대한 정의를 내릴 때 많이 사용합니다. 할랄과 반대의 의미로 사용되는 하람 역시 코란에 그 바탕을 두고 있습니다.

　하람으로 정의되는 범주는 혼전 성관계 · 살인 · 문신 등의 행위, 이슬람 금융에서의 리바(이자) 같은 특정 정책이 있고, 돼지고기와 동물의 피, 주류 및 알콜, 이슬람법에 따라 도살되지 않은 육류 · 파충류와 곤충 등이 하람으로 분류되어 있습니다. 그러나 금지된 음식이더라도 기아의 상태에서 생명이 위험할 때, 목숨을 구할 때, 또는 무의식중에 먹었을 때는 허용하는 유연한 태도를 보이고 있습니다.

　이슬람교에서 가장 대표적으로 금기시하는 식품 중 하나가 바로 돼지고기입니다. 자연 환경적인 요인에서 볼 때 이슬람 국가들이 모여 있는 서남아시아는 건조한 지역이어서 물과 식량이 부족할 수밖에 없었습니다. 이런 환경에서 사람과 같은 음식을 먹는 돼지를 키우는 것은 비경제적이었습니다. 돼지는 인간이 먹는 곡식을 주식으로 하므로 인간과 먹을 것을 두고 경쟁하는 관계였습니다. 돼지를 키우면 사람이 먹을 식량이 줄어드는 셈이니까요. 그래서 이슬람 사회에서 가장 강력한 규범인 종교 규범으로 돼지고기를 먹지 못하게 하였습니다.

종교적인 관점에서 보면 유대교의 종교적 관점을 먼저 봐야 합니다. 유대교에서 섭취 가능한 동물은 굽이 갈라지거나 되새김질하는 동물로 한정되어 있는데, 돼지는 그 어느 쪽에도 속하지 않는 동물입니다. 따라서 유대인들은 정체성이 애매한 돼지를 불결하다고 취급했고 이러한 돼지 혐오문화는 그들의 이웃인 아랍인에게도 영향을 미치게 되었습니다. 유대교의 관습과 문화는 이슬람교에도 자연스럽게 유입될 수 있었던 것입니다.

그 밖의 이유로는 첫째, 위생적인 관점에서 볼 때 돼지는 지상에서 가장 불결한 동물 중 하나로 인식되기 때문입니다. 돼지는 부패했거나 더러운 것을 먹는 동물입니다. 돼지는 이웃의 배설물뿐만 아니라 자신의 배설물조차 즐겁게 먹어치우는 더러운 동물로 인식됩니다. 둘째, 도덕적인 관점에서 볼 때 돼지는 수치심을 모르는 동물로 간주됩니다. 돼지는 짝을 정하지 않고 난교를 즐긴다고 알려져 있는데, 이는 이슬람교에서 매우 혐오하는 행위입니다. 셋째, 의학적 관점에서 볼 때 돼지에 기생하는 세균과 기생충은 더운 사막 기후에서 많은 질병을 유발하고, 그중 일부 접촉성 전염병은 인간에게 치명적이기 때문입니다.

이슬람교에서 술을 금지하는 가장 큰 이유는 술을 마시면 이성과 절제심을 상실하게 되기 때문입니다. 사람이 이성과 절제심을 상실하게 되면 수치스러운 일을 행하게 되며, 최악의 경우 간통이나 강간과 같은 범죄를 저지를 수도 있기 때문입니다. 이슬람에서는 재능, 건강, 재산, 순결 그리고 신앙을 지킬 것을 강조하고 있습니다. 인간이 술을 마실 때 이 다섯 가지를 지키는 일은 불가능해진다고 보고 있습니다. 그러나 역사적 사료를 보면 중세 아랍인들은 술을 매우 사랑했던 민족이라고 합니다. 아랍 문학에서 술을 주제로 한

시가 발달했다는 것이 이를 반증하는 근거가 됩니다. 아랍의 이슬람 국가에서는 공식적으로 엄격하게 술의 유통을 차단하고 있고 일부 보수적인 국가에서는 술을 구하기가 매우 까다롭지만 아이러니하게도 오히려 비즈니스 파트너에게 술을 접대하는 것이 상류층의 특권이 되기도 합니다.

3) 라마단

라마단은 이슬람교를 믿는 사람이라면 반드시 지켜야 할 무슬림의 5대 의무 중 하나로, 한 달 동안 금식을 하는 행위를 말합니다. 그러나 한 달 내내 굶는 무슬림은 없습니다. 무슬림은 이슬람력 9월을 가장 신성한 달로 간주하여 금식하는데, 해 뜨는 시각부터 해 지는 시각까지만 금식과 금욕을 실천합니다. 단 병자나 노약자, 정신병자, 생리중인 여성, 임산부나 수유를 하는 여성, 여행하는 사람, 아이 등은 그 대상에서 제외합니다. 보통 무슬림은 라마단 동안 음식물을 섭취하지 않을 뿐 아니라 물과 담배, 심지어 부부관계까지 삼갑니다. 라마단 기간은 무슬림에게는 고통의 시간이 아니라 기쁨의 시간으로 여겨집니다. 무슬림은 금식을 통해 절제력과 자제력을 기르며 타인에 대한 배려도 배우게 됩니다. 또한 이 기간은 성스러운 기간이기에 무슬림은 이웃과의 분쟁이나 전쟁을 피합니다. 라마단 기간에 무슬림이 먹는 식사는 하루에 두 끼입니다. 첫 번째 식사는 일몰 직후에 금식을 깨는 '이프따르'이며, 두 번째 식사는 일출 전에 먹는 '수흐르'입니다.

라마단 동안에는 많은 레스토랑과 상점들이 문을 닫았다가 해가 지면 문을 열기 때문에 낮 동안에 외출하는 사람들은 많지 않습니다. 비(非)무슬림은 금식에 참여할 필요는 없지만, 이슬람권에 거주하거나 출장, 여행 등으로 이슬람 국가를 방문할 경우 라마단 문화를 존중하는 것이 좋습니다. 화려하거나 노출이 심한 옷을 되도록 피하고 무슬림 앞에서 허락을 구하지 않고 식음을 하는 것은 삼가는 것이 바람직합니다. 라마단 동안에 이슬람권 각국 정부는 라마단을 기념해 대규모 특별사면, 석방을 단행하고 빚을 탕감해주는 등 자비 정신을 실천합니다. 관공서와 학교 등 공공기관도 출근 시간이 늦어지고 퇴근은 빨라지며, 일 처리가 많이 늦어지기 때문에 마음의 여유를 가져야 합니다. 또한 라마단은 '이슬람국가(IS)'와 같은 이슬람 극단주의 조직의 테러가 상대적으로 많이 발생하므로 안전에 각별히 유의해야 하는 시기이기도 합니다. 테러 조직은 금식 성월에 '순교(자살폭탄테러)'를 하면 더 많은 축복을 받는다고 여기기 때문입니다.

라마단 동안에 무슬림은 가족, 이웃이나 친지와 함께 이프따르를 함께 합니다. 이때 먹는 식사의 양은 어마어마합니다. 심지어는 하루 동안 먹지 못한 것에 대한 보상이라도 받는 것처럼 다음날 금식 시간이 시작되기 전까지 계속해서 먹는 경우도 많습니다. 일몰 직후 바로 정식 식사를 하는 경우도 있지만, 물과 함께 대추야자 등 간단한 음식만을 먹은 뒤 저녁 예배를 드리고 정식 식사를 하는 경우도 있습니다. 후자가 이슬람 예언자 무함마드가 행했던 방식이라 하여 대부분 후자의 이프따르를 따릅니다. 보통 하루에 두 끼를 먹으면 소비가 줄어들 것 같지만 실제로 라마단 동안은 오히려 소비가 많이 늘어납니다. 가족, 친구나 친지를 초대해서 같이 식사를 하기 때문입니다. 우리의 명절처럼 무슬림은 라마단 동안에 친한 사람의 집을 서로 방문하기도 하고 음식을 선물로 주기도 합니다.

라마단 동안에 두 번째로 중요한 식사는 일출 전에 해결하는 수흐르인데, 보통 가벼운 수프를 먹습니다. 금식하는 동안 갈증을 느끼지 않도록 수프를 만들 때 너무 짜거나 소화하기 힘든 재료를 쓰지 않습니다. 라마단 동안에는 금식도 중요하지만 무엇을 어떻게 먹을 것인가도 상당히 중요합니다. 이 기간에 무슬림은 음식을 통해 사회적·종교적 기능을 수행하고 있는 것입니다.

4) 할랄 레스토랑

할랄인증을 두고 전 세계의 경쟁은 치열합니다. 할랄인증을 받는 절차에서도 부가가치가 생기는 것은 물론, 전 세계 할랄인증의 중심으로서 막대한 이익을 얻을 수 있기 때문입니다. 할랄인증은 할랄 시장의 핵심 고객이라 할 수 있는 무슬림에게 어필하기 위한 필수요건입니다. 무슬림 관광객이 주요 시장으로 성장함에 따라 레스토랑의 할랄인증도 주목을 받고 있습니다.

전 세계적으로 약 300여 개의 할랄인증기구가 있는데, 표준 할랄인증 기준안에 대한 국제적 체계가 구축되지 않아 각 무슬림 국가마다 다른 기준안으로 할랄인증 제도를 시행하고 있습니다. 세계의 다양한 인증기관 중 공신력 있는 인증기관으로 인정받고 있는 기관은 말레이시아의 JAKIM(Jabatan Kemajun Islam Malaysia), 인도네시아의 MUI(Majelis Ulama Indonesia), 싱가포르의 MUIS(Majelis Ulama Islam Singapura), 미국의 IFANCA (Islamic Feed and Nutrition Council of America) 등이 있습니다. 이들 국가의 인증은 체계적인 인증 기준을 가지고 있고, 많은 국가와 교차 인증을 허용하고 있다는 점에서 할랄인증과 관련하여 공신력을 인정받고 있습니다. 우리나라는 한국 이슬람교중앙회(KMF : Korea Muslim Federation)에서 할랄인증을 시행하고 있습니다.

❶ 무슬림 식당 친화등급제

무슬림 식당 친화등급제는 2014년 국내 이슬람 전문가의 연구와 자문을 통해 한국관광공사에서 국내 최초로 시범 도입하였습니다. 'Halal(할랄,

이슬람 율법인 샤리아에 의해 사용이나 행동이 허용된 것을 의미)' 대신 'Muslim Friendly(무슬림 프렌들리, 무슬림 친화적인)'라는 용어를 사용하였는데, 이는 한국에서 무슬림 관광객이 방문할 수 있는 식당을 이슬람 문화권의 식당에서 한식당으로 폭을 넓혀 한국의 다양한 음식문화를 경험할 수 있도록 하기 위해서입니다.

❷ 할랄인증 레스토랑이란?

할랄인증기관으로부터 정식으로 할랄인증을 받은 레스토랑을 말합니다. 무슬림이 조리하고 모든 메뉴가 할랄 재료를 사용하며 주류를 판매하고 있지 않습니다.

❸ 무슬림 자가인증 레스토랑이란?

모든 메뉴가 할랄 재료를 사용하며 무슬림으로서 할랄임을 스스로 인증한 레스토랑을 말합니다. 주류는 판매하고 있지 않습니다.

❹ 무슬림 친화 레스토랑이란?

무슬림이 운영하거나 조리하며, 일부 할랄 메뉴 등을 판매하고 있으나 주류를 판매하고 있는 레스토랑을 말합니다.

❺ 포크프리란?

돼지고기를 판매하지 않고 있으며, 비할랄 육류를 이용하여 조리하는 레스토랑을 말합니다.

무슬림 친화 레스토랑 지원내역(한국관광공사)

□ 한국관광공사 지정 『무슬림 친화 레스토랑 분류제』

등급	할랄 인증	무슬림 자가인증	무슬림 프렌들리	포크프리
분류 마크	Halal Certified	Self Certified	Muslim Friendly	Pork Free
내용	■ 식약처 인증 - 무슬림이 조리 - 모든 식재료 　할랄 제품 사용 - 알콜 판매 불가	■ 자가인증 - 무슬림이 조리 - 모든 식재료 　할랄 제품 사용 - 알콜 판매 불가	-할랄 메뉴 판매 -알콜판매 가능	돼지고기 미사용

※ 할랄메뉴 : 할랄유류, 해산물, 채식, 두부 등을 사용한 메뉴(돼지고기 미포함)

	Halal Certified 할랄 공식 인증	Self Certified 무슬림 자가인증	Muslim Friendly 무슬림 프렌들리	Pork Free 돼지고기 없음
식약처 인정 인증기관으로부터의 할랄인증 여부	○			
운영자 조리사 무슬림 여부	○	○		
할랄 메뉴	○	○	○	
알콜 미판매	○	○		
돼지고기 미취급	○	○	○	○

[무슬림 친화 레스토랑 분류 기준(출처 : 한국관광공사 무슬림 친화 레스토랑 분류제 홈페이지)]

5) 무슬림 친화관광

몇 년 전 국내 사드 배치 문제로 중국 정부가 중국 관광객을 우리나라에 보내지 않음으로써 관광업계에서는 이를 타결하고자 "제2의 요우커(遊客 : 관광객)"라고 해서 꾸준히 성장하고 있는 무슬림 관광객에 대해 적극적인 홍보를 진행한 적이 있습니다. 코로나 판데믹 이전까지 관광업계의 지속적인 과제였던 시장 다변화를 위해 중국과 일본이 아닌 한국에 호의적이면서 가장 잠재력이 있는 시장으로 무슬림 관광객을 주목하였습니다. 전 세계 인구의 약 23%(20억 명)를 차지하는 무슬림은 중국에 이어 성장 잠재력이 큰 시장으로 평가받고 있습니다. 이들이 여행업계의 큰손인 이유는 대부분의 무슬림 국가들이 다자녀 출산을 장려하고 있어 젊은 층의 비중이 높다는 데 있습니다. 무슬림 관광객이 한 번 한국을 방문하면 다른 나라 관광객보다 체류 기간이 길고 가족 단위의 방문이 많아 지출액이 큰 편입니다. 의료시스템이 발달한 나라가 많이 없기에 의료관광에 대한 수요도 매우 높습니다.

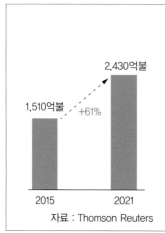

(코로나 이전 자료) 무슬림 관광시장 규모는 2015년 172조원에서 2021년 277조원으로 61% 증가할 것이라고 예상됩니다 (2016년 한국관광수입액 19조원).

무슬림 관광객의 방문은 2013~2017년까지 평균 24.5% 증가하였습니다. 2017년에는 120만 명의 방문이 예측되었습니다.

> **"'제2 요우커' 무슬림 관광객을 잡아라!"…관광공사 책자 발간**
>
> **제2의 요우커' 무슬림, "경기도로 오세요"**
>
> **경북관광공사, 해외 관광시장 큰손 무슬림 유치 나서**
>
> **"요우커 대신 무슬림"…호텔업계는 무슬림 유치 전쟁**
>
> **[르포] 요우커 사라진 제주 옐로우카페…히잡 쓴 동남아인이 왔다**
>
> **[포스트 요우커]"명동서도 무슬림 기도실할랄식당 보기 힘들어요"**
>
> **부산, 15만 무슬림 관광객 유치…할랄 식당·기도실 확대**

사드로 인해 중국인 단체가 줄어듦에 따라 뉴스마다 무슬림 관광객을
잡아야 한다는 목소리가 많았습니다.

현재는 코로나로 인해 잠시 주춤한 상태이지만 꾸준히 성장하는 무슬림 관
광시장에 맞춰 포스트 코로나 시대가 오면 많은 무슬림 관광객들이 한국을
방문할 것이라고 예상하고 있습니다. 그러나 아직 태국, 일본, 대만 등 다른
아시아권의 비(非)무슬림 국가에 비해 무슬림들이 편하게 한국에 여행을 와
서 즐길 수 있는 제반 인프라가 많이 부족한 상황입니다. 여기에서는 이에
대하여 다뤄보려고 합니다.

❶ 무슬림 친화관광 환경의 요소

- Halal Food(할랄 음식) : 무슬림들이 여행 시 가장 중요하게 생각하는
  요인 중 하나로서, 무슬림마다 어느 지역 또는 어느 학파냐에 따라 받
  아들이는 것이 다양합니다.

- Prayer Facilities(기도실) : 기도는 이슬람법에서 가르치는 주요 요소
  중 하나로 다섯 기둥들(의무) 중 하나입니다. 하루에 5번 기도를 드리
  는데 여행 중에는 기도시간을 합치거나 하루에 3번 기도를 하는 일도
  있습니다. 남·여의 기도실을 분리하거나 분리할 수 없을 때는 남자는
  앞, 여자는 뒤 또는 남자는 오른편, 여자는 왼편으로 갖춰야 합니다.

- Ramadhan Service(라마단 서비스) : 무슬림을 위한 라마단 서비스가 갖춰져 있어야 합니다. 예를 들면 무슬림 여행객을 위한 이프타르(Iftar : 라마단 기간에 금식을 마치고 일몰 직후에 하는 첫 번째 식사) 서비스를 준비하는 것을 말할 수 있습니다.
- Recreational Facilities & Services with Privacy : 무슬림 여행객들은 남녀가 분리된 개인적인 공간을 선호합니다. 남녀가 구분되어있는 수영장, 헬스장, 스파, 헤어샵 및 대가족 단위로 즐기는 장소를 선호합니다.
- No Non-Halal Activities : 무슬림들은 일부 활동을 하람 내지는 할랄이 아닌 것으로 생각합니다. 예를 들면 알코올을 제공하는 곳, 나이트클럽 및 도박장은 Non-Halal로 간주합니다.

❷ 우두시설(우두실)

- 무슬림들이 예배 전 몸을 청결히 닦은 후 예배를 드리는 행위를 우두라고 하며 시행하는 순서가 있습니다. 우두를 할 수 있는 시설을 우두시설(우두실)이라고 합니다.
- 우두를 행하지 않으면 예배를 볼 수 없고, 만약 우두 없이 예배를 드리면 그 예배는 무효가 된다고 합니다.
  - "비스빌라(하느님의 이름으로)"라는 말과 함께 세정을 시작합니다.
  - 손을 손끝부터 손목까지 손가락 사이사이 모두 씻어줍니다.
  - 오른손을 이용하여 입을 세 번 헹궈줍니다.
  - 오른손을 이용하여 콧속을 세 번 헹궈줍니다.
  - 두 손을 이용하여 얼굴을 세 번 씻어줍니다(이마 끝~턱 끝, 양옆 귓 전까지).
  - 손끝부터 팔꿈치까지 오른손 세 번, 왼손 세 번씩 씻어줍니다.

- 머리를 닦아줍니다(이마 끝~머리 끝 왕복).
- 귀를 닦아줍니다(귓속, 귓바퀴, 귀 뒤쪽).
- 발을 발끝부터 발목까지 발가락 사이사이 모두 씻어줍니다. 오른발 세 번, 왼발 세 번씩 씻어줍니다.
- 두아(기도)를 합니다.

❸ 무슬림 친화호텔

• 무슬림 관광객들의 신앙에 대한 요구를 고려한 호텔을 말합니다.

• 할랄 조식을 포함 기본적인 할랄 식음료 서비스 제공이 가능하여야 합니다.

• 예배 매트,예배용 의복 및 코란의 제공이 가능하여야 합니다.

• 무쌀라(기도실)를 운영하여야 합니다.

• 객실 내 끼블라가 표시되어 있어야 합니다. 끼블라는 아랍어로 '방향'을 뜻하는데 이슬람교에서는 예배하는 방향을 의미하며, 사우디아라비아 수도 메카에 있는 카바신전을 가리킵니다. 보통 방향을 알려주는 화살표와 함께 'Al-qibla'라고 표기되어 있습니다.

• 아잔 서비스(기도시간을 알려주는 서비스)가 필요합니다.

• 남녀구분 헬스장이나 수영장, 대가족이 함께할 수 있는 시설이 필요합니다.

❹ 무슬림 친화 레스토랑

• 무슬림 관광객들이 한국여행을 한 후 가장 불만인 점으로는 기도실의 부족, 할랄 식당 및 메뉴의 부족을 꼽았습니다. 이에 2014년 한국관광공사에서는 국내 이슬람 전문가의 연구와 자문을 통해 국내 최초로 무슬림 식당 친화등급제를 시범 도입하였습니다(할랄 공식인증, 무슬림 자가인증, 무슬림 프렌들리, 포크프리).

- 한국관광공사의 무슬림 친화 레스토랑 지원 내용
  - 무슬림 친화 레스토랑 가이드북 제작 및 업체 정보 수록
  - 할랄 레스토랑 위크 등 관광공사 주최 이벤트 참여를 통한 레스토랑 홍보
  - 한국관광공사 홈페이지(www.visitkorea.or.kr) 등을 통한 지속적인 홍보 지원
  - 한국관광공사 제작 홍보물(간행물, 가이드북 등) 홍보 및 광고 게재
  - 공사 해외지사망 등 다양한 채널을 활용한 무슬림 친화 레스토랑 홍보
  - 관광협회 등 업계 대상 온·오프라인 홍보 콘텐츠 제작 및 배포

❺ 관광통역안내사가 해야 할 일

- 무슬림들의 문화와 삶의 방식을 이해하고 존중합니다.
- 관광통역안내사의 복장은 무슬림 문화를 존중하는 옷차림으로 해야 합니다. 예를 들면 짧은 치마나 반바지 차림은 삼갑니다.
- 식사나 간식을 먹을 때 주의합니다. 돼지고기뿐 아니라 돼지고기 성분이 들어간 식품(예 젤리류의 젤라틴, 돼지고기 스프가 들어간 라면 등) 역시 하람으로 간주합니다.
- 예배 장소, 우두시설에 대해 항상 준비해야 합니다(남이섬, 동대문, 면세점 등).
- 다양한 식사를 하도록 합니다(할랄 식당, 해산물, 한식, 채식, 고기 제외 주문).
- 한국의 전통문화와 삶에 대해 매우 궁금해 하므로 이에 대해 많은 설명을 해드립니다.
- 관광지에 대한 설명을 스토리텔링을 통해 재미있게 설명합니다.
- 일정에 따라 안전하게 투어를 진행합니다.

3

인바운드 여행사 업무의 이해

대부분의 관광통역안내사는 여행사와 근로계약서를 쓰지 않고 프리랜서로서 일하고 있습니다. 오직 한 여행사로부터 꾸준히 단체를 받아 투어를 진행하는 가이드도 있지만 한 곳이 아닌 여러 여행사의 오더를 받아 단체를 진행하는 가이드도 있습니다. 사실 여행사를 통하지 않고 본인 스스로 관광객을 모집하기는 매우 어려운 실정입니다. 그래서 우리 관광통역안내사는 인바운드 여행사에 대한 기본적인 내용을 이해할 필요가 있다고 생각합니다.

1) 중국 전담여행사

중국 전담여행사로 지정이 되어야만 중국 단체비자를 통해 중국단체를 진행할 수 있습니다.

중국 전담여행사 제도는 1998년 우리나라와 중국이 체결한 '중국공민 자비단체 한국관광 양해각서'에 따라 운영하는 제도로서, 중국 단체관광객을 유치하기 위해서는 전담여행사 제도를 운용해야만 합니다. 현재 중국은 우리나라뿐만 아니라 전 세계 120여 개의 국가와 이 협정을 체결하고 자국민을 단체관광객으로 송출하고 있습니다. 이에 우리나라에서는 중국 관광시장의 잠재력과 성장 가능성 등을 감안하여 경영 현황과 여행상품 평가 등을 통해 우수한 여행사를 전담여행사로 지정·운영하고 있습니다. 문체부에서는 일반여행업 등록 후 1년이 경과한 여행사를 대상으로 공개모집을 통해 방한 관광상품 기획능력이 우수하고 이를 실질적으로 수행할 수 있는 역량을 보유한 업체를 전담여행사로 새롭게 지정합니다. 특히 신규 지정을 위해 제출한 여행상품의 실제 여행실적을 1년 후 갱신심사 시 심사항목에 반영하여 평가함으로써 중국단체 관광상품의 품질을 높이는 체계를 구축하고 있습니다. 이행실적이 미비하거나 관광객 무단이탈률이 과다한 여행사 또는 전담여행사의 명의를 비전담여행사에게 대여한 여행사를 퇴출하고 역량 있는 여행사를 전담여행사로 신규 지정합니다. 이는 대만이나 홍콩, 말레이시아 등 화교권 국가의 단체 유치와는 무관한 제도입니다.

중국 전담여행사는 한국여행업협회(http://www.kata.or.kr) 사이트로 접속한 후 '자료실–종합자료실' 아래 공지글의 첫 번째 줄에 '중국 단체관광객 유치 전담여행사 명단'을 클릭하면 엑셀파일로 첨부되어 있어 다운로드 후 확인하실 수 있습니다. 2021년 4월 기준 총 181개 여행사가 지정되어 있습니다.

2) 여행사의 형태

❶ 종합형 여행사

가장 일반적인 인바운드 여행사로서 일반적인 패키지 단체를 가장 많이 진행합니다. 해당 국가의 여러 현지여행사를 통하여 저가의 여행비로 관광객을 모집하고 쇼핑과 옵션을 통해 그 손해를 만회하고 수익을 챙기는 방식입니다. 하지만 패키지 단체뿐만 아니라 MICE, FIT 등 여러 가지 형태의 투어도 진행합니다.

❷ 일일투어(One-day Tour)/시티투어 전문여행사

본 여행사의 여행상품은 주로 하루 안에 끝내는 1일 투어로 이루어져 있으며, 서울야간투어와 같은 반나절 투어도 있습니다. 남이섬과 DMZ투어가 가장 인기가 높고, 계절에 따라 봄에는 벚꽃투어, 가을에는 내장산 단풍투어, 겨울에는 스키투어가 매우 인기가 높습니다.

❸ 투어 중개플랫폼

쇼핑플랫폼인 옥션이나 지마켓과 같은 구조로서, 여행상품을 중개해주는 여행사입니다. 다른 여행사와의 큰 차이점은 투어 중개플랫폼 자체의 여행상품은 없고 관광통역안내사와 같은 판매자(호스트)가 본인만의 여행상품을 개발하여 플랫폼에 올려두면, 관광객은 본인이 원하는 여행상품을 선택하여 참가할 수 있다는 점입니다. 투어뿐만 아니라 체험 등의 활동도 있으며 가이드뿐만 아니라 누구라도 본인의 상품을 올리는 투어 플랫폼도 있습니다.

중국여행사에서 중국인 고객들에게 제공하는 한국여행에 관한 홍보 포스터입니다. 6박 7일의 한국일정에 대해 왕복선박비를 포함한 여행비가 한국 돈 24~33만원까지 아주 저렴하게 책정되어 있습니다. 심지어 다른 포스터에는 회원체험가격이라고 하여 한국 돈 17,500원이라는 믿기 힘든 가격이 책정되었습니다. 이러한 저가 투어는 일정에 쇼핑센터가 많이 포함되어 있습니다.

3) 여행비의 구조

❶ 현지 국가의 여행사는 현지인을 대상으로 한국여행의 광고 및 홍보를 진행합니다.

❷ 고객으로부터 받은 여행비로는 한국과의 왕복 항공비용 또는 선박비용을 지불합니다.

❸ 현지 국가의 여행사는 관광객을 한국여행사로 송출합니다.

❹ 관광객을 모시고 한국 내에서 발생하는 숙박비, 차량비, 국내항공료, 식비, 입장료 등 모든 비용(지상비)은 한국여행사에서 부담하는 경우가 대부분이며, 일부 비용을 지급해주는 경우도 있습니다.

❺ 한국여행사는 일정표에 따라 단체를 진행합니다.

❻ 쇼핑과 선택 관광을 통하여 마이너스 부분을 메우고 이로 인한 수익분에 대해서 현지 국가의 여행사에게 일정금액을 지급하는 경우도 있으며, 중

국의 경우 손님 1인당 인두세 얼마를 역으로 주는 여행사도 있습니다. 이는 한국여행사들끼리 경쟁이 치열하다 보니 발생하는 부정적인 현상입니다.

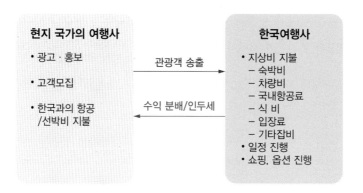

4) 여행사에 대한 견해

❶ 여행사는 한 단체라도 더 끌어오기 위해 많은 인력과 시간, 비용을 투입하고 있습니다. 관광통역안내사로서 설사 현재 작은 단체를 진행한다고 할지라도 직원분들의 노고와 고생을 생각해서라도 클레임이 발생되지 않도록 충실히 단체진행을 하여야 합니다.

❷ 투어를 시작하기 전 여행사의 기본적인 준수사항을 반드시 확인해야 합니다(쇼핑순서, 쇼핑센터, 정산방법 등).

❸ 투어를 시작하기 전 지시서를 받을 때 문서를 꼼꼼히 확인해야 합니다(지시서, 협약서, 일정표, 고객 명단, 일정변경 동의서, 숙빅확인서 등).

❹ 단체진행 중 큰 문제가 발생하였을 때는 반드시 회사에 보고하도록 합니다(예 No Show, 쇼핑센터 변경, 호텔 문제 발생, 손님 부상, 도난품 발생, 버스 고장 등).

❺ 사사로운 문제가 발생할 때마다 여행사에 연락하지 않습니다. 가능하면 인솔자와 협의하여 처리하도록 합니다.

❻ 특히 드라이빙 가이드는 여러 여행사와 협력이 필요합니다(다양한 인맥이 중요함).

❼ 쇼핑이나 옵션이 잘 나왔을 때 음료수 정도는 여행사에 돌리는 센스도 필요합니다.

❽ 회사에 대해 불만을 느꼈다고 해서 아무데서나 회사 뒷담화를 하지 않도록 합니다.

4 투어 중개플랫폼

몇 년 전부터 투어 중개플랫폼을 통해 외국 관광객들에게 투어 또는 체험 상품을 판매하는 개인이나 사업체들이 많이 늘어나게 되었습니다. 이 장에서는 대표적인 투어 중개플랫폼에 대해 알아보고자 합니다.

1) 에어비앤비(https://www.airbnb.co.kr/)

❶ 에어비앤비는 세계 최대의 숙박 공유 서비스입니다. 자신의 방이나 집, 별장 등 사람이 지낼 수 있는 모든 공간을 임대할 수 있는데, 숙박 공유 이외에도 외국인(내국인 포함)을 대상으로 체험과 온라인 체험 상품도 즐길 수 있습니다.

❷ 체험과 온라인 체험의 경우 영어권 관광객 위주의 상품이 많으며 대부분 단시간입니다.

❸ 코로나 비대면 시대를 맞이하여 온라인 체험 상품 판매가 활발합니다.

❹ 사업자등록증이 없는 개인도 호스트(상품 판매자)로 등록할 수 있습니다.

❺ 체험이나 온라인 체험 상품의 호스트 중 상당수는 관광통역안내사가 아닙니다. 체험은 상관없지만 투어상품이나 차량이 포함될 경우 법적인 문제가 발생할 소지가 있습니다.

❻ 체험 상품 등록 시 일자, 시간, 비용 모두 호스트가 결정하여 등록합니다. 하지만 단 1명의 고객이라도 등록하면 무조건 진행해야 합니다.

❼ 호스트는 게스트(상품 구매자)들의 평가 및 별점에 대단히 민감합니다. 점수가 낮을 경우 에어비앤비에서 체험활동 상품이 퇴출될 수 있습니다.

❽ 수수료는 상품 판매금액의 20%로서 에어비앤비의 몫입니다.

❾ **기준에 맞지 않은 체험**
- 체험 호스트가 불명확한 경우
- 즉흥적인 코스(예 A, B, C 중 하나 선택)
- 숙박이 포함된 체험

❿ **호스트가 가져야 할 태도**
- 게스트에 대한 진심이 담긴 배려

- 다름을 인정하고 존중하는 마음

- 사생활에 대해서는 묻지 않기

⑪ 체험진행 시 돌발사항

- 게스트가 늦게 나타나거나 나타나지 않는 경우

- 호스트가 당일 몸이 아픈 경우

- 기상상태가 매우 좋지 않은 경우

- 예약하지 않은 다른 사람을 데리고 나타난 경우 등

⑫ 요금 수립 전략

- 게스트가 1명이라도 진행하여야 하므로 최대한 고정비용이 발생하지 않도록 합니다.

- 처음에는 특별할인 요금으로 진행하고, 별 5개 후기가 많아지면 요금을 높입니다.

- 달력에서 하루나 이틀을 선택해서 수요에 맞게 요금을 인상 또는 인하 하는 전략을 짭니다.

2) 마이리얼트립/가이드라이브(https://guidelive.live/)

❶ 마이리얼트립은 인터넷 여행사로 항공권, 숙박, 교통, 랜선투어, 여행상
품 등을 판매하는 OTA 여행사이며, 가이드라이브는 2019년 5월에 설립
된 여행 기획 전문여행사입니다.

❷ 마이리얼트립에서는 가이드라이브에 투자를 하였으며 가이드라이브의 여
행상품도 판매합니다(국내투어, 랜선투어, 해외투어).

❸ 가이드라이브는 가이드로 하여금 본인이 만든 여행상품을 접수하여 한국인을 상대로 판매하게 됩니다. 사업자등록증이 없는 개인도 가능하며 주로 가이드가 호스트로 등록합니다.

3) 클룩(https://www.klook.com/ko/)

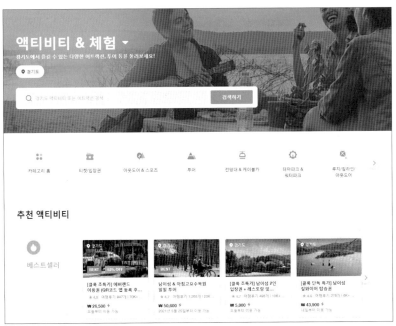

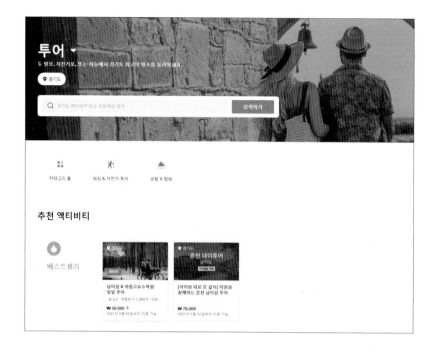

❶ 클룩은 내국인 및 외국인을 대상으로 하는 여행이나 체험 액티비티가 대부분입니다.

❷ 사업자등록증이 있어야만 호스트로 등록이 가능합니다.

❸ 투어, 문화체험, 교통, 숙박 등 현재 한국어 페이지에서 일부 상품이 판매 중입니다.

4) 프립(https://www.frip.co.kr/)

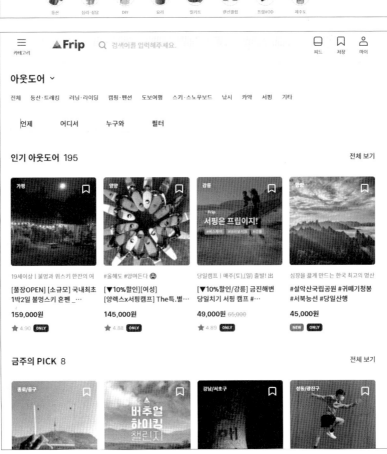

❶ 프립은 내국인을 대상으로 하며, 사업자등록증이 없는 개인도 호스트 등록이 가능합니다.

❷ 호스트가 금액, 일자, 시간 및 최소인원을 정할 수 있습니다.

❸ **카테고리** : 액티비티, 배움, 건강/뷰티, 모임

5) 기 타

❶ **원모어트립(https://www.onemoretrip.net/)**

• 서울관광재단이 운영하며, 서울의 다양한 체험관광 상품 및 영상콘텐츠를 한 곳에서 쉽게 찾아보고 구매할 수 있노록 정보를 제공하는 서울시 공식 체험관광 콘텐츠 포털입니다.

• 반드시 사업자등록증이 있어야 하며, 현재 운영 중인 호스트만 지원 가능합니다.

• 홈페이지 및 어플로도 이용이 가능합니다.

– 원모어트립은 자체 상품이 아니라 파트너사의 상품을 소개해주며, 게스트가 비용을 결재하려면 파트너사의 홈페이지로 링크됩니다.

– 매년 2차례 정도 현재 운영하는 상품을 접수받아 이 중 우수한 상품을 선정하여 원모어트립에서 소개합니다(2020년 하반기 약 80여개 상품을 접수받아 그중에서 20여개를 소개함).

– 카테고리 : 음식, 역사, 엔터테인먼트, 스포츠/레저, 문화/예술

❷ 위딩

- 어플리케이션 기반의 투어 중개플랫폼입니다.

- 관광통역안내사만 호스트로 등록 가능합니다(본인의 관광상품 등록).

- 현재 개발 중이며, 2021년 상반기 Open을 예상하고 있습니다.

5

응급처치

투어를 진행하다 보면 갑자기 돌발상황이 발생하곤 합니다. 손님들이 갑자기 병이 나거나 사고가 발생하기도 하는데 이럴 때는 즉시 여행사에 통보하여 지시를 받는 것이 일반적입니다. 만약 환자의 상태가 크게 위중하지 않고 단순한 상황이라고 판단되면 여행사에 통보하지 않고 인솔자와 협의하여 간단한 응급처치를 진행할 수도 있습니다. 만약 환자의 상태가 매우 위중하다면 가장 먼저 119에 전화를 해서 도움을 받아야 하며, 관광통역안내사는 119가 올 때까지 응급처치를 하여야 합니다. 이 장에서는 가장 중요한 응급처치인 '심폐소생술'과 '하임리히법'에 대해 이야기하고자 합니다. 몇 년 전 제가 운영하는 네이버카페 "관광통역안내사 교류센터"에 안전사고에 관한 글을 기재하였는데, 다시 한 번 재정리하여 소개하고자 합니다.

◆ ◆ ◆

딸아이가 내일모레 수학여행을 간다고 신발과 여름옷을 새로 사야 한다며 야단법석을 떨고 있습니다. 보통 중·고등학교의 수학여행은 봄 냄새 가득한 5월에 진행하는데, 학교에서 시간이 안 맞았는지 늦은 6월에 가게 되었답니다. 딸아이가 초등학교 때에는 '세월호 사건'으로 인해 모든 학교의 수학여행 자체가 취소되는 바람에 가지 못했는데, 중학교 3학년이 되어서야 처음으로 친구들과 함께하는 수학여행이라며 무척 들떠 있습니다. 저 역시 예전 중학교, 고등학교 때 수학여행을 생각하면 친구들과의 잊지 못할 재미있었던 추억이 있었기 때문에 딸아이의 들뜬 마음을 충분히 이해할 수 있었습니다.

그런데, 며칠 전 정말로 안타까운 뉴스를 접하게 되었습니다. '지난달 경남 하동에서 서울로 수학여행을 온 중학교 여학생이 화장실에서 의식을 잃고 쓰러졌는데, 제때 응급처치를 하지 못한 채 골든타임을 놓쳐 아직까지 한 달 넘게 의식을 회복하지 못하고 있다.'라는 실로 어처구니 없는 뉴스였습니다. 비슷한 나이 또래의 딸아이를 가진 아빠로서 이러한 뉴스를 들을 때마다 가슴이 철렁하고 어떻게 이런 일이 일어났는지 실로 안타깝기 그지없습니다. 뉴스로만 들어서는 정확한 내용은 모르겠지만, 인터넷 신문에 나와 있는 것을 정리해 보자면 하동에서 올라온 중2 여학생이 수학여행 중 서울 63빌딩 화장실에서 의식을 잃고 쓰러진 것을 친구들이 발견하여 선생님에게 알렸고 잠시 후 도착한 선생님은 문이 잠겨있는 화장실 안으로 들어가지 못하였다고 합니다. 뒤늦게 119에 신고하고 빌딩관계자가 오고 나서야 심폐소생술이 시작되었고, 도착한 119 대원들에 의해 병원으로 이송되었다고 합니다. 여학생이 쓰러지고 심폐소생술이 이뤄지기까지 상당한 시간이 흘러간 것을 알 수 있었습니다. 즉, 4분이라는 골든타임을 놓쳐버린 것이지요. 어떻게 최초 발견자인 학생들과 선생님이 아무런 응급조치를 못 하고 빌딩관계자가 올 때까지 시간을 허비해야만 했을까? 실로 안타까운 사건이었습니다.

야구팬들이라면 프로야구 롯데자이언츠의 임수혁 선수 사건을 알고 계실 겁니다. 2000년 4월 LG와의 프로야구 경기 도중 갑자기 의식을 잃고 쓰러진 후, 병상에서 약 10여 년을 식물인간으로 누워 있다가 2010년 42세의 젊은 나이로 세상을 떠나게 된 사건입니다. 최근에도 축구경기 중에 선수가 쓰러져서 응급치료를 받는 장면을 종종 TV를 통해서 보곤 하는데, 이처럼 갑자기 의식을 잃는 사건은 심한 운동을 하거나 나이 든 사람에게만 일어나는 것이 아니라 젊은 사람이나 지병이 없는 사람에게서도 일어날 수도 있는 현상입니다. 지금 와서 임수혁 선수 사건을 돌이켜보면 '안전에 대한 무지'라고밖에 말할 수 없을 것입니다. 임수혁 선수가 쓰러졌을 때 주위 선수들은 임수혁 선수의 몸을 주무르고 응급 차량이 들어오기만을 기다리며 발을 동동 굴렀을 뿐, 이런 상황에 대처할만한 의사도 없었고 아무도 즉각적인 응급처치(심폐소생술)를 하지 않았습니다. 결국 한참 후에야 들것을 통해 덕아웃에 옮겨진 후 구급차에 실려 병원으로 후송되었습니다. 만약 그때 누구라도 즉각적인 응급처치(심폐소생술)를 실시하였더라면 이런 비극적인 일은 일어나지 않았을 것이라고 생각합니다. 이 사건을 계기로 선수들의 안전 대책에 관한 관심이 커졌고, 이제는 프로스포츠 경기장에는 의료진과 구급차 배치가 의무화되었습니다. 2009년에는 응급의료법 개정으로 다중 이용시설에 자동심장제세동기(AED : Automated External Defibrillator) 설치가 의무화되었습니다.

그러나 이 사건이 발생한 지 20여 년이 지났지만, 아직도 안전사고에 대한 국민들의 의식은 많이 부족하다고 생각합니다. 많은 사람들이 잘못 인식하고 있는 부분이 있습니다. 그것은 바로 이러한 응급처치(심폐소생술)를 할 수 있는 사람은 의사, 간호사, 119소방대원, 경찰 등 특정 직업을 가진 분들이라는 것입니다. 여러분 주위에 갑자기 누가 쓰러졌을 때 그 특정 직업을 가지고 계신 분들이 없다면 어떻게 해야 할까요? 여러분들이 해야 하지 않을까요? 4분이라는 골든타임을 놓쳐버리면 회생할 가능성이 거의 희박해집니다. 응급처치(심폐소생술)는 특정 직업인만 하는 것이 아니라 전 국민 모두가 다 할 수 있어야 합니다. 나이 어린 초등학생부터 노인에 이르기까지 전 국민이 배워야 합니다. 우리 관광통역안내사처럼 손님들과 함께하는 직업을 가진 분들은 반드시 심폐소생술에 대해 숙지해야 한다고 생각합니다.

사실 간단한 이론교육과 실습교육을 받으면 누구나 다 하실 수 있습니다. 유튜브에서 심폐소생술 또는 CPR(Cardio-Pulmonary Resuscitation)이라는 검색어를 치면 이와 관련해서 많은 동영상을 보실 수 있을 겁니다. 이것만 보아도 이론상으로는 충분히 심폐소생술을 숙지할 수 있을 것입니다. 대한적십자사(http://www.redcross.or.kr)에서 제공하는 안전교육과 관련하여 기초 수준에서부터 전문가 과정까지 다양한 프로그램들이 있는데 이 교육을 이수해도 좋습니다. 대한적십자사의 다양한 교육프로그램 중에서 제가 두 가지만 소개해 드리자면 다음과 같습니다.

1) 응급처치(심폐소생술) 교육

❶ **내용** : 4시간 과정, 응급처치법 원리, 위급상황 시 행동요령, 심폐소생술, AED 사용법, 기도 폐쇄 등

❷ **참가자격** : 고등학교 1학년 이상(만 16세 이상)

❸ **비용** : 3만원(이수 후 수료증 발급)

2) 현장체험안전과정

❶ **내용** : 14시간 과정(2일), 응급처치법(응급처치법 원리, 응급상황 시 행동 요령, 심폐소생술, 자동제세동기 사용법, 기도 폐쇄, 상처 처치, 골절 처치, 환자 이송법), 수상·교통안전 교육, 재난유형별 대처 및 예방법, 학교 교육과정 및 학생 이해

❷ **참가자격** : 국내여행안내사, 국외여행인솔자, 청소년 지도사, 간호사, 경찰·소방 경력자, 응급구조사, 소방안전교육사, 교원자격증 소지자, 숲길 체험지도사

❸ **비용** : 5만원(이수 후 수료증 발급)

응급처치(심폐소생술) 교육은 고등학교 1학년생 이상이면 누구나 참여할 수 있고 4시간이라는 짧은 시간이므로 많은 분이 쉽게 참여하실 수 있습니다. 현장체험안전과정 교육은 주로 단체를 인솔하거나 응급상황이 일어날 수 있는 단체와 관계있는 분들이 참여하는 이론 및 좀 더 체계적인 실습 교육입니다. 우리 관광통역안내사는 현장체험안전과정 교육의 참가자격이 되지 않으나, 관광통역안내사 자격증을 취득하면 국외여행인솔자 자격증도 받을 수 있기 때문에 국외여행인솔자 자격으로는 교육에 참여하실 수 있습니다. 초·중·고 학생들의 수학여행, 수련회 등 현장체험학습의 안전요원으로 참여하려면 현장체험안전과정 교육을 이수하여야 합니다.

시간이 되신다면 국외여행인솔자 자격증이 있으신 분들은 현장체험안전과정 교육을, 자격증 시험을 준비하는 분들이라면 응급처치(심폐소생술) 교육을 이수하였으면 합니다. 그래서 우리 모두가 안전한 대한민국을 위해 앞장섰으면 하는 간절한 바람이 있습니다. 특히 우리 관광업에 종사하는 관광통역안내사, 국외여행인솔자, 국내여행안내사, 현지가이드 등 여행전문가는

반드시 응급처치 방법을 숙지하여야 하며, 설사 투어를 진행하는 도중에 응급처치를 하여야 할 일이 발생하지 않더라도, 본인의 가정 내에서 언제든지 일어날 수 있으므로 매우 필요한 교육이라는 것을 다시 한 번 인식해야 할 것입니다.

[인형을 이용한 심폐소생술(CPR) 연습]

3) 하임리히법

식당이나 집에서 음식을 먹다가 목에 걸리는 경우가 종종 발생하고 있습니다. 특히 명절에는 평소와 다르게 다양한 음식을 많이 먹기에 이물질에 의해 기도가 막혀 사망했다는 뉴스를 가끔 듣게 됩니다. 또한 과도하게 웃으면서 음식을 먹거나 술에 취한 상태에서 음식물을 섭취할 때도 기도가 막히는 일이 많이 발생합니다. 따라서 음식 등으로 기도가 막혀 질식 상태에 빠졌을 때 환자를 뒤에서 안고 흉골 밑을 세게 밀어 올려 이물질을 입 밖으로 밀어내는 응급처치법인 하임리히법을 숙지하고 있어야 합니다. 만약 누군가 음식을 먹다가 목을 감싸고 괴로움을 호소하거나 숨을 쉬기 힘들어하면 기도 폐쇄로 판단합니다.

환자가 스스로 기침이 가능한 경우에는 방해하지 말고 기침을 하도록 유도합니다. 만약 기침하지 못하면 기도 폐쇄로 판단, 복부를 압박하여 입속의 이물질 제거를 돕습니다. 이때 가장 먼저 해야 할 일은 주위에 있는 특정인을 지목한 후 119를 불러 달라고 요청하는 것입니다. 119가 도착하기 전까지 발견자는 하임리히법을 실시합니다.

❶ 환자의 등 뒤에서 한쪽 다리를 환자의 다리 사이에 넣어 몸이 흔들리지 않도록 지탱합니다.

❷ 양팔로 감싸듯 안고, 한 손은 주먹을 쥐고 다른 한 손은 주먹 쥔 손을 감쌉니다.

❸ 두 주먹을 환자의 명치와 배꼽 중간지점에 대는데, 엄지손가락을 말아 쥐어서 엄지손가락의 끝부분이 압박점에 위치하게 하여야 합니다.

❹ 양팔로 옆구리를 조여 공기를 압축되게 만듭니다.

❺ 두 손을 위쪽 대각선 방향으로 당깁니다.

❻ 음식물이 나오거나 환자가 의식을 찾을 때까지 반복합니다.

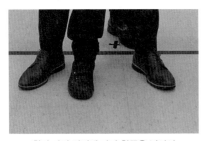

환자 다리 사이에 다리 한쪽을 넣어서

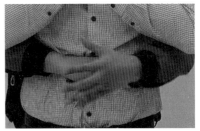

그 가운데 부분을 압박하는 것이 중요합니다.

환자 명치끝과 배꼽 이은 가운데 부분을 압박

엄지손가락의 끝부분이 압박점에 위치하게 하고

팔로 옆구리를 조여서 공기가 압축되게 만든 다음

환자의 배를 대각선 위로 당겨주셔야 됩니다.

[하임리히법 실시방법]

6

유튜브 활동

코로나 시대를 맞이하여 여행업이 큰 타격을 받게 되고 외부활동이 힘들어짐에 따라 관광통역안내사, 국외여행인솔자 등 관광업에 종사했던 적지 않은 분들이 유튜브 교육을 받거나 독학을 통해 유튜브 채널을 개설하면서 본격적으로 유튜브 활동을 활발하게 하고 있습니다. 비록 아직은 시작한 지 얼마 되지 않아 구독자가 아주 많지는 않지만, 그중에서 유튜브 채널개설에 관심이 있으신 분들께 도움이 되고 멘토가 될 만한 좋은 유튜브 채널 세 곳을 소개합니다.

1) Withing Korea

현직 중국어 관광통역안내사가 한국의 다양한 문화와 관광지를 소개하는 유튜브 채널입니다. 운영자 두 명 모두 중국어를 구사하는 관광통역안내사로서 대만사람을 주 타겟으로 설정함에 따라, 중국어로 대화하기도 하고 영상 내에 번자체 자막을 넣음으로써 많은 번자체 댓글들이 달려 운영자와 대만인 구독자 간에 소통이 매우 활발하게 이뤄지고 있습니다. 매우 급속히 성장하는 유튜브 채널입니다.

❶ 채널명 : Withing Korea(위딩코리아)

❷ 첫 업로드 일자 : 2020년 10월 12일

❸ 구독자 : 약 23,200명(2021년 5월 초 기준)

❹ 유튜브 채널을 개설하게 된 계기는 무엇인가요?

현재 관광스타트업 회사를 운영하면서 "위딩"이라는 스마트폰 어플리케이션을 외국인에게 홍보하기 위하여 시작하게 되었습니다. "위딩"이란 관광통역안내사 본인이 개발한 독자적인 투어상품을 위딩 중개플랫폼에 업로드하고 외국 관광객이 방한하여 투어상품을 선택하면 관광통역안내사와 관광객을 서로 매칭해 주는 플랫폼입니다.

❺ 유튜브 개설 전에 관광업 분야에서는 어떤 일을 하셨고, 지금은 어떤 일을 하고 계신지요?

코로나 이전까지는 모 여행사에서 중국어 관광통역안내사로 3년여 간 대만단체를 진행하였습니다. 이때 많은 인맥을 알게 되었고 대만 관광객들을 어떻게 안내해야 하는지 많이 배운 시기였습니다. 현재는 "위딩"이라는 관광스타트업 회사의 대표로써 2021년 상반기에 서비스 런칭을 목표로 준비하고 있습니다.

❻ 유튜브 운영으로 인한 수익은 어떻게 되고, 앞으로는 어떻게 예상하시나요?

첫 영상을 업로드한 이후 약 6주 만에 수익 창출 계정으로 전환되었고 첫 정산으로 2020년 말에 약 400달러 정도가 입금되었으며, 2020년 11월 불교문화사업단 주관 템플스테이 영상 공모전 최우수상 수상으로 100만원의 상금을 받았습니다. 현재(2021년 3월초)까지의 추가 추정 수익은 약 500달러입니다. 앞으로의 예상 수익은 영상 조회수에 따라 매번 달라지기 때문에 예측한다는 것이 어렵겠지만 꾸준하게 영상을 업로드하고 지금과 같은 성장세가 유지된다면 매달 약 1,000달러 정도의 수익이 발생할 것으로 예상합니다.

❼ 유튜브 활동을 하면서 힘들었던 점과 좋았던 점은 무엇이었나요?

유튜브 채널을 개설하고 수익 창출 조건인 구독자 1,000명과 시청시간 4,000시간을 채우기까지의 시기가 가장 어렵고 힘들게 느껴졌습니다. 초반 어렵게 제작한 영상들이 외면을 받으며 어떤 주제가 사람들의 선택을 받을지, 어떤 영상을 만들어야 유튜브 알고리즘의 선택을 받을지 등을 항상 고민했던 시기였으며, 조금이라도 빨리 수익 창출 조건을 충족시켜 수익을 얻고자 하는 마음에 항상 조급했던 것 같습니다.

반대로 유튜브를 하는 분들이라면 누구나 마찬가지겠지만 업로드된 영상의 조회수가 잘 나올 때 가장 보람을 느낍니다. 10분짜리 영상 하나를 만드는 과정은 생각보다 큰 노력과 시간이 필요합니다. 매번 새로운 내용으로 기획하고 대본을 만들고 촬영, 편집까지 어느 하나 쉬운 것이 없어서 영상을 하나 업로드한 다음에는 항상 성적표를 받는 기분이 듭니다. 그러므로 영상을 하나 업로드한 후에 실시간 조회수와 구독자수가 점점 늘어가는 것을 보면 이번 주도 잘 넘겼다는 안도감과 함께 많은 사람이 공감할 수 있는 영상을 만들었다는 생각에 매우 뿌듯한 기분을 느낍니다.

❽ 앞으로 유튜브 채널은 어떻게 운영하실 건가요?

현재와 같이 "위딩"의 홍보 채널로 운영할 계획입니다. "위딩"은 '관광통역안내사의 인플루언서화'를 목표로 하고 있습니다. 때문에 "위딩"은 본 회사와 뜻이 맞는 관광통역안내사들과 함께 영상 콘텐츠를 제작 및 업로드하여 개개인의 잠재고객을 확보하는데 주력할 것이며, 본인이 기획하고 있는 투어 또는 관광통역안내사 개인을 홍보할 수 있는 채널로 성장시키고자 합니다.

❾ 유튜브 채널을 개설하고자 하시는 분들에게 조언을 해주신다면?

처음 유튜브 채널을 개설할 때 채널개설의 목적을 정확하게 정하고 시작하시는 것을 추천합니다. 단순한 취미생활이 아닌 구독자수와 조회수를 늘려 수익을 창출하는 것이 목적이라면, 고객층에 대한 정확한 대상 설정과 그에 따른 분석이 매우 중요하다고 생각합니다. 이는 비교적 빠르게 수익 창출이 가능한 채널로의 전환을 가능하게 합니다. 하지만 관광통역안내사로서 구독자수와 조회수에 따른 수익 창출만이 수익의 전부는 아니라고 생각합니다. 누구도 대체할 수 없는 본인의 '브랜드'를 만들어 많은 외국인의 호응을 얻는다면 관광통역안내사로서의 '나'에 대한 가치는 높아질 것이고, 그에 따른 효과는 다양한 방법으로 자신에게 돌아올 것이라고 생각합니다.

2) 오갱가이드

오갱가이드オゲンガイド
구독자 5.39천명

코로나 발생 이전에 개설하여 지금까지 꾸준히 성장하고 있는 유튜브 채널입니다. 여행사 OP 및 일본어 관광통역안내사 출신의 운영자가 한국의 여러 관광지를 돌아다니며 관광지에 관해 상세히 설명하고 있으며, 가끔 한국의 문화에 관해 소개도 하고 있습니다. 일본인을 주 대상으로 설정하였기에 일본어로 관광지 설명을 하기도 하고, 자막에 일본어를 계속 넣음으로써 소통이 매우 활발히 이뤄지고 있습니다.

❶ 채널명 : 오갱가이드(オゲンガイド)

❷ 첫 업로드 일자 : 2018년 4월 16일

❸ 구독자 : 약 5,400명(2021년 5월 초 기준)

❹ 유튜브 채널을 개설하게 된 계기는 무엇인가요?

단 하나의 계기가 아닌 여러 가지 이유에서 비롯되었다고 말씀드릴 수 있습니다. 첫째, 관광통역안내사로서의 지식 함양과 관광지에 관한 공부를 하기 위해서입니다. 둘째는 수집한 관광콘텐츠를 계속해서 모으기 위함입니다. 셋째는 저는 남들 앞에 나서거나 발표할 때 울렁증이 있는데 '유튜브 활동을 하면 이를 극복할 수 있지 않을까?'하는 생각 때문이었습니다. 넷째는 많은 일본인과 활발한 커뮤니케이션을 하기 위함이고, 마지막으로는 제 유튜브 채널을 널리 알려 저를 하나의 '퍼스널 브랜드'로 만들기 위해서입니다.

❺ 유튜브 개설 전에 관광업 분야에서는 어떤 일을 하셨고, 지금은 어떤 일을 하고 계신지요?

코로나 발생 전까지 약 15년 동안 아웃바운드 여행사에서 OP로서 일하였습니다. 회사에 다니면서 2018년도에 일본어 관광통역안내사 자격증을 취득하였고 유튜브 채널도 개설하였습니다. 시간이 될 때마다 영상을 촬영하여 채널에 업로드 하다가, 코로나로 인해 다니던 여행사를 그만두고 나서는 본격적으로 유튜브 활동을 하게 되었습니다. 현재는 약 2년간의 유튜브 활동을 토대로 유튜브 강사로서도 일하고 있습니다.

❻ 유튜브 운영으로 인한 수익은 어떻게 되고, 앞으로는 어떻게 예상하시나요?

유튜브 자체수익은 조회수가 몇 십만 이상 발생하는 유명 유튜버가 아닌 이상 크게 벌지는 못합니다. 유튜브 수익은 간단히 파악할 수 없습니다.

시청자의 국가, 광고 개수, 콘텐츠, 시청 지속시간 등 여러 가지 요인에 따라 광고수익은 차이가 크게 날 수 있습니다. 그러나 대략 계산하면 조회수 1회에 1원 정도라고 생각하시면 됩니다. 예를 들어 조회수가 1,000회라고 하면 약 1,000원 정도의 수익이 발생한다고 보시면 됩니다. 이는 구독자도 많지 않고 조회수도 많이 안 나오는 평범한 유튜버들에게는 한 달에 몇 만 원도 되지 않는 소소한 수익입니다. 그래서 유명 유튜버가 아닌 이상, 유튜브에서 발생하는 수익은 크게 의미가 없고 보통 대외활동(협찬이나 광고 등)에서 수익 창출이 가장 크다고 생각합니다. 저의 경우 대외활동을 많이 한 것은 없지만, 그동안 꾸준히 유튜브 채널을 성장시켜왔기에 협찬이나 광고 의뢰가 가끔 들어오고 있습니다. 그리고 앞으로 라이브 방송이나 구독자를 활발히 활용한다면 더 많은 수익 창출을 할 수도 있겠지만 생각만큼 그리 쉽지는 않을 것이라고 판단됩니다.

❼ 유튜브 활동을 하면서 힘들었던 점과 좋았던 점은 무엇이었나요?

가장 힘들었던 점은 수익 채널로 전환하고자 하는 기준인 구독자 1,000명을 채우기까지의 기간이었던 것 같습니다. 특별한 콘텐츠도 없었고 뚜렷하게 계획을 세워서 시작하지 않았기 때문에 유튜브 활동 초기에는 방향을 잡기가 어려워서 제 채널에 대한 정체성을 찾기가 매우 힘들었습니다. 그래서 구독자 1,000명을 달성하기까지 콘텐츠도 두 번이나 바꾸는 우여곡절을 겪으면서 현재의 콘텐츠를 운영하게 되었습니다.

가장 좋았던 점은 일본에 유학을 다녀온 적도 없고 주위에 일본인 친구도 없었기 때문에 일본인들과 커뮤니케이션을 할 기회가 전혀 없었는데, 세계 최대의 커뮤니티 플랫폼인 유튜브를 시작하면서 일어도 잘 못하는 제가 많은 일본인을 알게 되었고 그들이 관심 있어 하는 콘텐츠를 제작하게 되면서 한국을 알리는 크리에이터가 되어가고 있는 과정에서 큰 보람을 느끼고 있습니다.

❽ 앞으로 유튜브 채널은 어떻게 운영하실 건가요?

지금도 유튜브에는 셀 수 없이 많은 콘텐츠가 계속해서 올라오고 있습니다. 그만큼 시청자의 볼거리도 많아졌고 그들의 눈높이도 점점 높아지고 있습니다. 그러므로 시청자가 좋아하고 나 역시 좋아하고 잘할 수 있는 콘텐츠가 무엇인지, 그리고 그 콘텐츠를 지속해서 만들 수 있는 나만의 핵심가치가 무엇인지를 잘 찾아서 계속 고민하고 연구하면서 조금씩 성장할 수 있는 채널을 운영하고 싶습니다.

❾ 유튜브 채널을 개설하고자 하시는 분들에게 조언을 해주신다면?

유튜브는 장기전입니다. 장비부터 시작해서 콘텐츠 기획 등 처음부터 너무 많이 힘이 들어가면 얼마 가지 못해 곧 지치게 될 것입니다. 즉, 이른 시일 내에 큰 성장을 해야 한다는 욕심보다는 많은 실패와 경험을 하면서 조금씩 성장할 수 있는 크리에이터가 되셨으면 좋겠습니다. 그렇게 여러분들이 즐기면서 콘텐츠를 만들다 보면 어느 순간 여러분들은 여러 가지 부분에서 많이 성장하여 있을 것이고 생각지 못한 많은 기회를 받을 수 있을 것이라고 생각합니다. 그리고 마지막으로 드리고 싶은 말은 용기를 내셨으면 좋겠습니다. 특별한 콘텐츠도 없었던 평범한 제가 지금까지 활동을 이어올 수 있었던 가장 큰 이유는 바로 용기를 냈기 때문이라고 생각합니다.

유튜브는 여러분들이 생각하시는 것만큼 그리 어렵지 않습니다. 누구나 용기를 내신다면 앞으로 많은 기회를 얻을 수 있을 것입니다. 하루 빨리 용기를 내서 실행에 옮기셨으면 좋겠습니다.

3) 아츠앤트래블

아츠앤트래블
구독자 3.11천명

유럽여행과 서양미술에 관한 내용의 유튜브 채널입니다. 예술기행 테마여행 여행사를 운영하고 있고, 해외인솔자 출신인 운영자가 그동안 서양예술에 대해서 강의하였던 내용을 유튜브 채널을 통해 알리고 있습니다. 다른 유튜브 채널과의 차이점은 유튜브를 개설하고 초반에는 영상이 짧은 것도 있었으나, 최근 업로드한 대부분의 영상은 해외 관광지 및 예술기행에 관한 내용으로 1~2시간 이상 실시간 방송으로 진행되고 있다는 점입니다. 구독자들은 본 채널에 대한 충성도가 매우 높아 매주 실시간 방송에 적극적으로 참여하고 있고, 운영자는 이로 인해 여러 기업체에서 많은 강연을 의뢰받고 있습니다.

❶ **채널명** : 아츠앤트래블

❷ **첫 업로드 일자** : 2020년 9월 17일

❸ **구독자** : 약 3,100명(2021년 5월 초 기준)

❹ 유튜브 채널을 개설하게 된 계기는 무엇인가요?

코로나 시대에 비대면 콘텐츠들이 점점 많아지고 있고, 코로나 이전과 비교하여 시간적으로 여유가 있을 때 남들에게 뒤처지지 않기 위하여 유튜브 채널을 만들었습니다. 앞으로는 지식기반 콘텐츠 산업이 주목을 받을 텐데, 여행 또한 지식기반 산업으로 변모가 될 것이라고 생각하여 미리 준비하기로 하였습니다. 처음에는 저의 팔로워들을 대상으로 줌(Zoom)을 이용한 서비스 개념으로 비대면 강연을 하였는데, 자료가 남지 않고 팔로워를 늘리기에도 적합하지 않아 유튜브 채널을 개설하게 되었습니다.

❺ 유튜브 개설 전에 관광업 분야에서는 어떤 일을 하셨고, 지금은 어떤 일을 하고 계신지요?

예술기행 테마여행을 주제로 하는 '아츠앤트래블'이라는 작은 여행사를 운영하였고 해외인솔자로서 고객들을 데리고 해외여행을 다녀오곤 하였습니다. 현재는 국내 VIP 고객을 대상으로 미술관 투어를 하고 있고, '미술과 미식기행'이라고 해서 미슐랭 레스토랑을 안내하는 투어를 기업체와 진행하고 있습니다. 또한 해외 예술에 관한 내용을 주제로 랜선여행을 유튜브를 통해 진행하고 이로 인해 많은 기업체에서 강연을 진행하고 있습니다.

❻ 유튜브 운영으로 인한 수익은 어떻게 되고, 앞으로는 어떻게 예상하시나요?

유튜브 채널을 개설한 지 얼마 되지 않아 이제야 수익 채널로 전환된 상태입니다. 우선 올해 안에 구독자 10,000명을 목표로 하고 있지만, 유튜브를 통한 큰 수익은 크게 생각하지 않고 있습니다. 다만 유튜브 채널이 많이 알려져서 저의 강연에 대한 홍보, 아츠앤트래블에 대한 홍보의 도구로서 유튜브를 성장시키고자 합니다. 현재는 강연을 통한 수익을 얻고 있으며 제 유튜브 채널을 보시고 많은 기업체에서 꾸준히 연락이 오는 편입니다.

❼ 유튜브 활동을 하면서 힘들었던 점과 좋았던 점은 무엇이었나요?

가장 힘든 점은 스크립트를 만들고 유튜브를 준비하는 시간이 너무 많이 소요된다는 점입니다. 또한 영상소스, 고퀄리티 사진과 음악 등을 구글에서 무료로 내려 받는 것이 아니고 정식으로 구매하다보니 상당한 비용이 소요되고 있다는 점입니다.

좋은 점은 저의 유튜브 영상을 보고 충성도가 높은 구독자가 계속해서 늘어나고 있고 제게 강연 의뢰도 많이 들어오면서, 인바운드 여행사를 준비하고 있는 상황에서 홍보에 잘 활용할 수 있다는 점입니다. 또한 IT분야의 관광벤처로서의 준비도 하고 있다는 점에서 유튜브 활동이 도움이 되고 있습니다.

❽ 앞으로 유튜브 채널은 어떻게 운영하실 건가요?

지금도 하고 있지만 앞으로도 기업 강연 홍보의 채널로서 좀 더 활용할 생각이고, '아츠앤트래블' 여행사를 운영하면서 '여행과 예술'이라는 콘텐츠를 가지고 보다 전문화된 영상들을 제작할 생각입니다. 그래서 세계 박물관들을 소개하는 콘텐츠를 계속해서 만들어갈 예정입니다.

❾ 유튜브 채널을 개설하고자 하시는 분들에게 조언을 해주신다면?

본인이 원하는 콘텐츠가 있다면 무조건 유튜브 채널을 개설하였으면 합니다. 다만 본인이 현재 하는 일을 최대한 줄여서 유튜브를 운영할 수 있는 효율적인 방법을 찾아야만 합니다. 10분짜리 영상을 준비하고 편집하는 데도 거의 이틀이나 소요됩니다. 만약 10분짜리 영상을 업로드한 후에 만 명이 시청한다고 가정하면 10분을 모두 보는 것이 아니라 콘텐츠 내용에 따라 평균 1분도 못 볼 수 있고 3분 정도만 시청할 수밖에 없는 경우도 있는데, 이는 수익으로 봤을 때 얼마 되지 않는 금액입니다. 그래서 저는 유튜브를 실시간 강의식으로 진행하고 있는데, 매회 200여 명 이상이 2시간 가량의 영상을 지속해서 시청하고 있습니다. 앞으로 실시간 시청자가 500명이 되고 1,000명이 된다면 유튜브 수익도 많아질 것으로 예상하기 때문에 저는 강의형태로 유튜브 영상을 올리고 있습니다. 강의형태는 제가 예전부터 해왔던 방식이기에 준비하는 시간은 그리 많이 소요되지 않습니다. 따라서 여러분들이 유튜브 채널을 개설하고자 하신다면 본인이 유튜브에 투자하는 시간을 최소화할 방법을 찾고, 자신이 가장 잘할 수 있는 주제를 가지고 효율적으로 운영하시기를 조언해 드립니다.

부록 I

네이버카페

"관광통역안내사 교류센터"

(http://cafe.naver.com/iamtourguide)

1

네이버카페 "관광통역안내사 교류센터"의 탄생 배경

[카페 메인 화면]

필자는 2011년 상반기 중국어 관광통역안내사 자격시험에 합격한 이래 현재까지 중국어 관광통역안내 업무를 수행하고 있는 현직 관광통역안내사입니다. 많은 분들이 아시다시피 대한민국의 유명한 포털사이트인 다음과 네이버에는 수많은 주제를 가진 인터넷카페가 존재하고 있습니다. 그러나 관광통역안내사에 관한 인터넷카페를 검색해보면 생각보단 그리 많지 않다는 것을 아실 수 있을 것입니다. 그것도 대부분 관광통역학원에서 운영하는 카페가 대부분이며, 순수하게 관광통역안내사가 정보공유만을 위해 운영하는 인터넷카페는 거의 없다는 것을 알 수 있습니다. 저는 약 1년간의 중국 유학 생활을 마치고 독학으로 필기 및 면접시험을 준비하였기 때문에 자격시험에 대한 정보가 많지 않아 관광통역학원에서 운영하는 인터넷카페를 통해 필기 및 면접시험에 대한 정보를 얻을 수 있었습니다. 그리고 필기시험 합격 후 그 카페에서 스터디 인원을 모집하여 면접시험을 대비할 수 있었습니다. 그런데 막상 관광통역안내사 자격증을 취득하고 나니 이 업계에 대한 정보를 더 알고 싶어졌는데 상세하게 알 방법이 거의 없었습니다. 어떻게 취직하여야 하는지?, 여행사 정보는 어떻게 알 수 있는지?, 어느 여행사가 좋은지?, 어느 정도의 어학 실력이 되어야 일을 할 수 있는지? 등 이 모든 궁금증은 관광통역학원에서 운영하는 인터넷카페를 통해서는 도저히 알 수가 없었습니다.

관광통역안내사협회 교육프로그램에서 만난 다른 관광통역안내사나 같은 시기에 합격한 동기들로부터 궁금했었던 여러 정보를 얻긴 얻었지만, 관광통역안내사 업무를 시작하기에 앞서 좀 더 알고 싶었던 궁금증을 충족할 수는 없었습니다. 그러다 자격증 면접시험을 위해 모집하여 같이 스터디를 진행하였던 친구들과 함께 "그럼 우리가 맨땅에 헤딩하는 식으로 처음부터 차근차근 배워서 나중에 많은 경험과 경력이 생기면 후배들을 가르쳐주자."라는 순수한 마음을 가지고 2011년 10월 31일 네이버카페를 개설하게 되었습니다. "내가 알고 있는 정보를 서로 공유하고 인맥을 쌓자."라는 목적을 가지고 말이죠. 그래서 저희 카페는 카페명에 나와 있듯이 '교류'라는 단어를 매우 중요하게 생각합니다. 자신의 정보를 공유하고 관광통역안내사들끼리 서로 교류하는 카페, 교류는 한 쪽으로 일방적으로 흐르는 것이 아니라 서로 주고받는 것을 말하는 것이니까요.

 카페 개설 초기에 같이 활동했던 많은 관광통역안내사 중에 지금은 상당수
가 이 업계에서 일하고 있지 않습니다. 그만큼 가이드 업계가 힘들다는 것을
말하는 것이겠지요? 그렇지만 여행은 인간의 삶의 질을 향상시키는 기본 욕
구 중 하나라고 생각합니다. 그러므로 앞으로도 여행은 지속될 것이고 우리
관광통역안내사들도 계속 필요할 것이라고 생각합니다. 다만 인터넷의 발달
과 4차 산업혁명 시대를 맞이하여 이전과는 다른 형태의 관광통역안내사가
필요하겠지요. 카페는 시대 흐름에 맞춰 계속해서 발전해나갈 것이며 저 역
시 자랑스러운 관광통역안내사로서 점점 발전해나갈 것입니다.

2

카페의 운영 및 정모

    카페의 기본적인 운영방침은 현직 관광통역안내사들의 교류를 목적으로 하며, 친목과 정보교류를 위한 카페입니다. 아울러 예비 관광통역안내사들에게 자격시험과 관련된 정보를 제공하기 위한 카페이기도 합니다. 저희 카페는 관광통역안내사로서 투어를 수행하면서 발생하는 어려운 점과 정보를 서로 나눌 수 있는 카페로서, 주기적인 오프라인 모임을 통해 관광통역안내사들 간에 친목을 도모함과 동시에 관광통역안내사로서의 자질을 함양할 수 있도록 운영하고 있습니다.

    오랫동안 카페를 운영하면서 많은 시행착오를 겪었고, 카페를 운영하기 위한 카페규정도 여러 번 수정하여 현재는 아래와 같이 규정을 정하고 카페를 운영하고 있습니다.

1) 등업규정

    카페에서는 회원들을 몇 개의 등급으로 구분지어 놓았습니다. 일단 카페에 가입하면 자동적으로 누구나 바로 준회원이 됩니다. 준회원은 카페 초기화면의 왼쪽에 있는 메뉴 중 일부 카테고리만을 제외하고 대부분의 카테고리에 올라와 있는 모든 글을 읽을 수 있고, 본인이 내용을 작성해서 카페에 올릴 수도 있습니다. 관광통역안내사 자격증을 취득한 후에는 공지사항에 올라와 있는 '카페 등업규정'에 따라 등업을 신청하시면 운영진에서 검토 후 정회원으로 등급을 올려드립니다. 등업규정의 내용을 보면 관광통역안내사 자격증을 스캔하거나 또는 사진을 찍어 운영자에게 메일로 보낸 후, 등업신청 카테고리에 등업신청을 하시고 본인의 합격수기를 카페에 작성하시면 정회원으로 등급을 올려드린다고 안내해 놓았습니다. 자격증 사진을 보내실 때는 개인정보 보호를 위해 본인의 생년월일, 자격증 번호는 가리거나 삭제해서 보내주셔도 됩니다.

정회원 자격을 얻게 되면 카페에 올라와 있는 대부분의 글을 읽을 수 있습니다. 현직 관광통역안내사라고 하더라도 등업신청을 하지 않으면 정회원이 될 수 없고, 설사 자격증만 취득하고 실질적인 가이드 일은 하지 않았더라도 등업신청을 하면 정회원이 되실 수 있습니다. 카페회원 중 현직 관광통역안내사가 아니더라도 저희 카페에 큰 도움을 주시는 분들에 한해서는 자문회원으로 등급을 올려드리며, 정회원 중에서 몇 년 동안 계속 카페활동이 우수하다고 판단되면 우수회원 또는 특별회원으로 등급을 올려드립니다. 현재 저희 카페 운영진은 카페 매니저, 카페 부매니저, 카페 운영위원장, 카페 총무, 영어권 운영자 총 5명으로 구성되어 있습니다. 추후에 아직 공석인 일본어권 운영자, 동남아권 운영자도 적합한 분이 나타나면 해당 언어권의 운영자로 초청할 예정입니다.

2) 정모(정기 모임)

카페에서는 일 년에 몇 차례 정기 모임을 시행합니다. 정기 모임은 전체 정모와 정회원 정모로 나누어 실시하고 있습니다. 전체 정모는 아직 관광통역안내사 자격증이 없더라도 중국어, 영어, 일본어 등 모든 언어권의 회원들이 참석할 수 있습니다. 다만 점차 영어에 관심이 있으신 예비 관광통역안내사분들이 점차 많아져서 중국어와 영어로 구분하여 따로 진행하기도 하고, 때로는 언어와 관계없이 합쳐서 진행하기도 합니다. 전체 정모는 일 년에 몇 번 시행한다고 규정되어 있지 않지만 보통 언어별로 연간 약 1~3회 시행하고 있습니다. 전체 정모에는 보통 관광통역안내사라는 직업에 대하여 잘 모르시는 분들이 많이 참석하기 때문에 가장 기본적인 내용부터 쉽게 설명해 드리며, 자격시험에 관한 이야기도 합니다. 전체 정모에 참석하신 분들끼리 서로 자기소개도 하면서 인맥을 형성하기 시작합니다.

전체 정모가 자격증이 없는 준회원을 포함하여 모든 회원이 참석할 수 있는 데 반하여, 정회원 정모는 자격증을 취득하고 정회원으로 등급을 올린 회원들만 참가할 수 있습니다. 정회원 정모 역시 상황에 따라 모든 언어권의 정회원이 같이 참석하거나 언어별로 구분해서 진행하기도 합니다. 이는 정회원 정모를 시행하는 당시 상황에 따라 구분하여 공지합니다. 기본적인 정회원 정모는 연간 상반기와 하반기 총 2회입니다만 그 이상 시행하는 경우가 대부분입니다. 참석하시는 분들 대부분이 현직에서 일하시는 관광통역안내사이거나 조만간 관광통역안내사 업계에 입문할 분들이기 때문에, 전체 모임 때보다는 가이드 업계에 대한 좀 더 현실적인 이야기를 많이 합니다. 관광통역안내사로서 기본자세, 견습을 받을 때 주의하여야 할 점, 신입으로서의 마음가짐 등 관광통역안내사로서의 아주 기본적인 내용부터 이야기를 시작합니다. 물론 이때도 서로 자기소개를 하면서 참석했던 분들과 인맥을 형성합니다. 또한 뒤풀이를 통해 많은 선배 관광통역안내사들과 사적인 이야기도 나눌 수 있습니다. 오히려 뒤풀이 자리가 고급정보들을 얻을 수 있는 좋은 기회가 될 수 있습니다.

코로나 시대를 맞이하여 오프라인 정모를 시행할 수 없게 되었습니다. 그래서 2020년 말에 줌(Zoom)을 이용하여 처음으로 비대면 전체 정모를 진행한 바 있습니다. 코로나가 끝나기 전까지는 정부의 시책에 따라 여러 명 모임이 불가능할 경우 계속해서 비대면 정모를 진행할 예정입니다.

3) 번개(모임)

번개는 미리 일자를 정하는 것이 아니라 갑자기 시행하는 긴급 모임입니다. 그래서 카페에는 공지하지 않으며 주로 카페에서 운영하는 단톡방(현직 관광통역안내사 단체 카톡방) 회원들만을 대상으로 시행합니다. 번개는 특별한 목적이 있기보다는 가끔씩 만나 커피 한 잔, 술 한 잔하면서 정보를 교환하고 쌓인 스트레스도 푸는 것이 기본적인 목적입니다. 정모는 일 년에 몇 차례 시행하지만, 번개는 단톡방 회원이라면 누구나 본인이 주관하여 번개를 칠 수 있기 때문에 일 년에 꽤 여러 번 시행하고 있습니다. 이를 통해 그동안의 안부도 묻고 새로운 정보도 교환하면서 인맥을 더욱 단단하게 만듭니다.

[카페 오프라인 정모 모습]

3

카페 메뉴의 소개

1) 카페 공지사항

❶ **카페공지(전체)** : 카페 운영자들이 전체 회원들에게 공지하는 글들이 올라와 있습니다.

❷ **제휴업체/기관** : 저희 카페와 제휴를 맺은 업체와 기관에 대한 홍보 및 소개글이 있습니다.

> ※ 카페 특성상 관광통역 업무와 관련된 업체나 기관에 대해서만 제휴를 하며, 만약 제휴를 원하시는 경우, chinabi@naver.com으로 메일을 주시면 카페 운영진들과 협의하여 해당 콘텐츠가 카페 회원들에게 도움이 된다고 판단될 시 제휴를 진행합니다. 제휴 후에는 저희 카페를 통해 홍보를 할 수 있습니다.

❸ **업체동향/구인** : 내용 대부분은 관련 업체들이 관광통역안내사를 구하고자 올린 글입니다.

❹ **공지사항(정)** : 카페 운영자로서 자격증을 취득한 정회원들에게 공지하는 곳으로 정회원 정모, 번개의 신청 및 접수, 운영진의 정모 후기글이 올라와 있습니다.

❺ **정모/번개(전체)** : 전체 회원들이 참석하는 정모 또는 번개 글들이 많이 올라와 있습니다.

2) 정모/번개 후기

❶ **정회원 정모/번개 후기** : 1년에 2~3회 실시하는 정회원 정모 또는 번개에 참석했던 정회원들이 후기를 작성해 놓은 곳입니다.

❷ **전체회원 정모/번개 후기** : 1년에 1~2회 실시하는 전체회원 정모 또는 번개에 참석했던 전체회원들이 후기를 작성해 놓은 곳입니다. 후기를 읽어보시면 정모 또는 번개의 분위기를 느낄 수 있습니다.

3) 인사/출석/등업

❶ **가입인사** : 카페에 가입한 후 다른 카페회원들에게 자신을 소개하는 곳입니다.

❷ **출석체크** : 카페를 방문할 때마다 출석체크를 함으로써 카페에 대한 본인의 애정을 보여줄 수 있습니다.

❸ **등업신청** : 자격증을 취득한 회원만 등업신청을 하실 수 있습니다. 등업신청 방법은 카페 공지사항에 올라와 있는 '등업신청에 관한 공지의 글'을 잘 읽어보시기 바라며, 등업신청 카테고리에 '등업신청(해당 언어)'이라는 제목으로 글을 올리시고 내용을 기재하시면 됩니다.

❹ **자유게시판** : 카페회원들이 재미있는 글이나 유익한 정보를 자유롭게 올리는 곳입니다.

4) 국내/국외 여행상품

제휴를 맺은 여행사와 콜라보로 진행하는 다양한 국내/국외 여행상품에 대해 올리는 곳입니다.

5) 뉴스 및 정보

❶ 관광뉴스 : 관광에 대한 핫한 최신 뉴스를 올리는 곳입니다.

❷ 관광논평 : 관광과 관련하여 생각해봐야 할 만한 논평을 올리는 곳입니다.

❸ 의료관광 : 의료관광에 대한 정보를 올리는 곳입니다.

❹ 따거의 주절주절 : 카페 운영자로서 카페를 운영하면서 또는 관광통역안내사 업무를 수행하면서 느낀 여러 가지 일들에 대하여 주절주절 써놓은 글입니다. 비록 아직은 많은 글이 올라와 있지 않지만, 현실적인 이야기를 점차 많이 늘려나갈 생각입니다.

❺ 나눔드림의 세상이야기 : 카페의 영어권 운영자인 닉네임 나눔드림님이 관광업에 대한 본인의 생각과 느낌을 재미있게 풀어놓은 곳입니다.

❻ 루피의 스토리월드 : 현직 영어 관광통역안내사이신 닉네임 루피님이 영어와 관광, 관광통역안내사에 대한 본인의 생각과 느낌을 재미있게 풀어놓은 곳입니다.

❼ 유익한 글모음 : 카페회원분들이 유익한 글을 올려놓은 곳입니다.

❽ 관통사 유튜브 : 관광통역안내사 중에서 유튜브 활동을 하시는 분들이 본인의 유튜브 채널을 홍보하는 곳입니다.

❾ 아띠 : 여행잡지 아띠와 콜라보로 한 코너를 맡아, 카페의 우수회원들이 한국의 관광지를 소개했던 잡지 글입니다.

6) 강연회, 설명회 및 답사

❶ 강연회, 설명회 소식 : 카페나 제휴업체에서 주관하는 강연회나 설명회에 대한 소식입니다.

❷ 강연회, 설명회 후기 : 카페나 제휴업체에서 주관한 강연회나 설명회에 참석하였던 회원들이 후기를 작성해 놓은 곳입니다.

❸ **답사/팸투어 소식** : 카페나 제휴업체에서 주관하는 답사나 팸투어에 대한 소식입니다.

❹ **답사/팸투어 후기** : 카페나 제휴업체에서 주관한 답사나 팸투어에 참석하였던 회원들이 후기를 작성해 놓은 곳입니다.

7) 현직 관광통역안내사

❶ **토론의방(정)** : 관광통역안내사들끼리 특정 주제를 가지고 토론을 하는 곳입니다. 현직 관광통역안내사라면 누구나 토론을 제안할 수 있습니다.

❷ **투어에피소드(정)** : 관광통역안내사들이 투어를 진행하면서 발생한 재미있는 에피소드를 작성해 놓은 곳으로, 가이드 업계에 대한 현실을 간접적으로나마 알 수 있습니다. 현재는 주로 견습이나 첫 투어에 관한 이야기들이 많이 작성되어 있습니다.

❸ **영어가이드 활동방(정)** : 현직 영어 관광통역안내사들이 스터디나 카페 활동을 하면서 발생하는 자료를 보관하는 곳입니다.

❹ **자료모음(정)** : 관광통역안내사들이 투어 업무에 필요한 자료들을 직접 올리는 곳입니다.

❺ **묻고답하기(정)** : 관광통역안내사들이 투어를 진행하면서 궁금했던 질문을 올리며 이에 대하여 아시는 분이 답변해 주는 곳입니다.

8) 예비 관광통역안내사

❶ **관광통역안내사** : 관광통역안내사 자격시험에 대한 정보(시험일정, 합격자 통계 등)를 올려놓은 곳입니다.

❷ **시험이모저모** : 자격시험에 대하여 회원분들이 참고할만한 정보를 올려놓은 곳입니다.

❸ **묻고답하기** : 자격증을 아직 취득하지 못한 준회원으로서 자격시험이나 관광통역안내사 업무에 대하여 궁금했던 질문을 올리며 이에 대하여 아시는 분이 답변해 주는 곳입니다.

9) 스터디신청/운영

❶ **스터디신청** : 각 언어별로 스터디를 하고 싶은 회원들이 본인 스스로 신청하여 스터디 멤버를 찾는 곳입니다. 필기 및 면접시험을 대비한 스터디나, 자격증 취득 후 한국문화·역사·어학에 대한 스터디도 신청 가능합니다. 시험대비 스터디는 카페 운영자로서 강력히 추천하는 사항입니다. 스터디를 통해 참가한 여러 명이 같이 필기 및 면접시험을 준비함으로써 시험에 대한 정보도 얻고, 막연하게 가졌던 시험에 대한 부담감과 두려움도 해소할 수 있습니다.

❷ **언어별 표현** : 각 언어별로 자주 사용되는 표현을 작성해 놓았습니다. 현재는 조금 미비하지만 이 부분을 계속해서 업데이트해 줄 수 있는 제휴할 만한 업체를 찾고 있습니다.

10) 필기/면접시험 합격 후기

카페가 설립된 2011년 하반기부터 현재까지 자격시험에 대한 후기를 회원들 스스로가 올려놓은 곳으로, 필기시험과 면접시험 합격 후기로 구분해 놓았습니다. 후기 하나하나를 자세히 읽어보시면 관광통역안내사 자격시험에 대한 경향을 파악하실 수 있습니다. 그리고 합격한 회원들이 어떻게 필기와 면접시험에 대비하여 준비하였고 공부하였는지, 시험을 볼 때 어떤 것을 주의해야 하는지에 대한 노하우도 알 수 있습니다.

11) 관광지/문화유산

관광지나 한국의 문화, 음식, 역사를 주제로 공부하던 중 알게 된 유익한 정보를 다른 회원들이 참조할 수 있게끔 회원 스스로가 직접 올리는 곳입니다.

4

카페 단톡방(단체카톡방)

　관광통역안내사들은 투어를 진행하다 보면 갑작스러운 돌발상황이 발생하기도 하고 종종 어떤 문제에 부딪히기도 합니다. 이럴 땐 경험 있는 선배 관광통역안내사들의 도움이 필요한데, 관광통역안내사들만의 단톡방(단체카톡방)을 통하여 이를 해결하기도 합니다. 그래서 많은 관광통역안내사들이 몇 군데의 단톡방에 가입하여 활동하고 있습니다. 각 단톡방의 인원은 최소 몇 십 명에서 최대 천 명에 이르며, 단톡방 운영자는 경험이 많은 현직 관광통역안내사가 대부분입니다. 각 단톡방마다 가입방법은 조금씩 상이합니다. 단톡방 운영자를 통해서만 가능하거나, 또는 단톡방 안에 이미 가입된 분에게서 초대를 받아 들어갈 수도 있습니다. 단톡방마다 가입기준이 조금씩 달라서 먼저 그 단톡방의 성격을 파악하셔야 합니다. 단톡방에서 주로 다루는 내용은 여행업의 동향, 관광지에 대한 정보, 식당 정보, 구인 등 필요한 것이라면 무엇이든지 다룰 수 있습니다. 대부분의 단톡방은 신입 가이드부터 경험이 많은 선배 가이드까지 다양하게 분포되어 있습니다.

　저희 카페 내에도 중국어 2개, 영어 1개, 총 3개의 단톡방이 있습니다. 일본어 및 동남아권은 카페 내에서 활동하시는 관광통역안내사들이 많이 안 계시어 아직 모임이 활성화되지 못하고 있습니다. 저희 카페 단톡방과 다른 단톡방과의 가장 큰 차이점은 저희 카페 단톡방은 카페 정모나 번개 등 오프라인 모임에 나온 분들만 가입할 수 있다는 점입니다. 오프라인 모임에 나오지 않으면 절대 가입할 수 없습니다. 오프라인 모임에 여러 번 나온 분 중에 본인이 단톡방 가입을 원하고, 카페 운영자들이 판단했을 때 이기적이지 않고 서로 교류할 수 있다는 확신이 들면 카페 단톡방에 초대하게 됩니다.

중국어의 경우 1방과 2방으로 구분하였습니다. 2방은 대부분 신입 가이드들의 단톡방으로서 가이드의 가장 기초적인 지식과 직업관 함양을 위한 인큐베이팅 단톡방입니다. 몇 개월 동안 2방에서 열심히 활동하시고 관광통역안내사로서 기본적인 소양을 충분히 갖췄다고 판단되면 1방으로 초대를 하고, 그렇지 못하다고 판단되면 2방에서 퇴출시키는 시스템입니다. 중국어 1방은 다들 어느 정도의 가이드 경험이 있는 상태이므로 정보공유뿐만 아니라, 관광통역 업무를 수행하면서 받았던 스트레스와 쓰라린 마음을 이곳에서 서로 위로와 격려의 말을 해줌으로써 치료해주고 용기를 주는 곳이기도 합니다.

중국어 1방은 서로 얼굴을 익힌 다음에 초대되기 때문에 처음부터 어색함 없이 활동할 수가 있습니다. 어느 한 분이 질문을 올리면 아주 상세히 설명을 해주고 무슨 어려움이 닥치면 서로 위로도 해주고 좋은 정보도 제공해주는 곳입니다. 서로 얼굴도 알고 자주 번개를 통해 만나다 보니 친해져서 이제는 모든 일에 있어 남의 일이 아니라 나의 일처럼 생각하여 적극적으로 도와주고 있습니다. 그밖에 몇 년 전에는 중국교포들만 있는 중국어 단톡방도 있었지만 활동이 미약하여 흐지부지 없어지게 되었습니다.

영어의 경우 단톡방은 1개만 운영되고 있는데, 카페 영어운영자가 단톡방도 관리하고 있습니다. 가입방법 역시 중국어 단톡방과 마찬가지로 카페 오프라인 모임에 몇 번 나오시고 본인이 단톡방 가입을 원할 경우, 영어권 운영자가 판단했을 때 이기적이지 않고 서로 교류할 수 있다는 확신이 들면 카페 단톡방에 초대하게 됩니다. 단톡방에서는 다양한 영어표현 연습과 현장실습을 주로 진행하고 있고, 가끔씩 스터디를 열어 영어권 손님을 이끄는 본인의 노하우를 공개하기도 합니다. 중국어보다는 뒤늦게 활성화되었지만, 시대의 흐름에 따라 점차 단톡방 인원도 많아지고 더욱 활기차게 운용되고 있습니다.

그러나 현재는 코로나 시대를 맞아 중국어와 영어 모두 단톡방 활동이 미비해지긴 하였습니다. 가이드로서 활동하지 않고 생활을 위해 가이드가 아닌 다른 일에 종사하면서 정보교류를 할 만한 내용이 없어졌기 때문입니다. 어서 빨리 코로나가 종식되기를 희망해봅니다.

그 밖에 2020년 10월에는 카페의 카카오톡 오픈채팅방을 개설하였습니다. 이 채팅방은 카페 회원이 아니더라도 누구나 가입할 수 있습니다. 실제 오픈채팅방은 카페에서 관리하는 단톡방은 아니지만, 관광통역안내사라는 직업, 필기 및 면접시험, 평소 가이드에 대해 궁금했던 사항 등 다양한 주제를 가지고 참여자들이 서로 토론할 수 있는 채팅방입니다. 카페 운영자는 될 수 있으면 토론에 참여하지 않으며, 회원들끼리 정보공유를 한다거나 서로 토론할 수 있도록 하고 있습니다. 다만 정보가 불확실하고 잘못되었다고 판단되었을 때만 카페 운영자로서 의견을 제시하고 있습니다. 또한 카페의 최근 소식을 가장 먼저 알 수 있습니다. 카페 운영진이 카페에 공지글을 올리기 전 미리 오픈채팅방에 소식을 알리고 있기 때문입니다. 정보도 공유하고 카페의 빠른 소식을 알고 싶으신 분들은 오픈채팅방에 가입하시면 됩니다.

오픈채팅방 들어오는 방법

◆ 카카오톡 상단 돋보기 아이콘 옆에 '+' 표기된 말풍선이 있습니다.

◆ 일반채팅, 비밀채팅, 오픈채팅이 보이는데, 오픈채팅을 누릅니다.

◆ 오른쪽 상단의 돋보기 아이콘을 클릭한 후

◆ 검색창에 '관광통역안내사교류센터'라고 검색어를 입력하면 '관광통역안내사교류센터' 오픈채팅방이 보이며, 현재 최대 200명까지 설정하였습니다.

※ 오픈채팅방 링크 : https://open.kakao.com/o/gHw7yjAc

5

스터디는 어떻게 할까?

코로나 이전 시기에는 카페 내에서 현직 관광통역안내사들끼리 자주 모여 스터디를 하였습니다. 특히 카페 단톡방에 있는 현직 관광통역안내사들끼리 모여서 여러 주제를 가지고 스터디를 하였지요. 관광지, 한국문화, 한국역사 및 언어 표현에 대한 스터디도 진행하였습니다. 현직 관광통역안내사들이 투어를 마치고 다음 단체를 시작하기 전까지 휴식을 가지는 기간에 시간이 되는 분들끼리 자체적으로 스터디를 제안하여 하루 단위로 진행을 하기도 하였습니다. 스터디 모임은 카페 단톡방에서만 공지했기 때문에 카페 단톡방 가이드들만 참여하였습니다.

2015년 여름 2~3달 동안은 메르스로 인하여 대부분의 관광통역안내사들이 일이 없어 쉬는 날이 많았습니다. 그래서 이 기간에는 하루 단위로 가끔씩 진행하던 스터디를 주기적으로 진행하게 되었습니다. 저희 카페에서 활동하시는 현직 중국어 관광통역안내사들은 이 기간에 한국문화와 북한을 주제로 스터디를 진행함으로써, 관광통역안내사 본인의 자질을 향상하기 위해 노력하였습니다. 스터디는 월, 수, 금으로 일주일에 세 번 진행하였고, 참석 가능한 사람만 참석했기 때문에 매번 참석하는 인원수는 달랐지만 특별한 일이 없는 한 많은 분들이 참가하셔서 아주 유익하게 진행되었습니다.

스터디를 진행했던 순서는 다음과 같습니다. 먼저 한국문화에 관한 책을 선정하였습니다. 시중에서 판매되는 한국문화와 관련된 책 중에서 내용에 깊이가 있고 중국어와 한국어 모두 기재되어 있는 책으로 선정하였습니다. 선정된 책 한 권을 평균적으로 하루 3시간 동안 약 3~4과씩 진행하였습니다. 각 과의 내용을 충분히 읽고 그 주제와 관련하여 책에 나와 있지 않은 부분은 인터넷이나 다른 자료들을 보고 조사해 옵니다. 그런 후 스터디 시간에 각자 자기가 조사해온 자료와 투어를 진행할 때 해당 주제에 대해 본인이 했던 멘트를 발표합니다. 예를 들면 그날 스터디 주제 중 하나가 '삼계탕'이라고 하면 책에 기재되어 있는 삼계탕에 대한 내용을 읽습니다. 그리고 책에 없는 삼계탕에 대한 여러 자료와 삼계탕과 연관하여 말할 수 있는 주제, 즉 인삼·복날·한국인의 음식문화·건강 등 여러 가지 주제를 조사한 후 스터디 시간에 이에 대해 각자 발표를 하는 것입니다. 발표하는 도중에 "투어 중 '삼계탕'에 대해 멘트를 할 때 이런 이야기를 하였더니 손님들의 호응이 좋았다."라는 노하우도 함께 공유할 수 있습니다.

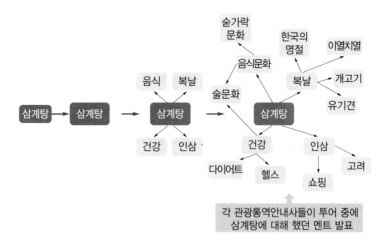

['삼계탕'과 관련된 소주제를 중심으로 한 멘트 발표 및 연구]

요약하자면 위의 그림에서 볼 수 있듯이 '삼계탕'이란 주제를 가지고 스터디를 한다고 가정하였을 때, 우선 책의 내용을 좀 더 보완하고 나서 삼계탕과 관련된 여러 소주제를 찾아서 그 소주제와 관련된 여러 가지 멘트를 함께 연구하는 것이지요. 이런 방식을 이용해서 약 50여 가지의 주제로 스터디를 진행함으로써 한국문화에 대해 다양한 지식을 쌓게 되었습니다. 필자 역시 그동안 잘 모르고 있었던 우리나라 문화에 대하여 많이 알게 된 계기가 되었습니다.

스터디는 참석자가 많을수록 제대로 진행되기 어렵습니다. 가장 큰 이유는 '나 하나쯤은'이라는 생각을 가지고 스터디에 참가한다면 분명 제대로 준비를 해오지 않을 것이 뻔하기 때문입니다. 스터디를 운용할 때 가장 중요한 점은 주관자의 강력한 의지와 참석자의 적극적인 준비에 있습니다. 스터디 주관자는 스터디가 올바르게 진행되도록 스터디의 방향성을 정하고 참석자들이 잘 따라올 수 있도록 독려하여야 하며, 스터디 참석자 역시 남에게 피해를 주지 않기 위하여 자신의 분량만큼은 반드시 준비를 하여야 합니다. 당시 스터디에 참가했던 가이드들은 이러한 사실들을 잘 알았기에 스터디 운용이 성공적으로 잘 되었다고 생각합니다. 앞으로도 카페에서 회원들 간의 스터디는 계속 진행될 예정입니다.

6

앞으로의 카페 운영 계획

    저희 카페는 2011년 10월 30일 개설 후 만 4년도 되지 않아 카페회원이 5,000명을 넘어섰고, 2021년 5월 기준 약 12,500명의 회원을 가진 카페로 꾸준히 성장해왔습니다. 관광통역안내사에 관심이 많으신 분들이 지금도 계속하여 카페에 가입하고 있어, 카페의 규모는 더욱 빠르게 성장할 것으로 보입니다.

    카페를 개설한 2011년 당시에는 관광통역안내사들끼리의 정보교류와 인맥 형성을 목적으로 운영하려는 단순한 생각이었는데, 카페의 규모가 점점 성장함에 따라 좀 더 조직적으로 운영하여야 할 필요성을 가지게 되었습니다. 그래서 카페 운영진을 재정비하였는데, 필자를 포함한 운영진 5명 모두를 현장에서 뛰고 있는 현직 관광통역안내사들로 구성하였습니다. 운영진 모두 카페를 통해 어떤 개인적인 이익을 바라지 않는 순수한 현직 관광통역안내사로서 본인의 관광통역 업무를 수행하여야 하므로, 현실적으로 운영진들이 할 수 있는 범위 내에서 카페를 발전시키고 운영하려고 합니다.

    그러나 글을 쓰고 있는 2021년 5월 현재, 코로나로 인해 여행업이 멈추었고 많은 관광통역안내사들이 직업을 잃고 이 업계를 떠났습니다. 코로나가 끝나고 여행업이 다시 활발해진다고 하더라도 많은 가이드들이 다시 돌아오지 않을 것으로 예상됩니다. 불안한 가이드 업계에 싫증을 느꼈거나 미래에 대한 불확실성을 몸소 체험하였기 때문입니다. 그러나 그렇기 때문에 오히려 신입 가이드들에게는 좋은 기회가 될 수 있습니다. 코로나 이전에는 자격증을 취득하여도 취업하기 어려웠지만 포스트코로나 시대가 되면 신입 가이드들에게도 취직의 기회가 좀 더 넓게 열릴 것이라고 생각합니다.

➜ 첫째, 카페에서는 코로나 시대를 맞이하여 오프라인 정모 대신에 비대면 정모를 진행하고자 합니다. 정부의 방역지침에 따라 여러 명의 모임 금지가 풀리기 전까지는 줌(Zoom)이나 웹엑스(Webex)를 통한 비대면 정모를 진행하여 관광통역안내사라는 직업에 관심을 가진 분들의 궁금증을 해결해 드리고자 합니다.

➜ 둘째, 관광통역안내사 역량 키우기 프로젝트를 시행하려고 합니다. 자격증을 취득해놓고도 포스트코로나 시대를 대비하여 어떻게 시작하여야 할지 모르는 가이드들의 역량을 키우기 위해 여러 (유료)교육프로그램을 준비하고 있습니다.

➜ 셋째, 시대의 흐름에 맞게 유튜브 등 SNS 활동을 활발히 하려고 합니다. 이를 통해 좀 더 카페를 대외적으로 알리고 내실을 가꾸고자 합니다.

저희 카페는 회원 수만 급격히 늘리고 싶은 마음이 전혀 없습니다. 카페 이름에 나와 있는 '교류'의 의미를 이해하고 남들과 서로 상부상조할 수 있는 마음을 가진 분들만 저희 카페에 가입하였으면 하는 바람이 있습니다. 앞으로 포스트코로나 시대를 맞아 새롭게 변화할 여행업계에서 함께 여행업의 최전선인 가이드 업계를 이끌어갈 분들의 카페 가입과 적극적인 활동을 바랍니다. 감사합니다.

부록 Ⅱ
알아두면 유용한 TIP

1

관광객에게 들려주는 한국문화

외국 관광객들과 같이 투어를 진행하면 관광지뿐만 아니라, 우리나라의 여러 방면의 다양한 문화에 관해 이야기를 들려주게 됩니다. 그래서 한국문화 중 손님들이 알고 싶어 하는 몇 가지 주제에 대해 아래에 기재해 보았습니다. 여러분들은 아래 주제에 대해 10분짜리, 20분짜리, 30분짜리 멘트로 구분한 후 본인의 스토리텔링을 입혀서 재미있는 멘트를 만드시길 바랍니다.

1) 전 통

❶ **한국의 주요 명절** : 설날과 추석

❷ **곡선미의 상징** : 한복

❸ **과거와 현재의 백일잔치, 돌잔치** : 선물, 잔치, 돌잡이

❹ **한국의 좌식문화** : 한옥 구들장, 아파트 온돌

❺ **전통예절과 유교문화** : 한국 유교의 특징

❻ **효도문화** : 첫 월급으로 빨간 내복, 효도 관광

❼ **한국의 성씨와 족보**

❽ **한국의 전통 스포츠** : 씨름, 택견, 태권도

2) 음 식

❶ **한국의 술 문화** : 1차 · 2차 · 3차, 술 예절

❷ **한국의 대표 반찬** : 김치, 김장

❸ **식사예절** : 어른과 겸상 예절

❹ **치킨과 맥주, 삼겹살과 소주, 파전과 막걸리**

❺ **차가운 음식을 좋아하는 습관** : 냉수, 냉면

❻ **한국식 중화요리** : 짜장면의 유래, 짬뽕, 군만두

❼ **명절에 먹는 음식** : 떡국, 송편

❽ **요즘 아이들이 좋아하는 패스트푸드점**

❾ **한우와 한돈** : 신토불이, 축산물 이력제

❿ **생일과 미역국** : 어머니의 은혜

⑪ **기념일** : 발렌타인데이, 화이트데이, 빼빼로데이

⑫ **배달문화** : 배달 어플리케이션, 한강에서 치킨 주문

⑬ **지역별 대표 특산물**

⑭ **보양 음식** : 이열치열, 복날, 삼계탕

3) 제 도

❶ **주택 임대제도** : 전세와 월세

❷ **옥탑방과 반지하**

❸ **한국의 결혼식** : 전통혼례, 결혼식장, 폐백, 신혼여행

❹ **한국의 장례식** : 상여, 명당자리, 장례식장

❺ **교육제도** : 유치원, 초 · 중 · 고 의무교육, 대학교

❻ **병역제도** : 병역기간, 병역특례

❼ **선거제도** : 대통령 · 국회의원과 기초단체장 투표

❽ **정년퇴직** : 나이, 퇴직연금

❾ **4대 보험** : 종류 및 내용

4) 현대

❶ **강남과 강북** : 부자 지역 '강남'과 강남의 의미

❷ **젊음의 거리, 쇼핑의 거리** : 신촌, 홍대, 명동, 동대문, 이태원

❸ **노래를 좋아하는 민족** : 노래방

❹ **남녀노소들이 즐겨 모이는 장소** : 찜질방

❺ **게임의 나라** : 피씨방

❻ **TV 속 추억의 포장마차**

❼ **K-POP** : 싸이, BTS, 블랙핑크

❽ **K-드라마/영화** : 태양의 후예, 킹덤, 기생충

❾ **한국의 성형 열풍** : 압구정동 성형외과, 렛미인

❿ **대학생활** : 명문대 SKY, 대학등록금, MT, 선후배 관계

⓫ **직장생활** : 삼성 · 현대 · LG, 연봉 및 복리후생, 진급

⓬ **아르바이트** : 종류, 최저임금

⓭ **인기 있는 직업** : 대학 4학년, 공무원 시험, 의사, 유튜버

⓮ **이사한 집 방문** : 집들이와 집들이 선물

⓯ **대중교통** : 버스, 지하철, 택시, 환승 방법, T머니카드

⓰ **지폐 4종류와 그에 따른 물가**

⓱ **평균수명과 출산율**

⓲ **한국의 인기 스포츠** : 프로야구, 2002 월드컵, 올림픽

⓳ **양성평등화 되어가는 사회**

⓴ **편의점과 대형마트**

2

관련 기관 사이트

- 한국산업인력공단 : http://www.hrdkorea.or.kr/

- 큐넷 관광통역안내사 홈페이지 : https://www.q-net.or.kr/

- 한국관광공사 : http://kto.visitkorea.or.kr/

- 한국여행업협회 : http://www.kata.or.kr/

- 관광인 : https://academy.visitkorea.or.kr/

- 한국관광통역안내사협회 : http://www.kotga.or.kr/

- 문화체육관광부 : http://www.mcst.go.kr/

- 문화체육관광부 문화포털 : http://www.culture.go.kr/

- 외교부 해외안전여행 : http://www.0404.go.kr/

- 문화재청 : http://www.cha.go.kr/

- 대한민국구석구석 : http://korean.visitkorea.or.kr/

- 여행정보센터 : http://www.tourinfo.or.kr/

- 농어촌체험관광포탈 웰촌 : http://www.welchon.com/

- 관광지식정보시스템 : http://www.tour.go.kr/

- Visit Korea : http://www.visitkorea.or.kr/

- Visit Seoul : http://www.visitseoul.net/

- Wikitravel : http://wikitravel.org/

- Korea.net : http://www.korea.net/

- 서울관광재단 : http://www.seoulwelcome.com/

- 서울문화포털 : http://culture.seoul.go.kr/

- 경기관광포털 : http://www.ggtour.or.kr/

- 경기관광공사 : http://www.kto.or.kr/

- 제주여행정보포털 하이제주 : http://www.hijeju.or.kr/

- 제주관광공사 : http://www.ijto.or.kr/korean/

- 부산관광공사 : http://www.bto.or.kr/kor

- 경상북도문화관광공사 : http://www.gtc.co.kr/

- 강릉관광개발공사 : http://www.gtdc.co.kr/

- 통영관광개발공사 : http://corp.ttdc.kr/

- 세계여행신문 : http://www.gtn.co.kr/

- 한국관광신문 : http://www.ktnbm.co.kr/

- 여행신문 : http://www.traveltimes.co.kr/

- 여행정보신문 : http://www.travelinfo.co.kr/

- 대동문화관광신문 : http://www.kctnews.co.kr/

- 일본관광신문 : http://news.japanpr.com/

- 의료관광신문 : http://www.meditimes.net/

- 문화체육관광부 채용정보 : http://www.mcst.go.kr/web/s_notice/notice/jobList.jsp

- 한국관광정보(일본어) : https://www.konest.com/

참고자료

📢 참고사이트

- 외교부 국가정보
- 코트라(KOTRA) 국가정보
- 코트라 해외시장 뉴스
- 큐넷 홈페이지
- 두산백과 홈페이지
- 네이버 지식백과
- 할랄레스토랑 인증 가이드북(2016. 02)
- 한국관광공사
- 한국관광통역안내사 협회
- Thomson Reuters
- 2017 코리아할랄서미트

◀》 참고문헌

- 김영수 · 송동근 · 전약표, 『관광통역안내사 업무 매뉴얼』, 중화동남아여행업협회, 2015
- 최정규, 『죽기 전에 꼭 가봐야 할 국내여행 1001』, 마로니에북스, 2010
- 엄익란, 『할랄, 신이 허락한 음식만 먹는다』, 도서출판 한울, 2011
- 할랄코리아주식회사, 『2017 신직업교육과정 2기 무슬림친화관광 코디네이터 양성 과정』, 할랄코리아주식회사, 2017

좋은 책을 만드는 길
독자님과 함께하겠습니다.

도서나 동영상에 궁금한 점, 아쉬운 점, 만족스러운 점이
있으시다면 어떤 의견이라도 말씀해 주세요.
시대고시기획은 독자님의 의견을 모아 더 좋은 책으로 보답하겠습니다.

www.sidaegosi.com

워너비(Wanna be) 관광통역안내사 – 이론에서 실무까지

개정1판1쇄 발행	2021년 07월 05일 (인쇄 2021년 05월 26일)
초 판 발 행	2015년 12월 10일 (인쇄 2015년 10월 16일)
발 행 인	박영일
책 임 편 집	이해욱
저 자	박승원
편 집 진 행	김은영 · 이나래
표지디자인	손가인
편집디자인	양혜련 · 곽은슬
발 행 처	시대인
공 급 처	(주)시대고시기획
출 판 등 록	제10-1521호
주 소	서울시 마포구 큰우물로 75 [도화동 538 성지 B/D] 9F
전 화	1600-3600
팩 스	02-701-8823
홈 페 이 지	www.sidaegosi.com
I S B N	979-11-254-9897-1 (13320)
정 가	15,000원